Ilmestyskirja,

Selitetty

[Seitsemän Sinetin Salaisuudet,

Selitetty]

OMISTETTU

Messiaanisille veljilleni ja heidän perheilleen, Idolle ja Raylle,

ja kaikille jotka rakastavat Kristuksen Jeesuksen Ilmestymistään
(Raamatun 2. Timoteukselle 4:8).

Nähdään Taivaassa!

Bert Hovestadt ja William Marrion Branham

(Koko) Ilmestyskirja,
Selitetty

(Runo,

Bert Hovestadt)

Ilmestyskirjan ja Raamatun tekstit on käännetty
mahdollisimman kirjaimellisesti.

Raamattu kansalle ja 33/38:n suomennoksia, ja tarvittaessa
monia muita suomennoksia/käännöksiä on käytetty.

Monet Pyhän Raamatun pohjatekstit on yksityiskohtaisesti tutkittu,
esimerkiksi lisättyjä sanoja löytyy {xxx} suluista.

Näin alkuperäiset tekstit ja sanojen vastaavuutta auttaisivat
ymmärtämään kaikkea parhaalla mahdollisella tavalla.

Etukannen kuva: Uuden Jerusalemin Kaupunki [vanhan maapallon päällä],
        {katso sivu 11b§19-22}
Etukannen pienet kuvat: Maalaus "Christ at 33" ["Kristus 33-v.", peilikuva],
        ja koko maalaus, jonka osa se on:
        "Christ and the Rich Young Ruler " ["Kristus ja Rikas Nuori Hallitusmies"]
        / ostaja: John D. Rockefeller Jr.
        / New York Cityn (USA) Riverside-kirkon hallussa
        Taidemaalari: Johann Michael Ferdinand Heinrich Hofmann (1824-1911)
        {katso sivu 5g§6(8)10}

Takakannen kuva: Uuden Jerusalemin Kaupunki [vanhan maapallon päällä],
Takakannen pieni kuva: Yliluonnollinen Pilvi, joka kuvattiin Arizonan (USA) yllä
vuonna 1963 [kuva on oikealle käännetty]: Ihmisen Pojan Tulemuksen Merkki
        {katso sivu 5g§6(8)10}
        / https://branham.org/en/pictures

Kustantaja: BoD - Books on Demand, Helsinki, Suomi

        Paino/Valmistaja: BoD – Books on Demand, Norderstedt, Saksa
ISBN: 978-952-80-6911-9
        Englanniksi, 2. painos, ISBN: 9789528019749 (kohta 3. painos ja uusi ISBN)

0_Rukous

Armoa, Rauhaa, Toivoa, Uskoa ja Rakkautta!

Maailmassa (ilman toivoa)
Raamattu on Toivomme
Iskämme on Jumala
ja Hänen Perheestään olisimme osa.

Johtakoon meidän Luojamme
tästä päivästä alkaen
Joka tietää kaiken
tietää mitä tarvitsemme.

Jokaiselle on Suunnitelma,
Runo kaunis ja sopiva,
Eläminen Pyhässä Hengessä,
Sen Voimassa ja Uskossa.

Herra Jeesus kiitos
ja Herra Jumala kiitos
Armostanne, Rauhastanne
ja Rakkaudestanne!

{Roomalaisille 1:(1-)7(-17)}
{1. Korinttilaisille 13:13}
{Efesolaisille 2:10}

Katoava Sivilisaatio

Raamatun Ilmestyskirja näyttää lopunajan tapahtumia,
joista tiedotusvälineet, kulttuuritoimittajat ja futurologit nykyisin myös puhuvat,
esimerkiksi:
Demokraattiset (entiset kristityt) valtiot ja diktatuurivaltiot
liittoutuvat toisiaan vastaan (sivu 0c_TiivSel).
Etsi, löydä, ja vahvista Jumalan ratkaisu!

Kristillisen sivilisaatiomme lopussa kaksi herätystä voidaan huomata.
Valittujen, tosi voideltujen ja profeettojen herätys,
ja väärien voideltujen ja profeettojen herätys (Raamatun kirja Matteus 24:24).
Mihin herätykseen sinä kuulut?
Joka tapauksessa selitykseni ei voi antaa sinulle Jumalan vastausta.
Minä voisin olla yksi vääristä voidelluista tai profeetoista!

Kaikkialla pyhät ja nuhteettomat neitsyt/uskovat herätetään, mutta
Pyhän Hengen Öljyä tarvitaan löytääksemme Taivaallisen Sulhasen ajoissa
(Mat. 25:1-13, erityisesti 6 ja 9).
Sekä hengellisiä korvia tarvitaan, Ilmestyskirja 3:20,
<".... Katso, Minä seison ovella ja kolkutan.
Jos joku kuulee minun ääneni ja avaa oven, minä tulen sisälle hänen luokseen
ja aterioin hänen kanssaan ja hän minun kanssani. ....">
Herra Jeesus tahtoo rakentaa sinun kanssa elävän suhteen.
Valitettavasti Hän ei ole enää seurakunnissa, Ilm. 3:22,
<".... Jolla on korva, se kuulkoon, mitä Henki sanoo seurakunnille.">

Israel on taas Juutalaisten käsissä.
Tämä Jumalan Lupauksen täyttymys kuuluu samaan lopunaikaan.
Pian on (taas) Juutalaisten vuoro julistaa maailmalle
Jeesuksen Kristuksen Evankeliumia.
Tuntekaa päivänne ja sen sanoma!

Bert

Jälkikirjoitus: Niin kuin Raamattua on tutkittava jatkuvasti,
"Ilmestyskirja, selitetty" on tutkittava ymmärtääkseen.
(Samasta syystä mahdollisia parannuksia aina löydän.
Katso kotisivuni https://ilmestyskirja-branham.com/ ilmestyskirja,
päivämäärällä merkittyjä sivuja, ja mitä näissä on alleviivattu.)

0_Menora, Herätyksien Piirustus

{katso sivu 6i§6(8)10}

Jumalan Kirkkaus Seitsemässä Seurakuntajaksossa
(katso 2b§45)

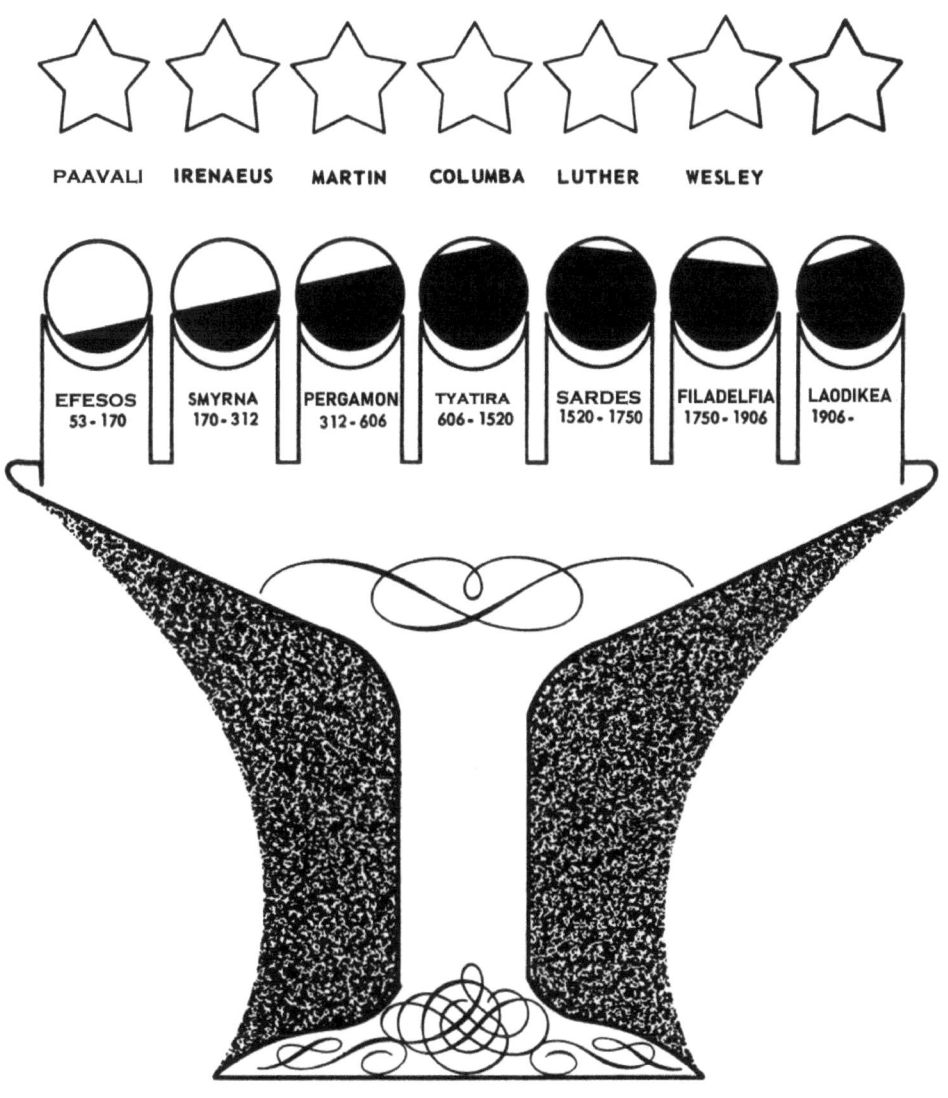

Rauha Jumalan kanssa!

^ Tämä selitys Raamatun Ilmestyskirjasta paljastaa menneisyyden, tämän päivän, lähitulevaisuuden, ja ikuisuuden uutisia.

Lisäksi se oli esiintynyt runona muun muassa strukturaalisesti.

^ Syyskuusta 2020 lähtien olin kirjoittanut yhden sivun toisensa jälkeen pienelle ryhmälle suomalaisia uskovia, alkaen ensimmäisistä Ilmestyskirjan luvuista. Siten viimeisillä sivuilla huomasin sen jakautuneen kolmeen osaan, A, B ja C, joista kukin 18 sivua pitkä ja joista jokainen A4-sivu (samalla fontilla ja koolla) ≤ 60 riviä pitkä.

Seuraavaksi julkaisin kaiken Internetissä olevalla uudella verkkosivustollani (ilmestyskirja-branham.com/). Ja pian sen jälkeen olin kääntänyt ja julkaisut kaiken englanniksi.

^

^ Parannellen jatkuvasti kaikkea, molemmat versiot saivat viimeisen suuren muutoksensa, kun olin kirjoittanut Tiivistelmä,Ilmestyskirja sivun valmiiksi (0b_TiivIlm). Siten 13.12.2022 löysin viimeisen pääotsikon TUNNISTA AIKAMME MERKIT (sivu 0c_TiivSel yhdessä kuuden muun jo olemassa olevan pääotsikkosivun kanssa: 2a§45, 4e§1317, 6m§6(8)10, 8c§89₁156, 10a§18 ja 12c§1-22).

^ Numero seitsemän on Jumalan täydellisyyden ja keskeinen luku Ilmestyskirjassa (seitsemän seurakuntaa, tähtisanansaattajaa, sinettiä, taivaanpasuunaa ja kulhoa).

Jumala inspiroi ja vahvisti kaiken. Tällä tavalla Hän vahvisti minun tekijänoikeudet tälle selitykselle.

^ Hän on inspiraation, harmonian ja kauneuden Jumala.

Niin kuin maailmankuulu taidemaalari Rembrandt oli oppinut kopioimaan tarkasti Jumalan Luomuksen. Hänkin oli piirtänyt monia raamatullisia kohtauksia (~300), joille samalla tavalla löytyy valmiita Raamatun sanoja.

^

^ Tekijänoikeuksia tulee kuitenkin tarkastella laajemmassa mielessä. Toinen ja tärkeämpi tekijänoikeuksien haltija olisi veljeni Kristuksessa, William Marrion Branham. Kaikissa tärkeissä kysymyksissä olen tukeutunut hänen saarnoihinsa. Mikä myös perustuu Raamattuun.

Minulle hän on ollut profeetta Elia seurakuntien aikakauden lopussa. Vanhan testamentin viimeisissä jakeissa hänen tulemisensa oli luvattu {Mal. 4:1-6 (1d§1-3, ja 5c§6(8)10, 5d, jne.)}.

^ VBranham oli ollut kristitty ministeri Yhdysvalloissa (1909-1965). Toisen maailmansodan jälkeen hän oli aloittanut uskon parannusliikkeen ja osa hänen saarnoistaan nauhoitettiin. Suuria kokouksia oli ollut, osittain kaikkialla maailmassa. Kaksi Suomessakin, vuodessa 1950.

∧ Lisäksi, minun on pakko muistaa Jumalan Armo. Vuonna 1974 Herra Jeesus oli kutsunut minut, mihin vastasin 'kyllä'. Siten Hän oli täyttänyt minut Rakkaudellaan, Ilollaan, jne. (Gal. 5:22; Filip. 4:4-7).

Jumalan Rakkaus oli vetänyt minut puoleensa ja aktiivisesti olin alkanut etsiä Jumalan Valtakuntaa ja Hänen Vanhurskauttaan. Sitten v. 1981 Jumala täytti minut Pyhällä Hengellään (Mat. 6:33).

∧ Kaksituhatta vuotta sitten Jumala oli antanut Poikansa kidutettavaksi kuoliaaksi julmimman ihmiskunnan siihen mennessä keksimän kuoleman, ristiinnaulitsemisella (Joh. 3:16).

Sen tähden jokaisen polven on notkistuttava Jeesuksen nimeen ja jokaisen kielen on tunnustettava Isän Jumalan kunniaksi, että Jeesus Kristus on Herra {Filip. 2:(5-)10-11}.

∧ Jeesuksen Uhrilla jokainen ihminen lunastettiin, joka seuraa Hänet sanoilla ja teoilla (Rm. 10:9-11).

Näin tunnustan: Herra Jeesus Kristus olisi tekijänoikeuteni päähaltija.
∧

∧ Jumalan (Ilmestyskirjan) Ilmestyksen mukaan Kristityt olisivat seurakuntien lopunaikana niin sokeita, etteivät he tietäisi olevansa sokeita {Ilm. 3:17-18 (1a§1-3 ja 1c§1-3)}.

Kuitenkaan, sinun ei tarvitse olla uskova ymmärtääksesi maailmanlopun tapahtumat (0c_TiivSel).

∧ Ilmestyskirjan ymmärtäminen alkaa ympärillämme näkyvien tosiasioiden tunnistamisesta ja hyväksymisestä.

Raamattu ei ole kenenkään yksityisesti tulkittavissa, Se merkitsee tarkalleen sitä, mitä Se sanoo (2Piet. 1:20).

∧ Samalla tavalla Jeesuksen Kristuksen kautta saadaan Rauha Jumalan kanssa {Joh. (1:1-) 20:19-21}.

Hänessä olisit pelastettu, uskon kautta! Rukoile, ota vastaan, ja tunnusta että Jeesus Kristus on sinun Herra, nyt! Se on ehdottomasti ilmainen Jumalan Lahja (Ef. 2:4-9)!
∧

Bert Hovestadt

~ ~ ~

0a_Sisällys

Sivut ja Otsikot

6I§6(8)10

TOINEN SINETTI

6J§6(8)10

KOLMAS SINETTI

6K§6(8)10

NELJÄS SINETTI

6L§6(8)10

VIIDES SINETTI (+ SINETIT 1,2,3,4.)

6M§6(8)10

"SEITSEMÄNNEN SINETIN AJANALKU"

~ ~ ~

B. KUUDES SINETTI SELITETTY (ILMESTYSKIRJA §6,7,11,14)

7A§67₁14

SINETIN OPPIMINEN JA TÄYTTYMINEN

7B§67₁14

SINETIN UUSI MENORAN AIKA

7C§67₁14

144000 ISRAELILAISTA, JA KOLME VOI-HUUTOA

7D§67₁14

KAIKKI JUUTALAISET TULEVAT USKOON

7E§67₁14

SANA TUNTI ILMESTYSKIRJASSA

~ ~ ~ ~ ~

C. TUOMIOT YLEISESTI (ILMESTYSKIRJA §8,9,11,15,16)

8A§89₁156

SEITSEMÄN TAIVAANPASUUNAA

8B§89₁156

TAIVAANPASUUNOIDEN (JA SINETTIEN) SUUNNITELMA

8C§89₁156

"PASUUNAT AVAUTUVAT"

8D§89₁156

TULEVA TALOUSROMAHDUS

8E§89₁156

UUDEN TESTAMENTIN SANAT VIHA JA SUUTTUMUS

~ ~ ~

C. TUOMIOT SELITETTY (ILMESTYSKIRJA §8,9,11,15,16)

9F§89₁156

EFESOKSEN/ENSIMMÄINEN PASUUNA JA KULHO (1S JA 2S)

9G§89₁156

SMYRNAN/TOINEN PASUUNA JA KULHO (2S JA 3S)

0b_TiivIlm [Tiivistelmä, Ilmestyskirja]

Jokaiselle joka kiinnostaa tulevaisuuteensa

^ Ilmestyskirja on Raamatun viimeinen kirja, joka tuli suoraan Jumalalta. Hänellä oli, Hänellä on, ja Hänellä on edelleen paljon sanottavaa (vrt. Ilm. 1:1, 19). Kaksituhatta vuotta sitten Hän oli puhunut, miltä pakanaseurakuntien jaksojen lopussa seurakunta ja maailma näyttäisivät ja mitä pian tapahtuu. Tunnista aikamme merkit!

^ Kuitenkaan, tieto ei pelasta sinua. Hengellisesti kasvat vain, kun nöyrryt, kuten Jeesuksen oli täytynyt nöyrtyä. Emme ole Jeesusta tärkeämpiä.

Etsi Raamattu ja lue Jeesuksen Elämästä joka päivä, mahdollisesti. Sinun ei tarvitse lukea paljon, vaan mieti lukemaasi ja mahdollisesti rukoile. Jumala vastaa ihmisille kaikenlaisten asioiden/ihmisten kautta ja erityisesti Oman Pelastuskanavansa, Jeesuksen Kristuksen, kautta. Tärkeintä ihmisen elämässä on vastaanottaa Herra Jeesus henkilökohtaiseksi Pelastajakseen ja Johtajakseen. Sitten saat voiman/oikeuden tulla Jumalan lapseksi (Joh. 1:12).

^ Sinun täytyy olla se pieni lapsi, mikä oppii (jälleen) puhumaan Taivaan Isänsä kanssa. Tällä asenteella voit syntyä ylhäältä ja sinun synnit ei koskaan muisteta. Tutki polvillasi Raamattua, niin Jumala täyttää sinut aikanaan Pyhällä Hengellään. Silloin tahdot kertoa kaikille ihmisille evankeliumin (Ap.t. 2:38 jne.).

Jumala on valmis vapauttamaan sinut, kun haluat olla todella vapaa, kun olet todella pahoillasi synneistäsi, kun teet sen mitä pystyt tekemään. Siten Jumala tekee sen mitä et pysty tekemään.

^

^ Selitys on jaettu kolmeen osaan,

A. Seurakuntien historia, sellaisena kuin se oli ennustettu:

^ Ilmestyskirjan seitsemän seurakuntaa on edustanut seitsemää peräkkäistä Herätysvalon ajanjaksoa. Ne sisältävät pääpiirteitä ja varoituksia kristillisille seurakunnille niiden alusta lopunaikaamme asti.

Jo kaksituhatta vuotta sitten Jumala tiesi, että ennen Jeesuksen Toista Tulemista uskovat eivät olisi valmiita kohtaamaan Herraansa ja Sulhastaan. Kautta Vanhan Testamentin aikana Jumala oli käyttänyt yhtä suurta profeettaa kerrallaan varoittaakseen Hänen kansaansa. Ja lopunaikaamme varten oli luvattu tulla samanlainen profeetta.

^ Uskon, että hän on ollut William Marrion Branham. Jokaisen on kuitenkin löydettävä se vastaus omasta rukouselämästään. Ehkä löydät, että hän on/oli Billy Graham, vai Baruch Korman, Mauri Vikstén, David Wilkerson, …., pastorisi, vai toinen hengellinen johtaja, …., suuri joukko Elia-profeettoja, vai tuleva profeetta.

Mutta lopunajan monien viettelyksien takia, lähesty tämä aihe äärimmäisen huolellisesti! ^

B. Seitsemän Sinettiä, ja Jumalan Oma Selitys:

^ Veli Branham ei saanut Seitsemän Sinetin paljastuksia vain työhuoneessaan. Hänet käskettiin muuttamaan toiseen kaupunkiin. Ja sen jälkeen ihmeellisiä asioita alkoi tapahtua.

Seitsemän Sinetin salaisuuksien paljastamisen jälkeen voidaan uskoa, että nämä paljastukset olivat tulleet ainakin kahdella päätavalla. Yksi tapa on se, mitä veli Branham oli selittänyt suoraan.

^ Ja epäsuorasti mitä hän oli sanonut sanoilla

{kirjasta: Esitys Seitsemästä Seurakuntajaksosta, luku 1, esipuhe

(https://branhaminsaarnoja.fi/index.php/1965/12/01/cab-01/)}:

"…., sillä (Seurakunta)jaksoista läh-tevät Sinetit, ja Sineteistä lähtevät Pasuunat, ja Pasuunoista lähtevät Kulhot. [Toinen luo valoa toisellensa.]"

Tällä tavoin jokainen sinetti kuuluu yhteen seurakuntajaksoon. Ja Seitsemännen ja Viimeisen Sinetin avulla uskovat pystyvät tunnistamaan hengellisen lopunajansodan ja löytämään sopivia hengellisiä aseita.

^

C. Tuomiot, ja Viimeinen Tuomio, ja Iankaikkisuus:

^ Ensin, valmiit uskovat temmataan pilvissä Herraa Jeesusta vastaan yläilmoihin. He ovat elämänsä aikana vapaaehtoisesti kestäneet 'suurta ahdistusta, jonka kaltaista ei ole ollut' ('Mat. 24:21'; Ilm. 7:14; Ilm. 20:4).

Sen jälkeen alkaa ahdingon ajanjakso, jota olen kutsunut Suuremman ahdistuksen ajaksi. 'Sen kaltaista ahdingon aikaa ei ole ollut siitä alkaen, kun kansakuntia on ollut'. Tällä tavalla näkyy niiden ajanjaksojen ero. Sanaa suurempi olen käyttänyt, koska se vaikuttaa nyt koko ihmiskuntaan ('Dan. 12:1').

Tänä ajanjaksona Evankeliumi ja Sen Julistus palaa 144000 Israelilaiselle. Ja sen lopussa kaikki Israelin Juutalaiset vapautetaan orjuuk-sistaan vastaanottamalla Herra Jeesus henkilökohtaiseksi Pelastajakseen.

^ Alustamme lähtien Ilmestyskirjan 18. luvussa jokaista Kristittyä on ankarasti varoitettu järjestelmästä, joka olisi ulkoa hyvin kaunis mutta sisältä hyvin saastunut, Ilm. 18:4, <"Lähtekää sieltä ulos [organisoidulta jumalanpalvelulta], minun kansani, ettette tulisi osallisiksi hänen synteihinsä ja saisi osaksenne hänen vitsauksiaan, ….>

Pian se tuhotaan. Seuraavaksi Herra Jeesus Kristus tulee ja hallitsee maailmaa viimeisten seitsemännentuhannen sapattivuoden aikana yhdessä Mor-siamensa uskovien kanssa. (Juutalaisen Raamatullisen kalenterin mukaan nyt on kulunut noin 6000 vuotta.)

Seitsemäntuhannen vuoden jälkeen on Viimeinen Tuomio. Seuraavaksi kaupunki Uusi Jerusalem tulee alas Taivaasta, missä Jumala asuu Hänen rakkaidensa keskellä.

"TUNNISTA AIKAMME MERKIT"

^ Edessäsi on yksi selitys koko Ilmestyskirjasta. Tämä Kirja tuli suoraan Jumalalta ja on osa Raamattua.

Jumala, Joka loi ensimmäisen ihmisen, ei ollut vain etukäteen nähnyt Aadamin (ja Eevan ja koko ihmiskunnan) lankeemuksen. Hän oli myös suunnitellut ennen maan perustamista tulevansa Pojassaan Jeesuksessa teurastettavana Karitsana. Hän, meidän Luoja, uhrasi Itsensä palauttaakseen Hänen suhteensa kaikkiin, joiden sydän janoaa Jumalaa (Ilm. 13:8b, 22:17).

^

^ Olen hollantilainen, joka oli muuttanut vuonna 1996 perheeni kanssa Suomeen. Syyskuussa 2020 aloitin tämän koko Ilmestyskirjan käsittelyn suomen kielellä yhdessä muutaman kiinnostuneen suomalaisen uskovan kanssa. Se ei siis ole ollut vain minun ajatusten kirjoittamista, vaan ajatusten jakamista ja samalla kutsumistani rukoilemaan toistemme puolesta. Sekä kiitän edelleen tämän kirjoituksen korjausehdotuksista ja levittämisen avusta (12a§1-22, minun osoite).

Raamatun tekstit olen kääntänyt pääasiallisesti sanasta sanaan, mahdollisimman lähellä perusmerkitystä.

^

^ Profeetta Joonana minun on täytynyt varoittaa. Herran Jeesuksen Läsnäolo/Tulemus yläilmoissa, kun Hän tulee tempaamaan ja kohtaamaan Hänen Morsiamensa uskovat, olisi jo ollut (Pääsiäisenä 2022).

Tätä tapahtumaa kutsutaan myös valmiina olevien uskovien tempaukseksi tai Taivaaseen ottamiseksi.

^ Joona varoitti suurkaupunkia ja Jumalan Tuomio olisi tullut. Sitten koko sen väestö teki parannuksen, ja Jumala armahti heitä (Joona 3).

Vaikka Joonan 40 päivän ennustus ei ollut toteutunut, Herra Jeesus viittasi häneen (Mat. 12:39-42).

^ Hän oli saarnannut voimakkaasti. Siksi satojen tuhansien ihmisten kaupunki oli kääntynyt pahalta tieltään.

Samoin Ilmestyskirjan käyttäminen on ollut tehokas työkalu. Mm. seuraavat aikamme merkit on helppo ymmärtää (vrt. Mat. 16:2-4):

- Lopunajassa on (anti)kristillinen länsimaiden blokki ja Yhdysvallat sen johtajana (4bcd§1317 jne.).
- Lopunajassa maailman talous kiristyy niin paljon, että romahdus tulee välttämättä (8d§89₁156 jne.).
- Lopunajassa kaikki maailman valtiot yhdessä hyökkäävät Jerusalemia ja Israelia vastaan (9k§89₁156).
- Lopunajassa maailma on jaettu kahteen, länsimaiden blokkiin ja diktaattorimaiden blokkiin (9l§89₁156).

- Lopunajassa Jumala sallii maapallon tulikasteen, mikä ratkaisee myös ilmastokriisin (11a§19-22).
^

^ On mahdollista, ettei Herran Jeesuksen Ruumiillinen Tulemus vielä tullut ja ettei tuomion aika ole vielä alkanut. Samalla tavalla kuin Joonan kohdalla. Toisaalta Pääsiäiseen mennessä koko tämä kirjoitus oli tullut valmiiksi suomeksi ja laajalti näkyväksi Internetissä. Se olisi voinut olla Jumalan selitys ja vahvistus, koska Hän haluaa, että asiat tehdään uskossa {Lk. 18:8 (12a, 12b ja erityisesti 12c§1-22)}.
Myöhemmin englanninkielinen käännös ja netin sivusto valmistui. Toisena päivänä, jonka olin maininnut {6m§6(8)10, 12c§19-22}.
^ Ilmestyskirja auttaa ymmärtämään nimenomaan Suuremman ahdistuksen ajanjaksoa tempauksen jälkeen. Seurakuntien lukujen jälkeen tempauksen hetki ja tämä seuraava jakso näkyvät. Siitä huolimatta, myös puhutaan menneisyyden ja tulevaisuuden tapahtumista, Ilm. 4-19 {Ilm. 4:1 (2a§45)}.
Se on maanpäällinen helvetti ja mahdollinen ikuisen Helvetin alku! Etsi Jumalaa, nyt (Jes. 55:6)!
^ Raamatussa sana läsnäolo/tulemus, kreikkalainen sana parousia, esiintyy 24 kertaa, (https://biblehub.com/greek/3952.htm):
Mat. 24:3, 27, 37, 39; 1Kor. 15:23, 16:17; 2Kor. 7:6, 7, 10:10; Filip. 1:26, 2:12; 1Tes. 2:19, 3:13, 4:15, 5:23; 2Tes. 2:1, 8, 9; Jk. 5:7, 8; 2Piet. 1:16, 3:4, 12, ja 1Joh. 2:28.
Suomalaisissa käännöksissä sana tulemus on yleensä käytetty, vaikka ei aina, vertaa 1Tes. 4:15b, <Me, jotka olemme elossa ja jäämme tänne Herran tulemukseen, emme suinkaan ehdi poisnukkuneiden edelle,>
^ Toisaalta selityksessäni olen käyttänyt kaikissa Raamatun jakeissa sanaa tulemus.
Tällä sanalla esimerkiksi Matteus §24:n tapahtumat alkavat avautua {6h§6(8)10}.
^

^ Lisäksi seuraavat yleiset huomautukset:
- Suomenkielinen (ja englanninkielinen) verkkosivujani voidaan jatkaa vain vuoden kerrallaan
(https://ilmestyskirja-branham.com/ilmestyskirja).
Se on siis olemassa niin kauan kuin se on olemassa.
- Monet Kristityt kääntyvät psykiatrien puoleen saadakseen vastauksia, puhumattakaan joogasta jne. Kuinka vain, Jumala voi sallia kaikenlaisia ongelmia, ennen kuin Hän sallii täyssokeutumista {Ilm. 3:20 (1bc§1-3)}.
Jumala ei muutu. Hän tekee asioita Omalla Täydellisellä Tavallaan. Kaksituhatta vuotta sitten profeetta Elia [Johannes Kastaja] tarvittiin saamaan Juutalaiset valmiiksi. Ja samankaltaisen profeetan tuleminen luvattiin saada meidät Kristityt (ja Juutalaiset) valmiiksi Herran Jeesuksen Tulemukseen {Mal. 4:1-6 (1d§1-3)}.
Tätä viimeistä tekstiä Johannes Kastaja ei täyttänyt. Aikanaan hän auttoi kääntämään ainoastaan isien sydämiä, ei lasten sydämiä {Luuk. 1:17 (1d§1-3)}, Bert

~ ~ ~ ~ ~

A. Seurakunnat (Ilmestyskirja §1,2,3)

1a§1-3

Seitsemän Herätystä

Shalom,

^ Ilmestyskirja on erikoinen kirja. Se oli Raamatun viimeinen kirja, joka tuli suoraan Jumalalta.

Samoin Raamatun viisi ensimmäistä kirjaa olivat tulleet suoraan Jumalalta Mooseksen kirjoittamina (vrt. 5Ms. 34:10).

Rukous heiltä, jotka vaeltavat kutsumuksensa arvoisesti, kärsien toisiaan rakkaudessa (Ef. 4:1-2), Bert

¤ Ilmestyskirja on Jeesuksen Kristuksen Ilmestys, jonka Jumala antoi Hänelle. Jumalalta tulivat profeetalliset ajatukset, mitä ensin seurakunnat ja tulevaisuudessa Israelin kansa tarvitsisivat. Sen antoi Jeesus Kristus Hänen enkelilleen. Ja sen jälkeen apostoli Johannes sai sen (Ilm. 1:1).

Ihmeellinen Ilmestys, josta ainoa vielä elossa oleva Herran Jeesuksen opetuslapsi Johannes tahtoi va-kuut-taa todeksi Jumalan Sanan ja Jeesuksen Kristuksen todistuksen, kaiken minkä oli nähnyt (Lk. 6:13; Ilm. 1:2).

¤ Kristus on Seurakunnan Pää ja Rakastaja (Ef. 5:23-27).

Hän on Jumalan Pelastussuunnitelma koko ihmiskunnalle (Ap.t. 4:12).

¤ Ainoa Toivomme on Jeesuksen/Jumalan tulo (Ilm. 1:7-8), Ilm. 1:7a, <Katso hän tulee pilvien mukana.>

Siihen Ilmestyskirja valmistaa, ja näin Jeesus sanoo lopussa, Ilm. 22:20, <"Kyllä, minä tulen pian.">

¤

¤ Jos otat Ilmestyskirjan varteen, olet autuas ja Taivas aukeaa sinulle (vrt, Rm. 4:6-8), Ilm. 1:3, <Autuas {on} se, joka lukee, ja autuaita {ovat} ne, jotka kuulevat tämän/sen profetian sanat ja ottavat varteen sen, mitä siihen on kirjoitettu, sillä aika {on} lähellä.>

Jeesus Kristus on Jumalan Sana, Joka tuli Lihaksi ja Jonka kautta Elämä ja Valo tulivat (Joh. 1:1-5 ja 9-14).

¤ Jumala teki Jeesuksessa, mitä Jumala oli vaatinut Sanassaan. Jumala antoi Itsensä Jeesuksessa ristiinnaulita. Tällä tavoin Jumalan profeetallinen Sana oli puhunut ja puhuu, Ilm. 19:10b, <Jeesuksen todistus on profetian henki.>

Voi heitä, jotka panevat siihen jotain lisää tai ottavat jotain pois (Rm. 3:4; Ilm. 22:18-19).

¤

¤ Profeetallisessa Sanassa on Jumalan kannalta katsottuna valtava voima. Kaksituhatta vuotta sitten Jeesuksen Kristuksen Elämästä oli paljon ennustettu. Ja juutalaisen kansan keskuudessa kaikki ne ennusteet Jeesus oli täyttänyt (Lk. 24:44).

Samalla tavalla Hän julisti tylysti kotikaupunkilaisilleen, ettei yhtäkään profeettaa ole arvostettu kotiseudullaan ilman paljon tarkempaa selitystä (Lk. 4:16-30 ja erityisesti jae 24).

¤ Ja niin edelleen. Serkulleen, Johannes Kastajalle, kun vankilassa tämä ei (enää) jaksanut uskoa kaikkea, Hän vastasi (Lk. 7:1-23), Lk. 7:22b-23, <"Menkää ja kertokaa Johannekselle, mitä olette nähneet ja kuulleet: Sokeat saavat näkönsä, rammat kävelevät, spitaaliset puhdistuvat, ja kuurot kuulevat, kuolleet herätetään, köyhille julistetaan evankeliumia, 23. ja autuas on se, joka ei loukkaannu minuun.">

Tämä perustui useisiin profeetta Jesajan teksteihin koskien tulevaa Messiasta, esimerkiksi, Jes. 61:1-2a (Lk. 4:18-19), <Herran, HERRAN, henki {on} minun päälläni, sillä HERRA on voidellut minut julistamaan ilosanomaa nöyrille/köyhille. Hän on lähettänyt minut sitomaan särjettyjä sydämiä, julistamaan vangituille vapautusta ja kahlituille kirvoitusta, 2. julistamaan HERRAN suosion vuotta, ...>

¤

¤ Vangittu uskonsa takia apostoli Johannes oli karkotettu Patmoksen vankilasaarelle. Oli vuosi 96 jKr. Hän oli etsimässä Jumalan Läsnäoloa, hän oli 'hengessä Herran päivässä' (Ilm. 1:10a)

Yhtäkkiä Herra Jeesus seisoi hänen takanaan. Kun hän näki Hänet, hän kaatui kuin kuollut. Mutta Herra Jeesus rauhoitti häntä ja kertoi hänelle jotain ihmeellistä (Ilm. 1:10b-20), Ilm. 1:20, <".... Niiden seitsemän tähden salaisuus, jotka näit minun oikeassa kädessäni, ja niiden seitsemän kultaisen lampunjalan salaisuus {on tämä}: Ne seitsemän tähteä ovat niiden seitsemän seurakunnan sanansaattajat/enkelit, ja ne seitsemän lampunjalkaa ovat ne seitsemän seurakuntaa.">

¤ Hän sai Herralta Jeesukselta mm. seitsemän kirjettä seurakunnille seitsemässä Aasian kaupungissa. Lähin iso satamakaupunki mantereella oli Efesos. Sen jälkeen tulivat muut kaupungit samassa Ilmestyskirjan järjestyksessä, Smyrna, Pergamon, Tyatira, Sardes, Filadelfia ja Laodikea (Ilm. 1:4-11).

Mutta nämä Valontapahtumat olisivat enemmän kuin pelkästään kirjeitä seitsemälle seurakunnalle (Ilm. 2-3).

¤ Tähdet yhdessä lampunjalkojen kanssa olisivat seitsemän valtavaa Valoa, seitsemän Valontapahtumaa, niin kuin Jeesus Kristus Itse oli tullut Valona (Joh. 1:4-5).

Seitsemän peräkkäistä ajanjaksoa, kuten Happamattoman Leivän Juhla (Herran Ehtoollinen) vietettiin seitsemänä peräkkäisenä päivänä. Alussa Pääsiäislammas oli uhrattu, ja sapatin jälkeen, sunnun-taina, Ensilyhde oli nostettu Jumalalle. Kaikki kolme Juhlaa Kristus oli täyttänyt (3Ms. 23:4-14; Lk. 22:1-20).

¤ Seitsemän toinen toistaan seuraavaa Valonkautta, Herätyksen tapahtumia, Herätyksen ajanjaksoja. Monille seurakunnille samaan aikaan (Ilm. 2:7; 2:11; jne.).

Jumalan Kirkkaus, koettu pakanakansojen seurakunnissa (0_Menora).

Seitsemän Ajanjaksoa ja Sanansaattajaa

Shalom,
^ Suhteellisen nopeasti käsittelen seurakuntajaksot. Syvemmin ja laajemmin se voidaan tehdä, mitä olen tehnyt tämän jälkeen. Mutta alussa yleiskuvan saaminen Ilmestyskirjasta on tärkeämpää.
9.2020 aloitettuani selitykseni, suomenkielisenä kirjana se valmistui 4.2024, kolmessa ja puolessa vuodessa.
Toisten kuormia kantavien uskovien rukouksella (Gal. 6:2), Bert

¤ Vuonna 70 jKr. Rooma oli tuhonnut Jerusalemin (ja sen apostolisen keskuksen) ja muun muassa apostoli Johannes ja Jeesuksen äiti Maria olivat asettuneet Efesoksen kaupunkiin (vrt. Joh. 19:27).
Vuonna 96 Johannes oli Jeesuksen viimeinen elossa oleva opetuslapsi/apostoli. Oli kovia aikoja ja vainoja. Mahdollisesti Johannes keitettiin 24 tuntea öljyssä, ennen kuin hänet karkotettiin noitana vankilasaari Patmokselle. Joka tapauksessa, hänen läsnäolonsa/tulemus lähellä Efesoksen kaupungin seurakuntaa vahvisti, että se oli sen ajan seurakuntien hengellinen keskus (Ilm. 2:1-7), Ilm. 2:7a, <"…. Jolla on korva, se kuulkoon, mitä Henki sanoo seurakunnille. ….">
¤ Seitsemälle seurakunnalle Herra Jeesus oli kirjoittanut Hänen sydämelliset sanomat. Alussa Hän oli viitannut muutamaan Hänen Ominaisuuteensa (Ilm. 2:1, 8, 12, jne.).
Johanneksen Efesoksen seurakunnalle se oli ollut hätäviesti. Sen lampunjalka siirrettäisiin kohta paikaltaan, jos se ei tekisi parannusta (Ilm. 2:4-5), Ilm. 2:4, <Mutta se minulla on sinua vastaan, että olet hylännyt ensirakkautesi.>
¤ Ensimmäiselle pysähdyspaikalle lähti Johannekselta ensimmäinen juoksija. Hänen tehtävänä oli muun muassa välittää Jeesuksen Kristuksen henkilökohtainen sanoma seurakunnan sanansaattajalle, Ilm. 2:1 jne., <Efesoksen seurakunnan sanansaattajalle/enkelille kirjoita: '…. …. '>
Kyseinen sanansaattaja/enkeli (kreikkalainen sana 'angelo' ['enkeli']) oli maan päällä oleva uskova, niin kuin sen sanan perusmerkitys on sanansaattaja. Vain erityistilanteissa, kun se liittyy taivaallisiin olentoihin, käännös olisi enkeli. Koko Ilmestyskirjassa tämä tulisi muistaa.
¤ Jo selitettiin, että kunkin kaupungin seurakunta edusti yhtä Herätyksen kautta monille seurakunnille. Yhteensä seitsemän Herätyksen kautta oli ilmoitettu. Se oli lampunjalkojen salaisuus (0_Menora ja 1a§1-3).
Sen lisäksi, seurakunnan sanansaattajat edustaisivat seitsemän eri tähtiapostolia. Se oli tähtien salaisuus (1a§1-3, =), Ilm. 1:20, <…. ne seitsemän tähteä (minun oikeassa kädessäni) ovat niiden seitsemän seurakunnan sanansaattajat/enkelit ….>

¤ Kiistaton ensimmäisen seurakuntajakson, Efesoksen seurakuntajakson, tähtisanansaattaja oli ollut apostoli Paavali. Hän oli ollut ehdottoman uskollinen Sanalle, oli tehnyt työt Pyhän Hengen Voimassa, ja Jumalan hänelle antama palvelustehtävä oli tuottanut silminnähtävää hedelmää, suuret joukot pakanat olivat tulleet uskoon. Yli puolet Uuden Testamentin kirjeistä hän oli kirjoittanut. Jopa hän oli ollut Efesoksen seurakunnan herätyksen ensimmäinen apostoli, siten tämä Herätys oli alkanut, noin 53 jKr. (Ap.t. 19).

Terveillä opetuksilla ja uhrautuvalla elämäntavallaan hän oli varustanut seurakunnat. Hänen ensirakkautensa Jumalaa kohtaan ei koskaan sammunut.

¤

¤ Kun Efesoksen ajanjakson herätys kaikkialla oli kuollut, oli Jeesus siirtänyt sen lampunjalan paikaltaan. Mutta aktiiviset uskovat, nälkäiset ja janoiset, olivat aiemmin alkaneet rukoilla Herralta Jumalalta uutta herätystä. Kun Smyrnan ajanjakson uskovia olivat siihen valmiita, oli seuraava Herätys alkanut ja jossain vaiheessa ilmestyi seuraava tähtisanansaattaja.

Kaikista seitsemästä ajanjaksosta vain kahden kohdalla uskovat onnistuisivat niin hyvin, tai olosuhteet olisivat niin karuja, että heille pitäisi puhua pelkästään rohkaisevia sanoja, Smyrna ja Filadelfia.

¤

¤ Herätyspiireissä on jokseenkin hyväksytty, että (pimeän) keskiajan jälkeen 1517:n reformaatio Euroopan mantereella edustaa viidennen, Sardeksen, seurakunnan herätyskautta (Ilm. 3:1-6).

Lutherin johdolla oli uudestaan löytynyt totuus, että ainoastaan uskon kautta ihminen voi tulla vanhurskaudeksi, Rm. 1:17, <Sillä siinä Jumalan vanhurskaus ilmestyy uskosta uskoon, niin kuin on kirjoitettu: "Mutta vanhurskas on elävä uskosta.">

¤ Valitettavasti tämä Herätys ei mennyt pidemmälle. Uusi Herätys tarvittiin (Ilm. 3:7-13).

Filadelfian seurakuntajaksona Britanniasta löytyi laajalti pyhitetyn elämän siunaus takaisin. Metodistiliike (myöhemmin kirkko), Pelastusarmeija ja monet lähetysseurat syntyivät. Seuraavaksi USAssa se levisi suuressa mittakaavassa (vrt. Hep. 12:10b-14).

¤ Tämä Herätyskin sammui vähitellen. Tarvittiin viimeinen Herätys, Laodikean seurakuntajakson Herätys, Azusa-kadun Herätys, maailmanlaajuinen helluntaiseurakuntien Herätys. Se alkoi vuonna 1906 Los Angeles kaupungissa. Silloin löytyi, että Pyhän Hengen lahjoja olisivat osa jokaisen uskovan elämää (Ilm. 3:14-22).

Mutta sanoma Laodikean seurakunnalle kertoo, että tämä Herätys muuttui. Sillä myöhemmin Herra Jeesus löytyy vain tämän seurakunnan ulkopuolelta (Ilm. 3:20)....

Lopunajan Seurakunnan Tila

Shalom,
^ Tällä kertaa osa todistustani.
Rukous, myös heikkouksissamme (2Kor. 12:10), Bert

¤ Viime kertaa kirjoitin Laodikean seurakunnasta ja sen merkityksestä meille nykyuskoville. Vuosikymmeniä tämä oli ollut minulle tuttu selitys. Mutta keväällä 2012 huomasin, että hengellinen tilani oli muuttunut samannäköiseksi.

Elämäni hengellisiä hedelmiä olivat liian vähän tai liian pieniä. Jokin ei toiminut. Olin jopa masentunut.

¤ Olin samanlainen hengellinen lapsi, mitä oli ennustettu. Minäkin olin antanut liian hyvää kuvaa itsestäni, Ilm. 3:17a, <Sillä sinä sanot: Minä olen rikas, ja olen rikastunut enkä tarvitse mitään; ….>

Oli tullut vastaan, mitä olin yrittänyt välttää. Julkisivuni ei toiminut. En (enää) tuntenut, että Herra Jumala oli kanssani.

¤ Vuotta aiemmin olin tuntenut Pyhän Hengen ohjaamaa liittyä seurakuntaan. Sitä ennen Suomessa en ollut ollut minkään seurakunnan jäsen. Kuitenkin, kaikkialla tarvitsemme toisia, varsinkin kun Jeesuksen Tulemisen päivä on hyvin lähellä (Hep. 10:25, 37).

Paras tapaa auttaa itseäni, oli oppia osallistumaan. Paras parannuksen tekoni oli hyväksyä, että olen yhtä huono tai hyvä uskova, miltä tämä seurakunta ja muut lopunajan seurakunnat näyttävät Jumalan silmissä.

¤ Mutta mm. seuraavat asiat Pyhä Henki vaati minulta. Minun piti alkaa todistaa kylmin tai palavin sanoin ja teoin. Naapureille ja niin edelleen (vrt. Ilm. 3:15).

Lisäksi Se antoi minulle tehtävän ilmoittaa uskoville, että Herran Jeesuksen Toinen Tulo / Tulemus yläilmoissa tapahtuu vuoden sisällä. Sitten valmiit olevat uskovat temmataan Taivaaseen, Mat. 24:36-44.

¤ Profeetta Joonana minun on pitänyt saarnata Jumalan saarnaa {Joona 3:1-4 (myös 0c_TiivSel)}.

Siten olen tullut valmiiksi tekemään ja kirjoittamaan Jumalan ehdoilla kaiken, mitä täällä luet.

¤

¤ Lopunajassa Jeesus Kristus seisoo Laodikean seurakunnan oven edessä, Ilm. 3:20, <"…. Katso. Minä seison ovella ja kolkutan. Jos joku kuulee minun ääneni ja avaa oven, niin minä tulen sisälle hänen luokseen ja aterioin hänen kanssaan ja hän minun kanssani. ….">.

Häntä, Jumalan kirjoitettua ja elävää Sanaa, ei enää hyväksytä sellaisena tämän lopunajan seurakunnissa (vrt. Joh. 1:1-3, 14).

¤ Vaikka Pyhän Hengen lahjat oli uudestaan löytynyt (1b§1-3, Ilm. 3:14-22).

Mutta jos lahjojen Antajaa ei palvella ensimmäisenä, minkälaisilla taivaallisilla lahjoilla ei ole merkitystä.

¤

¤ Missä Kristus on, kun Hän ei ole enää seurakunnassa? Mutta herätys ei olisi sammunut, koska Hän on edelleen näkyvissä. Vain herätys olisi siirtynyt jonnekin muualle.

Vahvistus tälle väitteelle on, että Laodikean ajanjaksostakin temmataan uskovia Taivaaseen, Ilm. 3:21-22, <"…. Joka voittaa, sen minä annan istua kanssani valtaistuimellani, niin kuin minäkin olen voittanut ja istunut Isäni kanssa hänen valtaistuimelleen. 22. Jolla on korva, se kuulkoon, mitä Henki sanoo seurakunnille.">

¤ Jokainen uskova kehotetaan toimimaan, Ilm. 3:18-19, <"…. Minä neuvon sinua ostamaan minulta tulessa puhdistettua kultaa, että rikastuisit, ja valkeat vaatteet, että niihin pukeutuisit eikä alastomuutesi häpeä näkyisi, ja silmävoidetta voidellaksesi silmäsi, että näkisit. 19. Kaikkia niitä, joita minä pidän rakkaina, minä nuhtelen ja kuritan. Ahkeroi siis ja tee parannus! ….">

Olet kullan arvoinen, kun olet Herran Jeesuksen Ruumiissa sopusoinnussa sinun aseman kanssa. Kun olet Jumalan Kellossa se pieni liike, mitä siellä tarvitaan. Silloin maailma näkee mikä on oikea aika (vrt. 1Kor. 12).

¤ Valkeat vaatteet ovat sinun oikeudenmukaiset teot (Ilm. 19:8).

Passi, lippu, ohjeet, jne. tulee noutaa oikeista paikoista. Silmävoidetta tarvitaan näiden paikkojen tuntemiseen.

¤ Meidän on aina oltavia valmiita lähtemään Israelin maahan, joka on Jumalan Maa (3Ms. 25:23), ja jonka tuleva Pääkaupunki Jerusalem odottaa Taivaassa {vrt. Gal 4:26 (11b§19-22)}.

Jopa tänään, silmänräpäyksessä, se Lähdön Hetki voi tulla {1Kor. 15:(50-)51-52(-53) (2a§45 ja 5d§6(8)10)}!

¤

¤ Matteuksen evankeliumissa Herra Jeesus sai kolme kysymystä tulevaisuudesta, ja ennen kuin Hän vastasi, Hän varoitti {Mat. 24:1-3, ja 4-14 (6h§6(8)10)}.

Ensimmäiseksi vastaukseksi Hän antoi yksityiskohtia temppelin tuhon hetkestä {Mat. 24:15-21 (3e§12)}.

¤ Toiseksi vastaukseksi Hän puhui Hänen salaisen Tulemuksen (tunnus)merkistä. Kun Tempaus tapahtuu se on kuin salamaviesti temmattujen uskovien lähipiirilisille, jotka on jätetty kaikkialla maailmaa (Mat. 24:40bb ja 41bb), Mat. 24:(21-)27-28, <"…. 27. Sillä niin kuin salama leimahtaa idässä ja näkyy länteen asti, niin on oleva Ihmisen Pojan tulemus. 28. Missä on raato, sinne kokoontuvat (korppi)kotkat.">

Kotka-uskovat lentävät korkeammalla. He näkevät jo nyt seurakuntien ulkopuolella Kristuksen (Ilm. 3:20).

Lopunajan Johannes Kastaja

Shalom,
^ Keskustelin jo Uuden Testamentin enkeli-sanasta (1b§1-3, Ilm. 2:1).
Ihmeellisesti heprealaisissa Vanhassa Testamentissa on samanlaista sanaa 'malak' käytetty, jolla on lähes kaksi identtistä merkitystä, sanansaattaja ja enkeli, ja myös sen kirjaimellinen perusmerkitys on sanansaattaja. Jopa ristikkäin niiden yhtenäisyys näkyy. Molemmissa paikoissa puhutaan Johannes Kastajasta, Mal. 3:1a, <"Katso, minä lähetän sanansaattajani(/enkelini), ja hän on valmistava tien minun eteeni. ....">
^ Sekä Uudessa Testamentissa, Mat. 11:10, <".... Tämä on se, josta on kirjoitettu: 'Katso, minä lähetän sanansaattajani(/enkelini) kasvojesi edellä, joka on valmistava tiesi sinun eteesi'. ....">
Rukous heiltä, jotka kurittavat omaa ruumistaan (1Kor. 9:27), Bert

¤ Jo kaksituhatta vuotta sitten Jumala tiesi, että ennen Jeesuksen Toista Tuloa uskovat eivät olisi valmiita. Samaa Hän oli tiennyt ennen Jeesuksen Ensimmäistä Tuloa. Hänen oma kuningasheimon kansa, Juuda, ei ole ollut valmis. Siksi Johannes Kastajan oli pitänyt tulla.

Hänen aikanaan Johannes Kastaja oli saanut Jerusalemin ja koko Juudean maan ihmiset liikkeelle. Se oli ollut erikoinen ja iso herätys juuri ennen Jeesuksen Kristuksen Elämäntehtävänsä aloittamista. Jokainen Juutalainen oli alkanut tuntea pistoa sydämessään. Jopa maan hengelliset johtajat, vaikka hän oli arvostellut heitä jyrkästi (esim. Mat. 3:1-12).

¤ Johanneksen tehtävänsä oli ollut juutalaisen kansan isien ja esi-isien kansan sydämien kääntäminen lasten puoleen, eli Jeesuksen ja Hänen ensimmäisten apostolien opetuksen puoleen. Mitä enkeli oli sanonut hänen isä Sakarjalle, Lk. 1:17, <".... Ja hän käy hänen edellään Elian hengessä ja voimassa kääntääkseen isien sydämet lasten puoleen ja tottelemattomat vanhurskaiden harkitsevuuteen, näin Herralle valmistaakseen kansan, joka on valmistautunut.">

Mikä oli Jumalan paras ratkaisunsa silloin, on edelleen Hänen paras ratkaisunsa. Jumala ei muutu. Kuten Hän oli Vanhan Testamentin aikoina melkein aina käyttänyt yhtä suurta profeettaa, yksin (vrt. Saarn. 3:14-15).

¤

¤ Aikamme Elian tehtävä löytyy Vanhan Testamentin viimeisistä jakeista. Se on samaa juutalaisen kansan isien ja esi-isien sydämien kääntämistä. Sen lisäksi hänen on käännettävä pakanain uskovien sydämet Jeesuksen ja hänen apostolien puoleen, Mal. 4:1-6 (3:19-24) jakeiden mukaan, <Sillä katso, se päivä on tuleva, joka palaa kuin pätsi. .... sanoo HERRA Sebaoth 4. Muistakaa minun palvelijani Mooseksen laki, jonka minä Hoorebilla säädin koko Israelia varten käskyiksi ja oikeuksiksi. 5. Katso, minä

lähetän teille profeetta Elian, ennen kuin tulee HERRAN päivä, se suuri ja pelottava. 6. Ja hän on kääntävä jälleen isien sydämet lasten puoleen ja lasten sydämet heidän isiensä puoleen, etten minä tulisi ja löisi maata kirouksella.>

Seurakuntien ajanjaksojen jälkeen alkaa Suuremman ahdistuksen ajanjakso, jonka lopussa koko maa palaa kuin uuni. Profeetta Malakia oli aikanaan puhunut juutalaiselle kansalle. Mm. siksi puhutaan Mooseksen Laista. Silloin Johannes Kastajan kanssa Vanha Testamentti ja sen Laki sulkeutuivat. Nyt pakanain kansojen ja juutalaisen kansan valittujen on valmistautuva tapaamiseen Herransa yläilmoissa. Kun nämä valitut otetaan ylös, Uusi Testamentti sulkeutuu ja Evankeliumin julistus ja Lain opetus palaavat juutalaiselle kansalle.

¤

¤ Monissa herätysliikkeissä puhutaan, että kolmannessa maailmassa on edelleen isoja herätyksiä. Siten luopumus entisessä kristillisessä länsimaailmassa ei vielä täyttäisi luopumuksen tunnusmerkit, kuten sen täytyy tapahtua ennen Jeesuksen Läsnäoloa pilvissä. Siksi kaikille muutoksille, muun muassa Antikristuksen (kadotuksen lapsi) ilmestymiselle, ei vielä olisi oikea aika, 2Tes. 2:3b-4aa, <Sillä (se päivä ei tule), ennen kuin luopumus ensin tapahtuu ja laittomuuden ihminen ilmestyy, kadotuksen lapsi, 4aa. tuo vastustaja,>

Joka tapauksessa, nuo herätykset eivät ole niin isoja. Esim. Koreassa olisi ollut valtava herätys koko 1900-luvun ajan. Silti nykyään Etelä-Koreassa kaikki Kristityt yhdessä ovat alle kolmanneksen väestöstä. Kasvu on melkein pysähtynyt ja nuoret ovat alkaneet lähteä kirkosta. Ja Pohjois-Korea on maailman pahin diktatuuri. Kristityille perheenjäsenineen se tarkoittaa kansanmurhaa.

¤ Euroopassa kaikki Kristityt olivat yhteensä lähes 100 % väestöstä. Nyt vain pari prosenttia enää uskoo Herraan Jeesukseen ja lukee Raamattua säännöllisesti. Täälläkin keksittiin evoluutioteoria, joka käänsi eliitin maailmanlaajuisesti pois kristillisestä kulttuurista {vrt. Darwin (9j§89₁156)}.

Elämme erittäin lähellä tempausta, uskovien ylös ottamista ennen Suuremman ahdistuksen ajan kauhuja. Ja taas voimme ihmetellä, miksi aikamme Elia ei tullut? Kuten Pietari, Jaakob ja Johannes yhtäkkiä huomasivat. Jeesuksen oli kohta kuoleva, mutta Elia oli taivaassa. Siksi he kysyivät Jeesukselta (Mat. 16:21-17:13), Mat. 17:10b, <"Miksi sitten kirjanoppineet sanovat, että Elian pitää tulla ensin?">

¤ Eikä se olisi ainoa kysymyksemme.

Mistä löytyy meidän ajan Jeesus Kristus? Se oli viime kerran esiin noussut tärkeä kysymys (Ilm. 3:20a).

¤ Rauha on meille luvattu (vrt. Ilm. 3:20b).

Se ei kuitenkaan tule ilman ahkeroimistamme ja Jumalan Kurin hyväksymistä (Ilm. 3:19).

~ ~ ~

A. Taivaassa (Ilmestyskirja §4,5)

2a§45

"TAIVAS"

Shalom,
^ Jumalan Tahdon etsiminen ja tekeminen olisi kaiken tärkeintä, mitä joku voi tehdä elämässänsä (vrt. Mat. 7:21).
Rukous heiltä, jotka tahtovat olla kaunis seppele/kruunu HERRAN kädessä, Bert

¤ Ilmestyskirjan neljäs ja viides luvut olisivat enemmän kuin aha-aiheita. Meille avataan Taivas!
Paikka missä Jumala on!! Missä Hän istuu hänen Valtaistuimellaan (Ilm. 4:2-3)!!!
¤ Kerran Jeesus Kristus oli vastannut Pietarille Johanneksen suhteen, Joh. 21:23, <"Jos minä tahtoisin hänen jäävän tänne siihen asti, kun minä tulen, mitä se sinulle {kuuluu}?">
Tällä tavalla Johannekselle näytettiin ainoana vielä elävänä Jeesuksen apostolina, mitä tulee tapahtumaan seurakuntien aikakausina (Ilm. 1-3), ja aika sen jälkeen, Ilm. 4:1, <Näiden jälkeen minä näin, ja katso: taivaassa {oli} ovi avattu. Ja ensimmäinen ääni, jonka olin kuullut puhuvan minulle kuin pasuuna, sanoi: "Nouse ylös tänne, niin minä näytän sinulle, mitä tämän jälkeen on tapahtuva.">
¤ Ääni oli edelleen Jeesuksen Kristuksen pasuunan ääni (Ilm. 1:10).
Kun seurakuntien ajanjaksot ovat täysin ohi ja viimeinen pasuuna soi, temmataan uskovat ylös Taivaaseen, kuten se tapahtui apostoli Johannekselle (vrt. 1Kor. 15:50-53; 1Tes. 4:13-5:2).
¤
¤ Jumalan Valtaistuimen ympärillä nähdään sateenkari (Ilm. 4:3b).
Se on Jeesuksen Liiton merkki {vrt. 1Ms. 9:8-17; Mal. 3:1b (myös 2b§45)}.
¤ Jumalan Valtaistuimen läheisyyteen on nostettu 24 kunnioitettavaa uskovaa, jotka ovat saaneet valtaistuimet, Ilm. 4:4, <Ja valtaistuimen ympärillä {oli} kaksikymmentäneljä valtaistuinta, ja niillä istui kaksikymmentäneljä vanhinta yllään valkeat vaatteet ja päässään kultaseppeleet/kultakruunut.>
Nämä eivät ole enkeleitä. Enkeleillä ei ole kruunuja, eikä valtaistuimia. He ovat ihmiset, jotka ostettiin Jeesuksen Kristuksen Verellä (Ilm. 5:8-10).
¤ Heidät oli ostettu kuin orjia. Kuitenkin jokaisella heistä oli seppele/kruunu! Samoin me, jos voitamme, saamme esim. elämän seppeleen/kruunun (!), Ilm. 2:10b-11, <" '….Ole uskollinen kuolemaan asti, ja minä annan sinulle elämän seppeleen/kruunun. 11. Jolla on korva, se kuulkoon, mitä Henki sanoo seurakunnille. Sitä, joka voittaa, ei toinen kuolema vahingoita.' ">

Nämä vanhimmat olivat elämässään hyvin omaksuneet sen, mistä he olivat tulleet ja mistä he olivat saaneet heidän voittovoimansa, Ilm. 4:10-11, <ne kaksikymmentäneljä vanhinta heittäytyvät valtaistuimella istuvan eteen ja palvovat häntä, joka elää aina ja iankaikkisesti. Ja he heittävät seppeleensä/kruununsa valtaistuimen eteen sanoen: 11. "Sinä, meidän Herramme ja Jumalamme, olet arvollinen saamaan ylistyksen ja kunnian ja voiman, sillä sinä olet luonut kaiken, ja sinun tahdostasi ne ovat olemassa ja ovat luodut.">

¤ Kun tässä elämässä sinusta tulee kaunis kruunu HERRAN kädessä, sellainen saadaan tulevaisuudessa (vrt. Jes. 62:3).

Apostoli Paavali kutsui ihmisiä, jotka oli annettu hänelle johtamaan Jeesuksen luo, hänen seppeleensä/kruununsa (Filip. 4:1).

¤ Myös valtaistuimilla on toimivalta, kuten se nähdään tuhatvuotisessa valtakunnassa (Ilm. 20:4).

Sekä lopussa jokaisen ihmisen joutuu seisomaan Jumalan Tuomion Valtaistuimen edessä (Ilm. 20:11-15).

¤ Kun Johannes kirjoitti kaiken, oli vielä Armon aikakausi. Mutta neljännen luvun kuvassa lähti Jumalan Valtaistuimesta salamoita, ääniä ja ukkostenjylinää (Ilm. 4:5a).

Se kertoo Jumalan väliaikaisesta Lopputuomiosta seitsemännen ja viimeisen pasuunan ajanjakson lopussa {Ilm. 11:15-19 (myös 8e§89₁156)}, Ilm. 11:19, <Ja Jumalan temppeli taivaassa avautui, ja hänen liitonarkkunsa näkyi hänen temppelissään. Ja tuli salamoita, ääniä, ukkostenjylinää, maanjäristys ja suuria rakeita.>

¤

¤   Kaksikymmentäneljästä   vanhimmasta   kaksitoista   on   pakanaseurakuntien apostoliedustajia, Mat. 19:28, <Jeesus sanoi/vastasi heille: "Totisesti minä sanon teille, jotka olette minua seuranneet: siinä uudestisyntymisessä, jolloin Ihmisen Poika istuu kirkkautensa valtaistuimella, saatte tekin, istua kahdellatoista valtaistuimella ja tuomita Israelin kahtatoista heimoa. ....">

Ja kaksitoista edustaa Israelin kansaa. He ovat alusta asti olleet kahdentoista heimon kansa (1Ms. 37:9-10).

¤ Lopussa ne kaikki löytyvät Uuden Taivaan ja Uuden Maan Jerusalemista, Ilm. 21:12-14, <{Siinä} oli suuri ja korkea muuri, {jossa} oli kaksitoista porttia ja porteilla kaksitoista enkeliä. {Portteihin} oli kirjoitettu Israelin poikien kahdentoista heimon nimet. 13. Idässä kolme porttia ja pohjoisessa kolme porttia ja etelässä kolme porttia ja lännessä kolme porttia. 14. Ja kaupungin muurilla oli kaksitoista perustusta ja niissä Karitsan kahdentoista apostolin kaksitoista nimeä.>

Jumala siunatkoon sinua, pyhiinvaeltaja, Ilm. 21:7, <Joka voittaa, perii tämän, ja minä olen oleva hänen Jumalansa ja hän minun poikani.>

Jumalan Seitsemän Henkeä

Shalom,
^ Rukous heiltä, jotka yhdessä Pyhän Hengen kanssa tahtovat sanoa jokaiselle, Ilm. 22:17, <"Tule!" Ja joka kuulee, sanokoon: "Tule!" Ja joka janoaa, tulkoon, ja joka tahtoo, ottakoon lahjaksi elämän vettä.>
Pyhän Hengen Lahjan saaminen olisi elämämme tärkein tapahtuma (Ap.t. 2:38), Bert

¤ On yksi Pyhä Henki. Mutta Taivaassa on nähtävissä että Se esiintyy 7 eri tavalla (vrt. 1Kor. 12:8-11), Ilm. 4:5b, <ja valtaistuimen edessä paloi seitsemän tulisoihtua, jotka ovat ne seitsemän Jumalan Henkeä.>
Samoin Ilmestyskirjan alussa on kirjoitettu, Ilm. 1:4-6, <Johannes seitsemälle Aasian seurakunnalle: Armo teille ja rauha häneltä, joka on ja joka oli ja joka on tuleva, ja niiltä seitsemältä Hengeltä, jotka {ovat} hänen valtaistuimensa edessä, 5. ja Jeesukselta Kristukselta …. 6. …. .>
¤ Tätä tervehdystä voidaan verrata Paavalin kirjeiden alkutervehdyksiin, kuten 1Kor. 1:3, <Armo teille ja rauha Jumalalta, meidän Isältämme, ja Herralta Jeesukselta Kristukselta!>
Paavali tervehti pelkästään Taivaan Isältä ja Herralta Jeesukselta, koska He molemmat olivat Taivaassa.
¤ Mutta Pyhältä Hengeltä hän ei tervehtinyt, koska Se oli täällä maan päällä. Tämä on yksi mahdollinen selitys. Aiemmin täällä Pyhä Henki oli täyttänyt Jeesuksen täysin (Lk. 3:21-4:1).
Ja kun Jeesus oli otettu ylös Taivaaseen, palasi Pyhä Henki uskoviin Helluntain juhlan aikana (Ap.t. 1-2).
¤ Kun puhuttiin Jeesuksesta Jumalan Karitsana, löytyy (Joh. 1:29, 36), Ilm. 5:6, <…. Karitsa ikään kuin teurastettu; sillä oli seitsemän sarvea ja seitsemän silmää, jotka ovat ne seitsemän Jumalan Henkeä, lähetetyt kaikkeen maailmaan.>
Sarvi edustaa voimaa, aivan kuten Pyhä Henki on Voima (esim. Lk. 24:49).
¤ Sen lisäksi, seitsemään eri Voimaan kuuluvat Pyhän Hengen seitsemän Silmää.
Seitsemän Henkeä lähetettiin kaikkeen maailmaan, niin kuin Herra Jeesus lähetti Pyhän Hengen (vrt. Joh. 14:16-26; 15:26).
¤ Näin ollen nähdään, että Johanneksen tervehdyksessä nämä 7 Henkeä ja Pyhä Henki ovat yksi ja sama asia. Ja Jeesus Kristus on Jeesus Kristus. Olisiko siten 'joka on ja joka oli ja joka on tuleva' Taivaan Isä? Yleensä tällaisia ilmoituksia löytyy Jeesuksesta (esim. Hep. 13:8).
Jeesus Kristus on kuitenkin sama Jumala, Joh. 14:11, <"…. minä {olen} Isässä ja Isä {on} minussa, ….">
¤ Tällä tavoin Taivaan Isällä on kaikki Jeesuksen ominaisuudet. Taivaassa oleva Isä on jopa suurempi kuin Jeesus, kun Hän oli täällä maan päällä (Joh. 14:28).

Näin Hän, joka on ja joka oli ja joka on tuleva, olisi tässä Taivaan Isä (myös Ilm. 21:22).

¤

¤ Ilmestyskirjan ulkopuolella samat seitsemän Henkeä löytyvät ainoastaan Sakarjan kirjasta. Jeesus Kristus on Daavidin Juurivesa (Ilm. 5:5), Sak. 3:8-9, <".... Kuulehan, Joosua, ylipappi, sinä ja sinun ystäväsi, jotka edessäsi istuvat, sillä ennusmerkin miehiä he {ovat}. Sillä katso, minä annan tulla palvelijani, vesa. 9. Sillä katso: kivi, jonka minä olen asettanut Joosuan eteen – siihen yhteen kiveen päin {on} seitsemän silmää! Katso, minä kaiverran kaiverrukset siihen, sanoo HERRA Sebaot, ja otan pois tämän maan vääryyden yhtenä päivänä. ....">

Sotajoukkojen HERRA, HERRA Sebaot, ilmoitti Juudan johtajille Vesan tulemisesta. Siellä mukana oli seitsemän Silmää, kaikki Jumalan Henget, Pyhä Henki moninaisessa Voimassa. He olivat profeetallisen merkin miehiä, koska he olivat alkaneet rakentaa uudelleen Jumalan temppeliään Babylonin pakkosiirtolaisuuden jälkeen. Temppeliä tarvittiin, koska sinne Jeesus Kristus oli tulossa (Mal. 3:1b; Hep. 13:20), Herra, Liiton Sanansaattaja (/Enkeli).

¤ Samaan tapahtumaan liittyen kerrottiin Sakarjalle HERRAN sana Serubbaabelille, joka oli yksi johtajista, Sak. 4:6, <".... Ei sotaväellä eikä voimalla, vaan minun Hengelläni ....">

Tässäkin nähdään että yksi Henki yksikössä, ja Jumalan seitsemän Henkeä ja Jeesuksen seitsemän Silmää olisivat yksi ja sama asia, Sak. 4:10, <".... nuo seitsemän HERRAN silmää, jotka tarkastavat koko maata.">

¤

¤ Ilmestyskirjan ensimmäisessä luvussa Herra Jeesus seisoi lampunjalkain keskellä tähdet kädessään. On pimeää. Lamput antaisivat valoa, Pyhän Hengen Öljyn Valoa. Ja tähdet loistaisivat ja heijastaisivat Auringon Valoa, Jumalan Valoa, Jumalan Selittämäänsä Sanaa (Ilm. 1:12-20).

Ensinnäkin Jeesus Kristus oli kaksituhatta vuotta sitten Jumalan Valoa. Ja siitä lähtien Pyhä Henki on seurakunnan kautta antanut Valoa tähän synnin kiroamaan maailmaan. Efesoksen seurakunta edusti ensimmäistä herätysjaksoa. Mutta kun tuon ajan uskovien ensirakkaus katosi, siirrettiin sen lampunjalka paikaltaan (1b§1-3, Ilm. 2:5).

¤ Efesoksen herätyksessä oli ollut kaikki. Pyhän Hengen Voima ja Lahjat ja Johdatus. Jumalan Puhuttu ja Vahvistettu Sana. Menoran lampunjalassa kaikki 7 lamppua paloivat. Seuraavaksi kuvaannollisesti puhuen, Jumala veti yhden osan Hengestään takaisin Taivaaseen. Näin ollen seuraava Herätys, Pyhän Hengen Kirkkaus, ei ollut niin kirkas.

Jumalan Karitsa

Shalom,
^ Kristittyinä meidät on kutsuttu tulemaan Jumalan lapsiksi, ja yhdessä Kristuksen kanssa perillisiksi (Rm. 8:17).
Rukous heiltä, jotka tahtovat palvoa Jumalaa Hengessä ja Totuudessa (Joh. 4:24),
Bert

¤ Ihmiskunnan jännittävimmät hetket kuvataan Ilmestyskirjan viidennessä luvussa. Syystä apostoli Johannes itki kovasti. Ei ollut ketään taivaassa eikä maan päällä eikä maan alla, joka oli arvollinen avaamaan Jumalan käsissä olevaa kirjakääröä, joka oli sinetöity seitsemällä sinetillä (Ilm. 5:1-4).
Johannes tiesi, kuten kaikki muutkin siellä, että tämä käärö oli elintärkeä hänelle ja hänen hengellisile veljille ja sisarille. Koko luomakunta olisi menetetty! Mutta jotain oli pidetty salassa, niin kuin yksi vanhimmista kertoi hänelle, Ilm. 5:5, <"Älä itke! Katso Leijona Juudan heimosta, Daavidin juurivesa, on voittanut avatakseen kirjakäärön/kirjan ja sen seitsemän sinettiä.">
¤ Ja yhtäkkiä 'valtaistuimen ja neljän olennon keskellä ja vanhinten keskellä seisoi Karitsa, ikään kuin teurastettu; sillä oli seitsemän sarvea ja seitsemän silmää' (Ilm. 5:6a).
Kun Jeesus Kristus oli tullut Johannes Kastajan luokse kastettavaksi, tämä oli todistanut ja huutanut (Joh. 1:15-37), Joh. 1:29b, <"Katso, Jumalan Karitsa, joka ottaa pois maailman synnin! ....">
¤ Hän oli istunut Jumalan valtaistuimella Voiman oikealla puolella (esim. Mat. 26:64).
Ja kun Hän tuli ja sen käärön otti, heittäytyivät läsnäolijat Karitsan eteen ja lauloivat uuden laulun, mitä kertoi Taivaassa olevien ihmisten elämän elinehdoista (Ilm. 5:7-9), Ilm. 5:9b, <".... ja sinä olet verelläsi ostanut Jumalalle {ihmiset} jokaisesta heimosta ja kielestä ja kansasta ja kansakunnasta. ....">
¤
¤ Kun Aadam (ja Eeva) olivat langenneet, oikeus elämään ikuisesti oli evätty heistä (1Ms. 3:22).
Samalla tämän miehen (ja naisen) rikkomuksesta oli koitunut kaikille ihmisille kadotustuomioksi. Mutta kaksituhatta vuotta sitten monet ovat tulleet vanhurskaiksi toisen yhden ihmisen kuuliaisuuden ansiosta (Rm. 5:15-19)!
¤ Palvelemisensa aikana Jeesus Kristus oli sanonut, että ellet syö Ihmisen Pojan Lihaa ja juo Hänen Vertaan, sinulla ei ole elämää sisälläsi. Siksi monet hänen opetuslapsista olivat lähteneet (Joh. 6:53, 66).
Mutta viimeksi kun Hän vietti hänen loppuunsa asti seuranneiden opetuslastensa kanssa Pääsiäisen Ehtoollista, Hän selitti, Lk. 22:19-20, <"Tämä [murrettu leipä] on minun ruumiini, joka annetaan teidän edestänne. Tehkää tämä minun muistokseni." 20. Ja

samoin maljan aterian jälkeen ja sanoi: "Tämä malja {on} uusi liitto minun veressäni, joka vuodatetaan teidän edestänne. ….">

¤

¤ Evankeliumi puhuu Hänestä, joka vietiin kuin lammas teurastettavaksi (vrt. Ap.t. 8:26-39).

Hän on, 'Jeesus Kristus, uskollinen Todistaja/Marttyyri',[a] Ilm. 1:5-6, <kuolleitten esikoinen [b] ja maan kuninkaiden hallitsija! [c] Hänelle, joka rakastaa meitä ja on verellään päästänyt meidät synneistämme [d] 6. ja tehnyt meidät kuningaskunnaksi, papeiksi Jumalalleen ja Isälleen, hänelle kunnia ja valta aina ja iankaikkisesti! Aamen.[e]>

a) Jeesus Kristus oli ollut valmis luopumaan Hänen Yhdenvertaisuudesta Jumalan kanssa, tulemaan ihmisten kaltaiseksi ja olemaan Hänen Isälleen kuuliainen kaikessa, aina ristinkuolemaan asti (Filip. 2:5-11; Ilm. 5:11-14).

b) Jeesus Kristus ja Jumala ovat sama Jumala, joka loi kaiken (Ilm. 4:11), Kol. 1:15-18, <Hän [Poika] on näkymättömän Jumalan kuva, koko luomakunnan esikoinen. 16. Sillä hänessä luotiin kaikki, mitä on taivaissa ja maan päällä, näkyvät ja näkymättömät, olivatpa {ne} valtaistuimia tai herruuksia tai hallituksia tai valtoja. Kaikki on luotu hänen kauttaan ja häneen. 17. Ja hän on ennen kaikkea, ja hänessä kaikki pysyy voimassa. 18. Ja hän on ruumiin, seurakunnan, pää, joka on alku, kuolleista {nousseiden} esikoinen, jotta hän olisi kaikessa etevin/ensimmäinen.>

c) Hän on kuninkaiden Kuningas ja herrojen Herra, joka tuhatvuotisen valtakunnan alussa ensin murskaa kaikkien kansojen vallan, ennen kuin Hän paimentaa niitä rautaisella sauvalla (Dan. 2:44-45; Ilm. 12:5; 19:11-16), 1Kor. 15:22-24, <Sillä niin kuin kaikki kuolevat Aadamissa, niin myös kaikki tehdään eläviksi Kristuksessa, 23. jokainen vuorollaan, ensihedelmä Kristus, sen jälkeen Kristuksen omat hänen tulemuksessaan. 24. Sitten tulee loppu, kun hän luovuttaa valtakunnan Jumalan ja Isän haltuun kukistettuaan kaiken hallituksen ja kaiken vallan ja voiman.>

d) Luomakunta hartaasti ikävöi heidän/meidän ilmestymistä, joita Jumalan Henki johtaa (Rm. 8:4, 8:9-19), 1Piet. 2:20b-21, <Mutta jos kestätte, kun jouduitte kärsimään hyvien tekojenne tähden, se {on} Jumalan armoa. 21. Sillä siihen teidät on kutsuttu, koska Kristus kärsi teidän puolestanne jättäen teille esikuvan, että seuraisitte hänen jälkiään,>

e) Ensimmäisen ylösnousemuksen jälkeen he/me hallitsemme seuraavassa tuhatvuotisessa valtakunnassa, ja tämän jälkeen (Ilm. 20:4-6), Ilm. 22:5b, <Ja he hallitsevat aina ja iankaikkisesti.>

~ ~ ~

A. Hengellinen Sota (Ilmestyskirja §12)

3a§12

Kaksi Tunnusmerkkiä Taivaassa

Shalom,
^ §12 on Ilmestyskirjan keskeisin osa. Samoin löytyvät Jumalan keskeisimmät ja syvimmät suunnitelmat.
Rukous heiltä, jotka lujina uskossa vastustavat Paholaista, Bert

¤ 12. luvulla puhutaan kahdesta Taivaassa olevista (tunnus)merkistä, joista ensimmäinen on suuri. Se on Nainen, pukunaan aurinko, ja kuu jalkojensa alla, ja seppeleenä päässään kaksitoista tähteä (Ilm. 12:1).
Samat piirteet löytyvät Raamatusta vain kerran. Kyse on Jaakobista/Israelista, hänen vaimostaan ja hänen kahdestatoista pojastaan (1Ms. 37:9-10).
¤ Pojat ovat juutalaisen kansan kantaisiä. Myöhemmin tämä kansa synnytti Herran Jeesuksen (Ilm. 12:2, 5).
Jumalan valittu kansa edusti (ja tulee tulevaisuudessa edustamaan) Häntä (5Ms. 7:6-8).
¤ Pohjimmiltaan se oli / tulee olemaan kopio tai varjo Hänestä (vrt. Hep. 8:5).
Hän on uskovien Äiti, jonka nimi on (Uusi) Jerusalem. Hän edustaa Jumalan Vapauden Liittoa ja Perhettä, ja Hänessä uskovat syntyvät ylhäältä (Joh. 3:3; Gal. 4:24 ja 26).
¤ Se on Jeesuksen Veren Liitto, jossa Jumalan Laki pannaan uskovien sydämeensä (Hep. 10:16).
Se on Herran Jeesuksen Ruumis, Jumalan Perhe, johon jokainen kastetaan Pyhällä Hengellä (1Kor. 12:13).
¤
¤ Toinen Taivaassa oleva (tunnus)merkki on valtava tulipunainen lohikäärme, jolla on seitsemän päätä, kymmenen sarvea ja päissään seitsemän kruunua (Ilm. 12:3).
Kun Jeesus syntyi, Rooman valtio edusti tätä lohikäärmettä, niin kuin se oli lohikäärmeen kuudes pää. Tai paremmin sanottuna se oli kuudennen pään kopio tai varjo {Ilm. 17:10a (4a§1317)}.
¤ Esim. kuningas Herodes, osana tätä valtiota, pyrki tappamaan Hänet Betlehemissä (Mat. 2:16; Ilm. 12:4b).
Paholainen/perkele (/Panettelija) = Saatana = vanha käärme = suuri lohikäärme = eksyttäjä (Ilm. 12:9).
¤
¤ Muinaisina aikoina lohikäärme ei ollut lohikäärme, vaan Jumalan suojeleva kerubi, josta kerran löytyi vääryyttä (Hes. 28:11-19), Hes. 28:13a, <Eedenissä, Jumalan puutarhassa, sinä olit.>

Silloin se ja sen enkelinsä heitettiin alas Taivaasta maan päälle (Ilm. 12:7-9).

¤ Eedenissä se eksytti ihmissuvun ensimmäisen pariskunnan, Aadamin ja Eevan. Vaikka molemmat lankesivat eri tavalla. Ensin Eeva oli kuunnellut käärmettä (1Ms. 3:1-6), 1Tim. 2:13-14, <Luotiinhan Aadam ensin, sitten Eeva, 14. eikä Aadamia petetty, vaan nainen petettiin ja joutui rikkomukseen.>

Eeva teki virheen, kun hän ei ollut kutsunut Aadamia tapaamaan käärmettä. Sillä nainen on alkuisin miehestä. Hän on miehensä kirkkaus, miehensä edustaja, niin kuin mies on Jumalan kuva ja kirkkaus (vrt. 1Kor. 11:7-8).

¤ Käärme oli ehdottanut hänelle jotain outoa ja Aadam olisi ollut kyennyt näkemään sen läpi. Niin kuin myöhemmin Jeesus Kristus pystyi vastustamaan Paholaista sanoilla 'kirjoitettu on' (Mat. 4:1-11).

Aadamin virhe sen sijaan oli, että hän totteli vaimoaan, kun hän söi hyvän- ja pahantiedon puusta. Hän tiesi, että Jumala oli kieltänyt sen (1Ms. 3:17).

¤ Lopputulos oli kuolema, josta Kristus lunasti meitä (Rm. 5:12 jne. ja Gal. 3:13).

Myöhemmin Jeesus Kristus ei vain vastustanut Paholaista täysin. Hän oli valmis uhraamaan Omaa Synnitöntä Elämäänsä, millä Hän teki vanhurskaaksi ja puhdisti jokaisen, joka Häneen uskoo (Titus 2:11-14).

¤

¤ Käärme oli ollut kaikista eläimistä kehittynein eläin, ihmisapina, joka osasi jopa puhua (vrt. 1Ms. 3:1-5).

Valitettavasti se oli antanut itsensä lohikäärmeelle käytettäväksi, mitä se oli voinut vastustaa ja kieltää. Tästä syystä Jumala tuomitsi sen menemään vatsallaan ja syömään tomua (vrt. 1Ms. 3:14).

¤ Näin käärmeen kautta lohikäärme oli lähestynyt ja raiskannut Eevan (Ilm. 12:9a).

Tämän seurauksena Kain syntyi ensimmäisenä ihmislapsena. Toisaalta Eevan näkökulmasta katsottuna lapsen syntymä oli jopa ihmeellistä (1Ms. 4:1).

¤ Ihmiskunnalle se oli alku surulliselle taistelulle Totuuden puolesta, 1Ms. 3:15, <".… Ja minä panen vihollisuuden sinun ja naisen välille ja sinun siemenesi ja hänen siemensä välille. Hän on murskaava sinun pääsi, ja sinä haavoitat häntä kantapäähän.">

Taivaassa lohikäärmeellä ei olisi ollut enää mitään tekemistä. Mutta syntiin lankeamisen jälkeen se pääsi jälleen Jumalan luokse syyttämällä ihmisiä (1Ms. 2:17; Ilm. 12:10b), 'Etköhän sanonut, että sinä päivänä jona ihminen söisi hyvän- ja pahantiedon puusta, hän totisesti kuolisi?'

¤ Alkoi juutalaisen ajanlaskun mukaan noin neljän tuhannen vuoden odotusaika naisen erityissiemenen tulemiselle (Jes. 7:14; Mat. 1:18-23), Mat. 1:23, <"Katso, neitsyt tulee raskaaksi ja synnyttää pojan, ja hänelle annetaan nimeksi Immanuel" – se merkitsee: Jumala meidän kanssamme.>

Sitten kuolemallaan Jeesus Kristus mitätöi Perkeleen, jolla oli kuoleman valta (Hep. 2:14b).

¤ Jälleen kerran lohikäärme voitettiin ja heitettiin ulos (Joh. 12:31; Ilm. 12:7-10).

Samoin jokaisen uskovan pitää valvoa ja lujina uskossa vastustaa Paholaista (1Piet. 5:8-9; Ilm. 12:11).

Kolmen Valtakunnan Nainen

Shalom,

^ Pakanauskovien kanssa Jumalalla on ollut henkilökohtaisia yhteyksiä. Kuitenkin, juutalaisen kansan kanssa Hänen kontaktinsa on ollut lisäksi koko kansan kanssa. Samoin tämä kansa ja heidän maa ovat palvelleet Jumalan kellona koko maailmalle.

Israelin valtion ('viikunapuun') syntymän näkeminen v. 1948 (ja monien muiden 'puiden' itsenäistyminen) on osoittanut, että elämme hyvin lähellä Herran Jeesuksen salaista Tulemusta pilvissä (Mat. 24:32-44 ja Lk. 21:29-33), Lk. 21:32, <Totisesti minä sanon teille: tämä sukupolvi ei katoa, ennen kuin kaikki tapahtuu.>

Pyhien rukouksella, Bert

¤ Alussa Jumalan 12-heimon kansa edusti Taivaassa näkyvää Naista (3a§12, Ilm. 12:1). Ja puolitiessä siitä olisi pitänyt tulla Herran Jeesuksen Morsian (Mat. 22:1-14).

¤ Mutta moni asia meni pieleen. Ensinnäkin. Kuningas Salomonin vaimoineen epäjumalanpalvelun takia Jumala repi tämän valtakunnan kahtia. Kymmenen heimoa otettiin pois (1Kun. 11:29-39).

Myöhemmin lisähaureuden takia Jumala jopa antoi murskaamaan 10-heimon valtakunnan (Hoos. 1:1-9).

¤ Valitettavasti jäljellä oleva Juudan 2-heimon kansa vastusti myös Jumalaa, vaatiessaan Hänen Poikansa ristiinnaulitsemista. Siksi siitäkin Hän erosi (Mat. 21:33-46; 27:23).

Vain pieni osa Juutalaisista oli huomannut heille luvatun Messiaan, ja seurannut Hänet (esim. Joh. 1:41).

¤ Viimeisen eron jälkeen Jumala kääntyi pois juutalaisesta kansasta kaikkien maailman pakanavaltioiden ja ihmisten puoleen etsiäkseen Pojalleen Uutta Morsianta [uusi valtakunta, Lk. 17:21], 1Piet. 2:9-10, <Te sen sijaan olette valittu suku, kuninkaallinen papisto, pyhä heimo ja omaisuuskansa …. 10. Ennen te ette ol-leet kansa, mutta nyt te olette Jumalan kansa, ette olleet armahdettuja, mutta nyt te olette armahdettuja.>

Kun viimeinen seurakuntajaksojen uskova on löydetty ja Jumala on ottanut kaikki tämän henkisen valtakunnan jäsenet ylös ensimmäisessä ylösnousemuksessa, alkaa 12-heimon kansan herätys Suuremman ahdistuksen aikana (Ilm. 20:5), Rm. 11:25b-27, <paatumus on kohdannut osaa Israelista, ja se kestää, kunnes täysi määrä pakanoita on tullut sisälle. 26. Ja niin kaikki Israel on pelastuva, niin kuin on kirjoitettu: "Siionista on tuleva Vapauttaja/Pelastaja. Hän poistaa jumalat-toman menon Jaakobista. 27. Ja tämä {on} liitto minulta heille, kun minä otan pois heidän syntinsä.">

¤ Ensin 144000, 12000 kahdestatoista heimosta, tulee uskoon {Ilm. 7:4-8 (7c§67$_1$14)}. Ne ovat juutalaisen kansan ensihedelmiä {Ilm. 14:(1-)4(-5)}.

¤ Suuremman ahdistuksen ajan lopussa kaikki muut Israelin Juutalaiset kohtaavat Jumalansa. Pyhitetty kolmas-osa kahdentuhannen vuoden takaisesta 2-heimon kansasta {Sak. 13:6-9 ja Mat. 26:31 (7d§67₁14)}.

Kuitenkin 10-heimon kansan murskaamisen jälkeen monia heidän jälkeläisiä on aina asunut juutalaisen kan-san keskuudessa. Ensihedelmä-sanalla Jumala puhuu nyt 12-heimon kansasta. Sitä Hän oli jopa luvannut.

¤ Nykyään Hän yhdistää kaksi kansakuntaa jälleen yhdeksi valtakunnaksi {Hes. 37:15-28 (11b§19-22)}.

Samoin täysin lopussa löytyy Uudesta Jerusalemista 12 Israelin kansan edustavaa heimoa (Ilm. 21:12-13).

¤

¤ Jokaisen uskovan joutuu taisteluihin. Alussa se nähtiin Aadamin ja Eevan ensimmäisten lasten, Kain ja Aabel, välillä. Kun molemmat pojat olivat kasvaneet nuoriksi miehiksi, Aabel oli valinnut tulemaan lampaiden vartijaksi ja Kain maan viljelijäksi (1Ms. 4:2b).

Silloin he uhrasivat Jumalalle uhrilahjan. Mutta Kainin lahjan Jumala hylkäsi, kun taas Aabelin lahjan Hän hyväksyi (1Ms. 4:3-5).

¤ Seuraavaksi Kain osoitti väärän luonteensa, kuten apostoli Johannes myöhemmin selitti (1Ms. 4:6-16), 1Joh. 3:12, <…. Kain, {joka} oli pahasta ja tappoi veljensä. Ja miksi hän tappoi tämän? Siksi, että hänen tekonsa olivat pahoja mutta hänen veljensä teot vanhurskaita.>

Kain edusti Jumalan Ohjeista ja Sanasta pois lähteneitä ihmisiä. Hänen uhrinsa oli kaunis. Valitettavasti siitä puuttui roiskuvaa kauhistuttavaa kamalaa eläinverta (vrt. Hep. 11:4).

¤ Kainin tarina opettaa, että kaikilla ihmisillä ei ole samaa kaipausta Jumalaan ja Totuuteen. Sitäkin huomattiin kun Paavali ja Barnabas saivat melkein kaikki Antiokian kaupungin asukkaat liikkeelle ja evankeliumia julistettiin voimalla. Niin monet ihmiset tulivat uskoon, jotka oli säädetty (Ap.t. 13:48).

Aadamin ja Eevan lankeemuksen jälkeen lopulta Jeesus syntyi. Hän oli Eevalle sekä Abrahamille ja jokaiselle uskovalle luvattu siemen {3a§12, 1Ms. 3:15a (ja 1Ms. 22:18, Gal. 3:16, Ilm. 13:8b)}.

¤ Aadamin ja Eevan olisi pitänyt kuolla samana päivänä, kun he lankesivat, mutta Kaikkitietävällä Rakkauden Jumalalla oli pelastukseksi toinen suunnitelma (1Ms. 2:17), 1Ms. 3:21, <Ja HERRA Jumala teki Aadamille ja hänen vaimolleen puvut nahasta ja puki heidät niihin.>

Vanhan Testamentin aikoina viattomien eläinten verenvuodatuksesta tuli väliaikainen ratkaisu anteeksi saamiseen. Sillä tavalla nahkat saatiin, millä Aadamin ja Eevan esiin tullut alastomuus peitettiin (1Ms. 3:7).

¤ Sitten Kristus tuli antamaan Henkensä, millä Hänestä tuli kaikkien Välimies (1Tim. 2:5-6; Hepr. 9:11-15).

Jokainen, joka uskoo Häneen, on lopullisesti pyhitetty ja otettu hänen Liittoonsa {3a§12, Hep. 10:(10-)16}.

3c§12

Ihmiskunnan Kaksi Kauneinta Naista

Shalom,
^ Seurakunta on kahden tuhannen vuoden ajan edustanut tulevaa Kristuksen Morsianta (Ef. 5:23-24a).
Mutta on luvattu toinen samanlainen Morsian, jota Israelin 12-heimon kansa edustaa.
Uudesta Jerusalemista, joka kutsutaan Karitsan Morsiameksi, molemmat löytyvät (2a§45, Ilm. 21:12-14).
Rukous heiltä, jotka tietävät että Jumala loi kaiken, siis kaiken (Jes. 66:1-2; Ap.t. 7:50), Bert

¤ Jokainen ihminen kaikkialla maailmaa on kutsuttu olemaan osa suunnitelmia, jotka Jumala on ennalta määrännyt, mm. henkilökohtaiset suunnitelmat (Ef. 2:10).
Seitsemän herätysjakson aikana on kutsuttu ihmisiä kaikista kansoista (1a§1-3, Ilm. 2:7; 2:11; jne.).
¤ On erittäin vaarallista taistella Saatanan kanssa Jumalan suunnitelmia vastaan. Jokainen on kutsuttu taistelemaan Pyhän Hengen kanssa Saatanan hyökkäyksiä vastaan, mm. Ilmestyskirjan lupausten mukaisesti (1a§1-3, Ilm. 1:3), Ilm. 22:10-11, <…. "Älä sinetöi tämän kirjan/kirjakäärön profetian sanoja, sillä aika on lähellä. 11. Vääryyden tekijä tehköön edelleen vääryyttä, ja joka on saastainen, saastukoon edelleen, ja joka on vanhurskas, tehköön edelleen vanhurskautta, ja joka on pyhä, pyhittyköön edelleen.">
Ihmiskunnan lankeemuksen jälkeen lohikäärmeellä/Saatanalla/Paholaisella oli saanut jälleen vapaa pääsy Taivaaseen Jumalan edessä (3a§12, 1Ms. 2:17).
¤ Esimerkiksi, Jobin aikana Saatana oli Taivaassa syyttämässä häntä, ja maan päällä vain Jobin tappaminen oli kielletty (vrt. Job 1:6-12).
Maan päällä Paholainen oli, kun hän henkilökohtaisesti kiusasi Jeesusta Kristusta 40 päivän paaston jälkeen (Mat. 4:1-11).
¤ Jeesuksen palvelutyönsä lopussa Hänen opetuslapsi Juudas oli huomannut, että hänen paha suunnitelmansa oli paljastettu Jeesukselle. Mutta Juudas kovetti sydämensä ja antoi Saatanalle tilaa (Joh. 13:1-27), Joh. 13:27a, <Ja sen leivänpalan jälkeen Saatana meni siihen.>
Seuraavana päivänä sama saatanallinen henki löydettiin Jumalan valitun kansan hengellisistä johtajista ja Rooman valtion edustaja Pilatuksesta. Johtajiensa johdolla kansa vaati Kristuksen ristiinnaulitsemista ja huusi (Mat. 27:15-26), Mat. 27:25, <"{Olkoon} hänen verensä meidän päällemme ja meidän lastemme päälle!">
¤
¤ Paljon verta se on maksanut. Alkoi pitkä vaarallinen aika pakanakansojen keskuudessa, samalla kun väliaikaisesti Jumala oli syrjäyttänyt juutalaisen kansan ja

palauttanut uuden Henkisen Valtakunnan. Tämä on Pyhä Henki, joka liikkuu ihmisessä, ja joka hallitsee ja valvoo häntä (Ap.t. 1:8).

Kaikki joilla on oikeudenmukaiset teot, kutsutaan Karitsan Hääaterialle (Ilm. 19:8-9).

¤ Kohta tämä Nainen, elävät ja eloon herätyt Pyhät, joita edustaa kaksitoista kahdestakymmenäneljä vanhimmasta, otetaan ylös Taivaaseen (2a§45, 1Tes. 4:13 – 5:2, Ilm. 4:10-11, 21:12-14).

Se on Seurakunta, Herran Jeesuksen Morsian, uskomattoman kaunis, kirkastettu Nainen {Ef. 5:(23-)27}.

¤

¤ Nykyhetkellä tämä Henkinen Valtakunta on tulemassa perille (Ilm. 12:10-12a).

Sen jälkeen ensimmäisille valtakunnille, nykyiselle Israelille, lyhyt kauhea aika on tulossa (3b§12, Sak. 13:6-9 ja Mat. 26:31), Ilm. 12:12b-13, <"…. Voi maata ja merta, sillä Paholainen on astunut alas teidän luoksenne. Hän on suuren vihan vallassa, koska hän tietää, että hänellä on vähän aikaa!" 13. Ja kun lohikäärme näki, että se oli heitetty maan päälle, se ajoi takaa naista, ….>

¤ Seuraava jae viittaa profeetta Danielin Seitsemänkymmenen vuosiviikon näkyyn, jonka käsite aika ja ajat ja puoli aikaa sisältää paljon symboliikkaa ja vastauksia. Siksi kyseinen ennustus käsitellään seuraavilla sivuilla (3def§12), Ilm. 12:14, <Ja naiselle annettiin suuren kotkan kaksi siipeä, jotta hän lentäisi autiomaahan paikalleen, siellä missä häntä ruokitaan aika ja ajat ja puoli aikaa poissa käärmeen näkyvistä.>

Meidän aikanamme juutalainen kansa on takaisin osassa heille luvatusta maasta, mistä lohikäärme on hyvin vihainen (1Ms. 15:18-21; Hep. 11:8-10), Ilm. 12:15-16, <Ja käärme syöksi kidastaan naisen perään vettä, kuin virran, saattaakseen hänet virran vietäväksi, 16. ja maa auttoi naista ja maa avasi suunsa ja nieli virran, jonka lohikäärme oli syössyt kidastaan.>

¤ Oma maa auttaa pystymään puolustautumaan lohikäärmeen ihmisvesimassojen vastaan. Kuten vedet ovat, Ilm. 17:15, <…. kansoja, väkijoukkoja, kansakuntia ja kieliä ….>

Pian juutalainen kansa saa myös muun luvatun maan (Hes. 47:13-23).

¤ Mutta omassa maassa oleminen ei aina auttanut. Kun juutalainen kansa oli osallistunut Jumalan Poikansa murhaamiseen, Jumala oli vetänyt Hänen Siunauksen pois ja neljäkymmentä vuotta myöhemmin Jerusalem tuhoutui. Pian 144000 Israelilaista on ensimmäinen ryhmä, joka valmistellaan, kuten kirjoitin sivulla aiemmin. He ovat tahrattomia hengellisiä neitsyitä, jotka laulavat ihmeellisiä lauluja, seuraavat Karitsaa minne tahansa Hän menee, eivät valehtele, jne. Täysin he edustavat toista kaunista, kirkastettua Naista (Ilm. 14:1-5).

Molemmat ryhmät yhdessä kutsutaan nimellä Uusi Jerusalem, Karitsan Morsian/Vaimo {Ilm. 21:(1-)9-10(-22:5)}.

3d§12

Juutalaisen Kansan Seitsemänkymmentä Vuosiviikkoa, Daniel §9

Shalom,
^ Ilmestyskirjan 12. luvun ymmärtämisen vuoksi Danielin vuosiviikkojen profetia tarkastellaan.
Rukous heiltä, jotka lujasti ovat päättäneet olla saastuttamatta itseään (Dan. 1:8),
Bert

¤ Noin 605/606/616 eKr. nuori Daniel oli ensimmäisiä, joka pakkosiirrettiin Baabeliin (Dan. 1:1-4).
Siellä hänestä tuli kuninkaan neuvonantaja, profeetta, alueiden ja viisaiden korkein hallitsija, jne. Ja samalla tavalla hän sai jatkaa, kun Median ja Persian armeija oli valloittanut Baabelin (Dan. 1-8).
¤ Asuttuaan maanpaossa lähes 70 vuotta hän huomasi, että profeetta Jeremia oli profetoinut, että Jerusalemin raunioina olemisen piti kestää seitsemänkymmentä vuotta. Tältä pohjalta hän alkoi rukoilla ja tunnustaa kansan syntejä (Dan. 9:1-20).
Siten tuli Jumalan enkeli, joka antoi hänelle seitsemänkymmenen vuosiviikon sanan (Dan. 9:21-27), Dan. 9:24-27, <".... Seitsemänkymmentä viikkoa/seitsemää on säädetty sinun kansallesi ja pyhälle kaupungillesi rikkomuksen lakkauttamiseksi 1), ja synnin lopettamiseksi 2), ja vääryyden sovittamiseksi 3), ja iankaikkisen vanhurskauden tuomiseksi 4), ja näyn ja profeetan sinetöimiseksi 5), ja kaikkeinpyhimmän voitelemiseksi 6). 25. Ja tiedä ja käsitä: Jerusalemin ennallistamista ja rakentamista koskevan sanan lähtemisestä {on} voideltuun ruhtinaaseen asti seitsemän viikkoa/seitsemää [Jerusalemin ensimmäinen vaihe]. Ja kuusikymmentäkaksi viikkoa/seitsemää ennalleen asti. [Kymmenes ja viimeinen, mutta ei vielä täysin valmis vaihe, jolloin Jeesus Kristus saapui Jerusalemiin Jumalan täydellisenä Temppelinä (vrt. Joh. 2:19-21).] Ja rakennetaan katu ja vallihauta, ja keskellä ahtaita aikoja. 26. Ja kuu-denkymmenenkahden viikon/seitsemän kuluttua voideltu leikataan pois, eikä hänelle itselle. Ja kaupungin ja pyhäkön tuhoaa tulevan hyökkäävän ruhtinaan väki; ja hänen loppunsa {on} tulvassa. Ja loppuun asti {on} sota; hävityksiä {on} säädetty. 27. Ja hän [hyökkäävä ruhtinas] vahvistaa liiton yhdeksi viikoksi/seitsemäksi monien kanssa, ja viikon/seitsemän puolivälissä hän lakkauttaa teurasuhrin ja ruokauhrin. Ja hävittäjä tulee olemaan kauhistuksien/iljetysten siivin; ja tämä loppuu vasta, kun säädetty tuomio vuodatetaan hävittäjän yli.">
¤ Teksti on pyritty kääntämään sanasta-sanaan pohjalta. Lisäksi lauseiden alku ja loppu on valittu mahdollisuuksien mukaan sanan 'ja' avulla.
Heprean kieli ei puhu 'viikosta', vaan '7-numerosta', siis 7 päivän tai 7 vuoden jaksosta. Koska Jeremia oli puhunut 70 vuodesta, voidaan ymmärtää, että puhutaan vuosien jaksoista.
¤

¤ Hyvin kohta tämän profetian saamisen jälkeen, Persian kuningas Koores pyysi Juudan kansaa mene-mään Jerusalemiin ja rakentamaan Herran, Israelin Jumalan, temppeliä, noin 536/538 eKr. (Esra 1:1-4).

Temppelin perustus laskettiin, mutta vähitellen vastustus kasvoi, ja sitten työ pysähtyi (Esra 3:10; 4:24).

¤ Paljon myöhemmin temppeli valmistui (Esra 6:15).

Tämän jälkeen pappi Esra tuli monien muiden kanssa, kun hän oli saanut käskyn laittaa yhteiskunnan ja temppelinpalvelun kuntoon {Esra 7:(1-)11-26(-28)}.

¤ Danielille annetussa sanassa sanottaisiin, että 'Jerusalemin ennallistamista ja rakentamista koskevan sanan lähtemisen' jälkeen rakennettaisiin 'katu ja vallihauta'.

Kyseinen teksti alkoi elää juutalaisen kansan keskuudessa, kun Nehemiasta tehtiin Juudan maan käskyhaltija. Hyvin nopeasti hänen johdolla Jerusalemin muurin ja portit valmistuivat (Neh. 2:1-8; 6:15; 7:1).

¤ Vuodelle, jolloin hän olisi saanut luvan lähteä, on useita vaihtoehtoja 444 - 451 eKr.

Tästä oikeasta vuodesta voitaisiin las-kea, milloin Jeesus Kristus, 'Voideltu Ruhtinas' ja 'Teurasuhri ja Ruokauhri', olisi alkanut Palvelutyönsä. Se olisi ollut 7*(7+62) = 483 raamatullisen vuoden jälkeen. Jumalan aikamitan mukaan kuukausi on 30 pv. ja vuosi 360 pv. (vrt. Ilm. 11:2-3, 1260 päivää on 42 kuukautta).

¤ Korjattu vuosimäärä olisi 483 * 360 / 365,25 = 476 nykyistä vuotta.

Sen jälkeen Jeesuksen Kristuksen Palvelutyö kesti noin 7 * ½ = 3½v ennen kuin Hänet oli '~ leikattu pois'. 'Eikä Hänelle itselle', vaan meille, koko ihmiskunnalle.

¤ Hän oli temppelinpalvelun todellinen 'Teurasuhri ja Ruokauhri', jonka Rooma ristiinnaulitsi juutalaisen kansan vaatimuksesta (vrt. 2Ms. 29:38-46; Dan. 8:13-14, 26; 11:31; 12:11; ja Mat. 27:22).

Siksi, siis 7+62+½ vuosiviikon jälkeen, Jumala erosi Hänen omaisuuskansasta, ja juutalaisen kansan kello pysähtyi. Edelleen ½ vuosiviikko on odottamassa.

¤ Seuraavaksi 70 jKr. kenraali Tituksen johtama Rooman armeija tuhosi Jerusalemin ja sen temppelin. Juuri ennen kymmenennen ja viimeisen vaiheen päättymistä, Jumala oli sallinut hävittäjän tuloa.

Alkoi pitkä ajanjakso täynnä 'hävityksiä'. Myöhemmin selitän, että Jumalalle Rooman valtio ja Rooman kirkko ovat sama taho, sama seitsemän pään pedon kuudes pää (4a ja 4b§1317).

¤ Tällä tavalla 'hävittäjänä' se on raivonnut kaikkien viimeisten kahdentuhannen vuoden aikana. Ja 'hävittäjän' ja monien, muun muassa juutalaisen kansan, välillä on ollut paha 'vahvistettu 7-vuotinen liitto' Jeesuksen Kristuksen ja hänen seuraajiensa vainoamiseksi ja tappamiseksi.

Kuitenkin Israelin on irtautuva liitosta, kun Yhdysvallat astuu siihen ja alkaa raivota {Dan. 9:27 (7b§67₁14)}.

Vuosiviikkojen Profetian Yksityiskohtia, Daniel §9 ja §12

Shalom,
^ Ilmestyskirjan 12. luku ja Danielin kirjan vuosiviikkojen sana voidaan selittää monin eri tavoin. Kuitenkin selitys on löydettävä, mikä on yhtenäinen koko Raamatun kanssa (2Piet. 1:20-21).
Rukous heiltä, joiden ymmärrys lisääntyy (Dan. 12:4), Bert

¤ Seitsemänkymmenen vuosiviikon profetia koskee Danielin kansaa ja Jerusalemia (3d§12, Dan. 9:24):
1) 'Rikkomus lakkautetaan'. Juutalaisen kansan vaatimaa Jeesuksen Kristuksen ristiinnaulitseminen unohdetaan (Miika 7:18-20).
2) 'Synti lopetetaan'. Ristillä Jeesus Kristus sovitti koko maailman synnit, Israelilaisten synnitkin (1Joh. 2:2).
3) 'Vääryys sovitetaan'. Yhdessä päivässä koko kansa syntyy {Jes. 66:8 (7d§67₁14)}.
4) 'Iankaikkinen vanhurskaus tuodaan'. Perkele otetaan kiinni ja tuhatvuotinen sapatti alkaa (Ilm. 20:1-2), Hab. 2:14, <Sillä maa on oleva täynnä HERRAN kunnian tuntemista, niin kuin vedet peittävät meren.>
¤
5) 'Näky ja profeetta sinetöidään'. Lopunaikana näky ja profeetta ymmärretään (Dan. 12:8-10).
¤ Israelin valtion perustaminen v.1948 oli yksi tärkeä askel {Mat. 24:32-35 ja Lk. 21:29-33 (3b§12)}.
Sitten Jerusalemin takaisinvalloitus tapahtui, v. 1967, yhden sukupolven sisällä (Lk. 21:32).
¤ Se vahvisti: Silloin pakanoiden ja kristillisten seurakuntien ajat, täyttyivät (Lk. 21:24b (9k§89₁156)}.
Lopulta ne kristityt, jotka ovat palvelleet uskollisesti ja viisaasti, otetaan Taivaaseen (Mat. 24:36-51 - 25:13).
¤ Siihen aikaan suuri ruhtinasenkeli Mikael nousee ja suuremman ahdistuksen aika alkaa {0b_TiivIlm, Dan. 12:1(-3); Ilm. 12:7-12a}.
Kysytään, milloin pyhän kansan käden/voiman murskaaminen päättyy? Ja mm. vastattiin: {On} aika, ajat ja puoli {aikaa} {Dan. 12:(4-)6-7}.
¤ Sama yhdistelmälausunto löytyy Ilmestyskirjasta (3c§12, Ilm. 12:14).
Edellisellä sivulla löytyi, että siihen on looginen yhteys mahdollista. Jeesuksen Kristuksen palvelemisen aika olisi ollut 7+62 vuosiviikon jälkeen ½ vuosiviikkoa. Yhteen laskettuna se on 7+62+½ [aika + ajat + puoli aikaa] = 69½ vuosiviikkoa. Se olisi Jumalan oma vahvistus tälle selitykselle!
¤ Jeesus oli 'Voideltu'/'Teurasuhri-ja-Ruokauhri', joka leikattiin pois. Sen jälkeen alkoi pitkä 'hävittäjä'-aikakausi 'kauhistuksien/iljetysten siivin'. Tämä prosessi on jatkunut

tähän asti ja jatkuu lopussa 1335 päivää, Dan. 12:11-13, <"…. Ja siitä ajasta, jolloin jokapäiväinen {uhri} poistetaan ja hävityksen kauhistus/iljetys asetetaan, {on} 1290 päivää. 12. Autuas se, joka odottaa ja saavuttaa 1335 päivää! 13. Mutta sinä, mene, loppuun saakka, ja lepää, ja nouse osaasi päivien lopussa.">

Se on viimeinen puoli aikaa. Kaksi todistajaa profetoi 1260 päivää / 3½ vuotta, ennen kuin heidät tapetaan (Ilm. 11:1-8).

¤ Sitten löytyy vastaava ajanpidennys. 3½ päivän kuluttua he nousevat jaloilleen ja Taivaaseen. Ja sitten tapahtuu suuri maanjäristys, jolla kuudennen trumpetin tarkoitus toteutuu {Ilm. 11:(9-)11-14 (9l§89₁156)}.

Sekä seitsemänkymmenen vuosiviikon sanassa että tässä on kirjoitettu samoista asioista. 'Jokapäiväinen uhri' on sama kuin 'teurasuhri ja ruokauhri'. Kauhistus/iljetys on kauhistus/iljetys. Ja sanoilla hävitys/hävittää on sama juuri. Lisäksi, seitsemänkymmenen vuosiviikon sanassa sanottiin että liitto vahvistettiin. Mutta huomaa, että tämä on paha liitto. Sitä vastoin Dan. 8:10-14 ja 11:30-34 teksteissä puhuttiin samoista asioista Jumalan ja Hänen valitun kansansa välisen Pyhän Liiton kaudella. Se on eri aikakausi, Makkabealaisten ajasta Herran Jeesuksen ristiinnaulitsemiseen asti.

¤ Kaksituhatta vuotta sitten Herran Jeesuksen opetuslapset olivat mm. kysyneet, milloin heidän temppeli tuhottaisiin {Mat. 24:1-3a (myös 6h§6(8)10)}?

Ja siihen Hän oli vastannut (Dan 9:27 ja 12:11), Mat. 24:15-21, <"Kun siis näette hävityksen kauhistuksen, josta on puhuttu profeetta Danielin kautta, seisovan/vahvistettu pyhässä paikassa" – lukija huomatkoon tämän! – 16. "silloin ne, jotka ovat Juudeassa, paetkoot vuorille. …. 21. Sillä silloin on oleva suuri ahdistus, jonka kaltaista ei ole ollut maailman alusta tähän asti eikä tule koskaan olemaan. ….">

¤ Samanlaisesta Luukkaan tekstistä voidaan oppia, että puhuttiin siitä, kun v.70 Roomalaiset tuhosivat Jerusalemin ja sen temppelin, noin neljästäkymmenestä vuodesta Herran Jeesuksen palvelutyön jälkeen, Lk. 21:20-24a, <"Mutta kun te näette Jerusalemin olevan sotajoukkojen piirittämä, silloin tietäkää, että sen hävitys on lähellä. 21. Silloin ne, jotka ovat Juudeassa, paetkoot vuorille. (Jne.) ">

Ja Markuksen teksti opettaa, että seuraavaksi Rooma tuli näiden kauhistuksien ja tämän hävittäjän henkilöitymä, Mrk. 13:14-19, <"Mutta kun te näette hävityksen kauhistuksen seisovan/vahvistettu siinä, missä sen ei pitäisi olla" – lukija huomatkoon tämän! – "silloin Juudeassa olevat paetkoot vuorille. (Jne) ….">

¤

6) 'Kaikkeinpyhin voitellaan'. Ensiksi, 'hävittäjä' tuhotaan ja muut vastustajat tehdään vaarattomaksi viimeisten 1290 ja 1335 päivän välillä {Ilm. 11:11-14 (7be§67₁14 ja 9l§89₁156)}.

Siten on tullut aika rakentaa ja voidella ei koskaan rakennettu Temppeli (Hes. 40-48).

Ilmestyskirja §12 Seitsemänkymmenen Vuosiviikon Sanan Valossa

Shalom,
^ Danielin kirjan seitsemänkymmenen vuosiviikon sana ja sen viimeinen luku auttavat ymmärtämään Ilmestyskirjan lukua 12.
Rukous heiltä, jotka rakentuvat Jumalan asumukseksi Hengessä (Ef. 2:22), Bert

¤ Poikansa kautta ja heidän kautta, jotka uskovat hänen Poikaansa, Jumala on tahtonut kutsua jokaista ihmistä maan päällä rakastamaan samalla tavalla kuin Hän on rakastanut ihmiskuntaa. Viimeisten kahdentuhannen vuoden aikana monet ovat pelastuneet, samalla kun he ovat olleet valmiita uhraamaan henkensä tämän evankeliumin saarnaamisen puolesta (Mat. 28:18-20).
Sekä kuullaan suljetuista maista, että esimerkiksi ihmisten unessa Herra Jeesus ilmestyi (Joh. 5:17).
¤ Kristuksen kanssa Taivaassa he/me tulemme hallitsemaan kohta alkavassa tuhatvuotisessa sapattivaltakunnassa (Ilm. 19-20).
Sen jälkeen elämme ikuisesti meidän Jumalan kanssa Uudessa Jerusalemissa (Ilm. 21-22).
¤ Mutta meidän Rakkaussuhteen on oltava kunnossa. Apostoli Johannes kuvaili terävästi haasteen ydintä, 1Joh. 4:20, <Jos joku sanoo "Minä rakastan Jumalaa", ja vihaa veljeään, hän on valehtelija. Sillä se, joka ei rakasta veljeään, jonka on nähnyt, ei voi rakastaa Jumalaa, jota hän ei ole nähnyt.>
Lisäksi Jumalalla on Hänen oma arvojärjestys. Kenelle on annettu paljon, siltä vaaditaan paljon (Lk. 12:48).
¤
¤ Jae Ilm. 12:4a ja 4b käsitellään myöhemmin (9i§89₁156).
Seuraavaksi katson vielä kerran Ilmestyskirjan 12:5:n tekstiä. Israelin maan kansa synnytti Poikalapsen, Herran Jeesuksen, Joka Hänen Palvelemisen jälkeen otettiin Taivaaseen. Mutta suurin osa juutalaisista hylkäsi heille luvatun Messiaan. Siksi Jumala kääntyi pois Hänen kansasta ja sen seitsemänkymmenen vuosiviikon kello pysähtyi.
¤ Se kestää, kunnes Herra Jeesus ottaa pois Hänen väliaikaisen kaikkien kansojen Morsianseurakunnan (Rm. 11:25b-26).
Sillä hetkellä Jumala kääntyy takaisin entisen valitun kansansa puoleen ja se saa nauttia Jumalan Liitosta ja Ar-mosta kuten ennenkin (Rm. 11:23), Ilm. 12:6, <Ja nainen pakeni autiomaahan, jossa hänellä oli Jumalan valmistama paikka, että häntä ruokittaisiin siellä tuhat kaksisataakuusikymmentä päivää.>
¤ Aiemmin oli löydetty, että lausunto 'Aika ja ajat ja puoli aikaa' tulisi nähdä kokonaisuutena (3e§12, Ilm. 12:14).
Sen jälkeen olisi jäljellä enää puoli aikaa, 3½ vuotta, 1260/1290/1335 päivää {3e§12, Dan. 12:(11-)12(-13)}.

¤

¤ Evankeliumin Kutsu on julistettu sinulle, minulle ja jokaiselle ihmislapsille riippumatta kansasta, rodusta, sukupuolesta, asemasta, iästä, jne. (Mat. 28:18-20).

Jokaisen meistä on täytynyt olla valmis etsimään ja seuraamaan Jumalan Tahtoa, kuten Herra Jeesus oli valinnut Sen omiksi Elämäkseen. Tällä tavoin Hän oli voittanut lohikäärmeen täysin, ottanut piston pois syytöksistään, ja lunastanut koko ihmiskunnan (Hep. 10:7-10; ja 3a§12, Ilm. 12:7-10, 11)!

¤ Samalla tavalla jokainen uskova pystyy heittämään lohikäärmeen/Saatanan alas (Lk. 10:17-20)!

Kunnes että Jeesus ottaa Hänen Pakanamorsiamensa Taivaaseen (3c§12, Ilm. 12:10-12a).

¤

¤ Tempauksen myötä Suuremman ahdistuksen aika alkaa, Ilm. 12:(12b-)13, <Ja kun lohikäärme näki, että se oli heitetty maan päälle, ajoi se takaa naista, joka oli synnyttänyt poika{-lapsen}.>

Kaksituhatta vuotta sitten juutalainen kansa oli heidän omassa maassa 'aika ja ajat ja puoli aikaa', koska Jeesus Kristus oli tulossa sinne (3c§12, Ilm. 12:14).

¤ Nyt se auttaa heitä vuodenviikon viimeisellä puoliskolla. Siksi lohikäärme keskittyy sitten hyökkäämään Israelin messiaanisten uskovien kimppuun (Ilm. 12:15-17), Ilm. 12:17, <Ja lohikäärme vihastui naiseen ja lähti käy-mään sotaa muita hänen jälkeläisiään vastaan, niitä jotka pitävät Jumalan käskyt ja joilla on Jeesuksen todistus.>

Tässä puhutaan 144000 messiaanisesta uskovasta, jotka tulevat silloin uskoon. He elävät lain mukaan ja noudattavat sitä, niin kuin alkuseurakunnan juutalaiset uskoivat (Ap.t. 21:20-24).

¤ Suurin osa nykyisestä juutalaisesta kansasta Israelissa ei usko Jumalaan ollenkaan. He ovat esi-isiensä maassa, koska he ovat siellä suhteellisen turvassa. Mutta Ilmestyskirja osoittaa, että ensiksi on 144000 Israelilaisen aika. Aiemmin heidät sinetöitiin heidän tulevaa hengellistä työtä varten (Ilm. 7:1-8).

Heidän uskoon tulemisen ja hengellisen työskentelemisen aika alkaa, kun meidät, Kristuksen Morsiamensa uskovat, otetaan ylös Taivaaseen. Silloin meidät nähdään Jumalan Valtaistuimen edessä. Kaikki, jotka olivat elämässään olleet täynnä Pyhää Henkeä, tekivät Jumalan Tahdon, ja kestivät kaikenlaisia suuren ahdistuksen kärsimyksiä (Ilm. 7:9-17).

~ ~ ~

A. Pedot (Ilmestyskirja §13,17)

4a§1317

Ensimmäinen Peto

Shalom,

^ Ensinnäkin lohikäärme heitetään maan päälle viimeisen kerran (3f§12, Ilm. 12:(7---)13}

Seuraavaksi uskovat tapaavat Herransa Jeesuksen Hänen salaisessa Tulemuksessa yläilmoissa (1Tes. 5:2; 4:15b, 0c_TiivSel; 4:17}.

^ Siitä lähtien lohikäärme keskittyy vainoamaan Israelin kansaa ja erityisesti 12-heimon 144000 messiaanista uskovaa (3f§12, Ilm. 12:(15-)17).

^ Juutalaisen kansan, 2-heimon kansan, keskuudessa ovat aina asuneet pieniä määriä muiden 10-heimon kansalaisia. Sekä monista maistakin on löydetty pienempiä tai isompia kansanryhmiä heistä takaisin.

Rukous heiltä, jotka täysin voittavat jo nyt petoa ja sen kuvaa ja sen merkkiä (Ilm. 20:4), Bert.

¤ Tässä luvussa jatketaan samalla hetkellä, kun 12. luku päättyy, Danielin vuosiviikkojen viimeisen puolen vuosiviikon alulla, Ilm. 13:5, <Ja sille [pedolle] annettiin suu puhua suuria sanoja ja herjauksia, ja sille annettiin valta tehdä sitä neljäkymmentäkaksi kuukautta.>

Lohikäärmeellä ei ole enää mahdollisuutta käydä Taivaassa ja syyttää uskovia. Nyt se seisoo luvatun maan ja meren välimaassa (3f§12, Ilm. 12:10---17), Ilm. 12:18, <Ja se seisahtui meren hiekalle.>

¤ Seuraavaksi näemme Saatanan työkalun maan päällä. Se on kopio tai varjo hänestä, raakalaisjättiläishirviö (3a§12, Hep. 8:5, Ilm. 12:3), Ilm. 13:1, <Ja minä näin pedon nousevan merestä. Sillä oli kymmenen sarvea ja seitsemän päätä. Ja sen sarvissa {oli} kymmenen kruunua ja sen päissä pilkkaavia nimiä.>

Paholainen-Saatana-lohikäärme antaa tälle lohikäärme-pedolle hänen tuhoavia, järkyttäviä ja tappavia valtuuksia (Ilm. 12:9), Ilm. 13:2b, <Ja lohikäärme antoi sille voimansa ja valtaistuimensa ja suuren vallan.>

¤ Vesien merkitys löytyy 17. luvusta. Samasta pedosta (ja sen päällä istuvasta portosta, Ilm. 17:3) puhutaan, Ilm. 17:15b, <"Vedet, jotka sinä näit, tuolla, missä portto istuu, ovat kansoja ja väkijoukkoja ja kansakuntia ja kieliä. ....">

Näin peto (ja portto) elää kansojen, väkijoukkojen, kansakuntien ja kielien keskellä. Sekä ilmoitettiin, Ilm. 17:9b-10, <Ne seitsemän päätä ovat seitsemän vuorta, joiden päällä nainen istuu. Ne ovat myös seitsemän kuningasta. 10. Viisi heistä on kaatunut, yksi on, yksi ei ole vielä tullut. Ja kun hän tulee, hänen on määrä pysyä vähän aikaa.>

¤ Kaksituhatta vuotta sitten kuudes kuningaskunta oli silloinen maailmanmahti, Rooma, ja seitsemäs kuningaskunta pysyy vain vähän aikaa. Siksi Rooman hallitseminen kestäisi suhteellisen pitkäksi. Historiasta opitaan, että Rooman keisarivaltio muuttui paavien Roomaksi, niin kuin se oli ennus-tettu, Ilm. 13:3a, <Ja yksi sen päistä näytti olevan kuoliaaksi haavoittunut, ja sen kuolinhaava parantui. ....>

Paavien Roomana se muuttui seurakunnaksi, joka kuvataan Raamatussa naisena (esim. Ef. 5:23-33).

¤ Kyseisen systeemin Jumala nimitti Suuri Babyloniksi, maan porttojen ja iljetysten äidiksi (Ilm. 17:5).

Seuraavaksi porton ja pedon salaisuus selitettiin {vrt. Ilm. 17:(1-)7}.

¤ Kauniin puhtaan neitsyen sijaan äitiportto on ollut syntinen nainen, Ilm. 17:2, <.... jonka kanssa maan kuninkaat ovat harjoittaneet haureutta ja jonka haureuden viinistä maan asukkaat ovat juopuneet.>

Rooman kaupunki tunnettiin tuohon aikaan siitä, että se oli rakennettu 7 kukkulan/vuoren päällä. Ja ennustettiin, että porttona se olisi sama suuri kaupunki, joka hallitsisi maan kuninkaita/valtakuntia: paavien Vatikaanin kaupunki on osa Rooman kaupunkia (vrt. Ilm. 17:7, 9, 18).

¤ Seitsemän päätä ovat edustaneet seitsemää diktaattorikuntaa, seitsemää supervaltaa. Yksi kerrallaan valloitti/valloittaa koko sivilisaation.

Kautta historiaa on nähty nousevien ja menevien pedon päiden edustajia, hallitsijoita ja paaveja, Ilm. 17:8, <Peto, jonka näit, on ollut, mutta sitä ei enää ole. Ja se tulee nousemaan syvyydestä ja on menevä kadotukseen. Ja ne maan päällä asuvat, joiden nimi ei maailman perustamisesta asti ole ollut kir-joitettuna elämän kirjaan, ihmettelevät nähdessään pedon, että se oli, eikä sitä enää ole, ja se on tuleva.>

¤ Pedon (ja porton) keskeinen tarkoitus on sotaa käyminen pyhiä vastaan ja voittaa heidät (Ilm. 13:7).

Mutta Jumala on tahtonut valita semmoisia ihmisiä hänen palvelijoiksi, jotka eivät kumarra ym. niitä poliittisia mah-teja. Samoin kuin Jeesus Kristus. Hänellekin Saatana tarjosi kaikki maailman valtakunnat ja niiden loiston (Mat. 4:8-10).

¤

¤ Samanlainen maailmanvaltioiden kuva löytyy Baabelin kuninkaan kuvapatsaan unesta (Dan. 2:19-45).

Rooma on edustanut patsaan rautaisia sääriä, pedon 6. pää.

¤ Vaskinen vatsa ja lanteet oli Kreikan Aleksanteri Suuri, pedon 5. pää.

Hopeiset rinta ja käsivarret olivat Median ja Persian hallitsijoita, pedon 4. pää.

¤ Kultainen pää oli Nebukadnessar, pedon 3. pää.

Pedon 2. pää oli mahdollisesti Egyptin faraoita, jossain vaiheessa (vrt. esim. 1Ms. 41-50).

¤ Pedon 1. pää oli mahdollisesti Baabelin tornin keskus, mm. Nimrodin kanssa (1Ms. 10:8-12; 11:1-9).

Pedon 7. pää käsitellään seuraavina kertoina.

Ensimmäinen ja Toinen Peto

Shalom,
^ Euroopassa kaksi maailmansotaa syntyi. Päävastustajilla on ollut vahvaa roomalaiskatolista taustaa. Se kertoo jotain paavien väärästä vaikutuksesta. Ranskan kohdalla se on selvä. Mutta myös Saksan kohdalla.
Saksan valtiollinen alku oli 900-luvulla perustettu pyhä roomalaiskatolinen keisarikunta. Valitettavasti Reformaation jälkeen se ei uudistunut. Westfalenin rauhan vuoteen 1648 mennessä enemmistö Saksan kuninkaita oli vainonnut paljon protestanttisia uskovia pois.
Jumalaansa pelkäävien orjien (/palvelijoiden) rukouksella (Ilm. 19:5), Bert

¤ Ensimmäisen pedon kuudes pää, Rooman valtakunta, on vaikuttanut koko maailman politiikkaan ensiksi keisarien Roomana. Ja sen jälkeen paavien Roomana, jolloin kirkon ja poliittinen valta sekaantuivat, Ilm. 13:3-4, <Ja (minä näin) yhden sen päistä olevan ikäänkuin kuoliaaksi teurastettu, ja sen kuolinhaava paran-tui. Ja koko maa seurasi ihmetellen petoa. 4. Ja he palvoivat lohikäärmettä, koska se oli antanut sellaisen vallan pedolle. Ja he palvoivat petoa sanoen: "Kuka on pedon vertainen, ja kuka voi sotia sitä vastaan?">
Roomalaiskatolinen kirkko edustaa noin 50% maailman Kristityistä. Valtaosa sotia olisi voinut pysäyttää, jos paavi olisi kieltänyt hänen kirkon jäseniä osallistumisesta. Kuinka vain, täällä syntyivät äsken kaksi maailmansotaa.
¤ Ilm. 13:5-6, <Ja sille annettiin suu puhua suuria sanoja ja herjauksia, …. 6. Ja se avasi suunsa herjatakseen Jumalaa: se herjasi hänen nimeä ja hänen majaansa, niitä, jotka majaillevat taivaassa.>
Paavi on herännyt Jumalan nimeä puhumalla Hänen auktoriteetilla. Pyhän Hengen asuinpaikka olisi roomalaiskatolisessa kirkossa. Kuolleita uskovia herjattiin sanomalla, että he olisivat välittäjiä.
¤ 17. luvussa tämä porton kirkon suhde poliittisten johtajien kanssa oli kutsuttu haureussuhteeksi sekä oli kerrottu että tämän porton nimi 'äiti Suuri Babylon' sisältää salaisuuden (4a§1317, Ilm. 17:2), Ilm. 17:5, <Ja hänen otsaansa oli kirjoitettu nimi, salaisuus: "Suuri Babylon, maan (/maapallon) porttojen ja iljetysten äiti.">
Reformaation myötä tästä äitikirkosta syntyivät monta tytärkirkkoa, jotka alussa olivat kauniita viattomia lapsia, missä Raamattu kunnioitettiin ja kaikenlaisia entisiä kristillisiä arvoja löydettiin takaisin. Mutta sen sijaan että jatkettiin yksityistämällä seurakuntaa pois valtiosta, perustettiin uusia valtionkirkkoja.
¤
¤ Viitteitä pedon seitsemännen pään valtion mahdolliseen alkuperään ei löydy suoraan 13. luvusta. Rivien välistä löytyy kuitenkin paljon. Voidaan kysyä, miksi Ilm. 13. luvussa

mainitaan toinen peto, toinen poliittinen mahti, vaikka ensimmäisessä kaikki maailmanvaltiot olisivat jo mukana?

Koko Ilmestyskirjasta löytyy vain yksi suora vihje siihen, Ilm. 17:10b, <ja kun hän [7. kuningas] tulee, hänen on määrä pysyä vähän aikaa.>

¤ Ensimmäinen peto oli noussut merestä, siis kansoista ja väkijoukoista ja kansakunnista ja kielistä, joiden keskuudessa ja joiden avulla se on hallinnut koko maailmaa (4a§1317, Ilm. 17:15b).

Mutta toisen pedon alkuperä on erilaista. Sillä on vankempi perusta kuin ihmisiä. Se tuli maasta, Ilm. 13:11, <Ja minä näin toisen pedon nousevan maasta, ja sillä oli kaksi sarvea, joilla se näyttää karitsalta, ja se puhui kuin lohikäärme.>

¤ Mitä maasta tuleminen tarkoittaisi? Aikaisemmin oli jo löydetty yhteys Israelin maahan, Jumalan maahan. Niin kauan kun Israelin kansa on ollut osa Jumalan Sanaa, mikä oli luvattu sille ajalle, heidän oma maa auttaisi pysäyttämään Saatanan hyökkäykset (3c/3f§12, Ilm. 12:15-16).

Maa antaa myös vesiä paremman pohjan, jonka päällä voidaan rakentaa Jumalan valtakunnan arvoista elämää (vrt. Mat. 7:24).

¤ Muullakin tavalla nähdään, että toisella pedolla ei edusta pelkästään raakaa voimaa. Ulkopuolella tämä peto näyttää jopa hyvältä, 'karitsalta'. Melkein Jumalan Karitsalta, melkein Kristukselta. Mutta silti se ei ole sama Kristus, sillä 'se puhui kuin lohikäärme'. Sillä on 'kaksi sarvea', kaksi voimanlähdettä, poliittista ja hengellistä voimaa. Siten se olisi tulevan antikristuksen maailmanvaltio (!) .

¤ Siis siihen liittyy jollain tavalla antikristusihminen, joka asettuu loppupäivän aikana Jeesuksen Kristuksen seurakunnan temppeliin (Ef. 2:21-22), 2Tes. 2:3b-4, <Sillä [se päivä ei tule] ennenkuin luopumus ensin tapahtuu ja laittomuuden ihminen ilmestyy (/ Ensin näet tapahtuu luopumus ja ilmestyy laittomuuden ihminen), kadotuksen lapsi, 4. tuo vastustaja, joka korottaa itsensä yli kaiken, mitä jumalaksi tai palvottavaksi kutsutaan, niin että hän asettuu Jumalan temppeliin ja julistaa olevansa Jumala.>

Kreikkalainen temppelin sana 'naos' ei puhu temppelin rakennuksesta, vaikka monet Raamatun opettajat näin sanovat. Se puhuu temppelin sisällä olevasta huoneesta tai jalustasta, missä jumalan patsas seisoi. Se paikka Jumalalle, mihin tämä vastustaja asettuu. Kun Pyhä Henki, 'Joka vielä pidättää', on ottanut Jeesuksen rakkaansa mukaansa tempauksessa, ja Hän on lähtenyt Taivaaseen, silloin Antikristus ottaa jäljellä olevan seurakuntien systeemin haltuunsa (1Tes. 4:14-17; 2Tes. 2:7).

Toinen Peto ja Ensimmäisen Pedon Kuva

Shalom,
^ Viime kertana kirjoitin roomalaiskatolisen kirkon vaikutuksesta Euroopassa. Nyt käsitellään samanlaisten vaikutuksien kehitys Yhdysvalloissa. Myös näiden kahden välillä voidaan havaita yhä enemmän yhteyksiä.
Pitkissä valkeissa vaatteissa olevien rukouksella (Ilm. 3:5; 3:18; 4:4; 7:14; 16:15; 19:14), Bert

¤ Jatkan toisen pedon kanssa. Aion antaa todisteita siitä, että Yhdysvallat ja tämä peto ovat yksi ja sama asia. Myöhemmin käsittelen sitä, milloin ja millä tavalla siitä tulee ensimmäisen pedon seitsemäs pää {Ilm. 12:13 (6k§6(8)10)}, Ilm. 13:12, <Ja se käyttää kaikkea ensimmäisen pedon valtaa sen nähden ja saattaa maan ja siinä asuvaiset kumartamaan ensimmäistä petoa, sitä jonka kuolinhaava parantui.>
Yhdysvallat presidentteineen on ollut alusta lähtien protestanttinen valtio. Kuitenkin kasvavalla vauhdilla se on alkanut neuvotella ensimmäisen pedon kuudennen pään edustajien kanssa, Rooman paavien kanssa.
¤ Presidentti Eisenhowerin vierailun jälkeen vuonna 1959, jokainen seuraavakin presidentti on käynyt paavin luokse. Sen lisäksi John F. Kennedy oli 60-luvulla ensimmäinen roomalaiskatolinen presidentti. Ja vuonna 1984 Yhdysvallat perusti täysdiplomaattisuhteet Vatikaanin kaupungin kanssa.
Kennedy tiesi, että protestanttiset Yhdysvaltalaiset eivät tahtoneet äänestää hänet uskontonsa takia. Siksi hän oli luvannut jättää sitä hänen politiikan ulkopuoleen. Viimeinen presidentti Biden sen sijaan on toinen katolilainen presidentti, jolla on hyvin vapa käsitys hänen uskonnostaan. Avoimesti hän on käyttänyt roomalaiskatolisia tervehdyksiä ja käsitteitä.
¤ Israelin valtion suhteen voidaan todeta, että on suuri asenne-ero entisen presidentin Trumpin ja muiden viimeisten USAn presidenttien välillä. Trump jotenkin tunnusti Israelin oikeuden olemassaoloon alueilla, jotka se kerran valloitti sodissa, koska sitä vastaan hyökättiin ja uhattiin tuholla. Tämä tunnustaminen on normaalia ja perustuu kansainväliseen oikeuteen.
Abrahamin sopimukset osoittivat, että jopa rauha islamilaisten valtioiden kanssa on mahdollinen ilman ns. rauhan ratkaisua palestiinalaisille.
¤
¤ Ilm. 13:13, <Ja se tekee suuria (tunnus)merkkejä, niin että se saa tulenkin lankeamaan taivaasta maan päälle ihmisten nähden.>
Valtiona USA on ollut edelläkävijä nykyaseiden kehityksessä. Esimerkiksi Toisen Maailmansodan jälkeen se on ollut maailman korkein kehitetty valtio. Se täyttää kaikista maailman valtioista parhain tätä jaetta.
¤

¤ Ilm. 13:14-15, <Ja se eksyttää maan päällä asuvia niillä (tunnus)merkeillä, joita sille {[toiselle pedolle]} annettiin tehdä pedon nähden; se yllyttää maan päällä asuvia tekemään sen pedon kuvan, jossa oli miekanhaava ja joka virkosi. 15. Ja sille {[toiselle pedolle]} annettiin antaa pedon kuvalle henki niin, että pedon kuva sekä puhuisi että saisi aikaan, että ketkä vain eivät palvoneet kumartaen pedon kuvaa, ne tapettaisiin.>

Kuvan, mitä tehdään pedosta, pitää näyttää jotain ensimmäisen pedon senaikaisesta kehitysvaiheesta. Siis jotain pedon kuudennesta päästä, joka virkosi paavien Rooman kaupungiksi (4a§1317, Ilm. 13:3a).

¤ Tämä paavien Rooma kuvailtiin suureksi portoksi, niin kuin Jumala sitä näki (4a§1317, Ilm. 17:1-7).

Sekä kerrottiin, että tämä Suuri Babylon on maan porttojen ja iljetysten äiti. Hänestä syntyivät monet protestanttiset seurakunnat, jotka myöhemmin seuraisivat äitinsä haureustapoja (4b§1317, Ilm. 17:5).

¤ Samoin toinen peto edustaa Protestantteja, jotka Reformaation jälkeen olivat lähteneet roomalaiskatolisesta vaikuttaneesta Euroopasta ja olivat aloittaneet Yhdysvalloissa uutta Raamatun pohjalta olevaa elämää.

Valitettavasti uudet kirkot ja seurakunnat ovat vähitellen palautuneet samanlaisiksi elottomiksi organisoinniksi kaikenlaisine kaavoineen ja perinteineen kuin äitikirkko. Saadaan vain uskoa sitä, mitä yleisesti on hyväksytty. Saarnatuoliin pääsy edellyttää kirkon jäsen- tai koulutuskorttia. Henkilökohtaista näkemystä ei hyväksytä. Silloin vaarana on tulla tapetuksi henkisesti (jättämällä sinut huomiotta). Ja pian sinut todella 'tapetaan', kun pedon kuvalle annetaan 'henki' ja sen palvontaa vaaditaan.

¤ Vuonna 1948 perustettiin Kirkkojen maailmanneuvosto (KMN) (englanniksi World Council of Churches, WCC). Järjestön verkkosivuilta löytyy, että ryhmittymän päämääränä on kristillinen ykseys ja että suurin osa WCC:n perustajakirkoista oli eurooppalaisia ja pohjoisamerikkalaisia. Yhdysvaltain Protestantit olivat kansainvälisesti isoin ja vaikuttavin ryhmä. Semmoinen pedon kuva inspiroitiin ja aloitettiin.

Kun Morsiamen seurakunta temmataan Taivaaseen ja Suuremman ahdistuksen aika alkaa, antaa Yhdysvaltain presidentti sille tilaisuutta puhua kaikkien Protestanttien puolesta. Silloin sille annetaan henki. Sitä käsitelen myöhemmin (8d§89₁156).

¤ Samalla kyseinen presidentti hyväksytään maailmanneuvoston johtajana, millä hän asettuu Jumalan temppeliin, kaikkien maailman Protestanttien johtajana {4b§1317, 2Tes. 2:(3b-)4, 7}.

Mutta sen sijaan että Pyhälle Hengelle annetaan johtaa, hän itse tekee Jumalana päätökset (2Tes. 2:4)!

Toinen Peto ja Ensimmäisen Pedon Merkki

Shalom,
^ Ilmestyskirjan 13. luvun toinen peto olisi Yhdysvallat. Aikaisempien jakeiden kohdalla löytyi kaikenlaisia vahvistuksia. Nyt tarkistus jatketaan jäljellä olevilla jakeilla.
Rukous heiltä, jotka tahtovat tulla ulos organisoidusta jumalanpalvelusta, jotta vältetään sen syntejä ja vitsauksia {Ilm. 18:4-5 (10a§18)}, Bert

¤ Ilm. 13:16-18, <Ja se [toinen peto] valmistaa kaikki, pienet ja suuret, sekä rikkaat että köyhät, sekä vapaat että orjat, että heille annetaan merkki/kaiverrus oikeaan käteensä tai otsaansa, 17. (ja) ettei kukaan voisi ostaa eikä myydä paitsi hän, jossa on MERKKI/KAIVERRUS: PEDON NIMI tai PEDON NIMEN LUKU. 18. Tässä on viisaus. Jolla ymmärrys on, se laskekoon PEDON LUVUN. Sillä se on IHMISEN LUKU, ja sen luku {on} kuusisataakuusikymmentäkuusi.>
Mitä olisi KAIVERRETTU PEDON MERKKI? Ja miksi Yhdysvallat ottaisi sitä käyttöön?
¤ Tämä teksti puhuu koko USAn väestön ja mahdollisesti monien muiden väestöjen merkitsemisestä rahaan liittyvällä merkillä.
Miksi se tapahtuu ja miten kyseinen rahanmyllerrys voisi laukaisua?
¤
¤ Toisen Maailmansodan jälkeen Yhdysvaltain dollari tuli maailman hallitsevaksi välitysvaluutaksi, kun se oli jäänyt ainoaksi kultavaroilla tuetuksi valuutaksi.
Sitten 60-luvulla Yhdysvallat myi paljon kultavaroistaan.
¤ Silti dollarin herruus jatkoi. Mutta maan velkaantuminen on dramaattisesti lisääntynyt. Tämä kehitys ja tärkeämmät tapahtumat v. 1929 lähtien löytyy listasta,
https://www.thebalance.com/national-debt-by-year-compared-to-gdp-and-major-events-3306287
Yhdysvaltojen kokonaisvelka oli vuoden 2022 lopussa $31,42 * 10^{12}$ dollaria, eli 123 prosenttia sen bruttokansantuotteesta.
¤ Siellä myös sanotaan, että Maailmanpankin mukaan yli 77% suhteessa BKT:hen pidemmän aikaa oleva velka hidastaa talouskasvua.
Näin ollen Yhdysvaltain talousjärjestelmän romahtaminen jostain odottamattomasta syystä ei ole enää pelkkää spekulaatiota. Samalla se vaikuttaisi globaaliin kauppaan ja lamauttaisi maailman liiketoimintaa. Tällöin velkojen maksajaa etsitään. Ja kyseisessä tekstissä on ilmoitettu, että hänet löydetään. Seuraavaksi jokainen autetaan ottamaan hänen merkin vastaan. Mutta Jumala on myös varoittanut, että tuo ratkaisu sisältää epäjumalanpalvontaa, mitä Hän ei salli. Sen takia joudut lopulta suoraan helvettiin {Ilm. 14:11 (7d§67₁14)}!
¤
¤ Kuka olisi tämä maksaja, mikä olisi PEDON NIMI? Edellissivuilla osoitettiin jo, että edelleen Rooma ja nimenomaan paavien Rooma on ensimmäisen pedon kuudes pää.

Niin kauan kun toinen peto ei vielä olisi tullut pedon seitsemänneksi pääksi (esim. 4b§1317, toinen peto).

Kun kyseinen valtava rahakriisi syntyy, paavien Roomasta voisi tulla käänteentekevä ratkaisu. Sen avulla maksettaisiin dollarin ja monien muiden länsimaiden paperirahan velat velkoja pois, niin kuin kaikki länsimaat riippuvat paljon toisistaan. Kuitenkin jokaisen, joka haluaa sen jälkeen käyttää tätä uusittua rahaa, joutuu hyväksymään PEDON NIMEN tai PEDON NIMEN LUVUN joko otsaansa tai käteensä.

¤ Täsmääkö tämä ajatus kaikkien yksityiskohtien kanssa? PEDON (NIMEN) LUKU olisi IHMISEN LUKU, niin kuin ensimmäinen peto ja paavi edustavat saman asian. Ja sen luku olisi 666 (Ilm. 13:18).

Käytännössä monien ihmisten nimistä voidaan löytää numero 666. Mutta tässä lopunajassa on vain yksi, joka on ollut yli tuhannen vuoden aikana maailmaa hallitsevan kristillisen kirkon edustaja, paavi. Suora paavien nimen luku löytyy paavien arvonimestä 'VICARIUS FILII DEI', mitä on vanhan Rooman kieli. Se tarkoittaa 'Jumalan pojan sijainen'. Uskomaton titteli. Herran Jeesuksen sijasta ihminen pitää palvoa.

¤ Nimeä on 'Kristuksen Vicar' muodossa käytetty yhtenä paavin ominaisuuksista. Lue esim. mitä roomalaiskatolinen lehti opettaa:

Paavi (pope) on/olisi Kristuksen Vicar, Kristuksen Sijainen,

https://www.catholiceducation.org/en/culture/catholic-contributions/papal-tiara.html

¤ Kun VICARIUS FILII DEI nimen latinalaisten kirjainten lukuarvot lasketaan yhteen, saadaan tulokseksi 666.

Latinalaisten kirjainten lukuarvot ovat V=5, i=1, C=100, D=500 ja L=50. Kirjaimet joilla ei ole lukuarvoa (a, r, f, s ja e) lasketaan nollaksi. Siten 5+1+100+1+5+1+50+1+1+500+1 = 666.

¤

¤ PEDON LUKU 666 viittaa erittäin voimakkaan systeemiin. Se on nykymaailmaa hallitseva poliittinen systeemi, seitsemän pään peto, niin kuin Saatana sen tarjosi Jeesukselle Kristukselle (4a§1317, Mat. 4:8-10).

Maan päällä sillä on hyvin paljon valtaa. Mutta ei niin paljon kuin luomakunnan Jumalalla, 777. Tällä tavalla Jeesus Kristus voitti lohikäärmeen ja sai kuoleman ja helvetin avaimet (3a§12, 1Ms. 3:15; ja Ilm. 1:18).

¤ Viime kerralla käsittelin, että Yhdysvallat on viime aikoina lähestynyt paavia Roomassa.

Paavin rooli noiden velkojen maksajana olisi ymmärrettävä reaktio, jolla hän saa tunnustusta ja valtaa.

Paavien "VICARIUS FILII DEI" Tittelin Tausta

Shalom,
^ Nykyinen paavi Francis on 4.2020 lähtien yhtäkkiä ilman mitään selitystä antanut julistaa, että hän on (vain) Rooman piispa. Vuonna 2013 hän oli tullut paaviksi. Kuitenkin paavin titteleiden sisällöt puhuvat kovemmin kuin paavin sanat. Aikoinaan se näin uskottiin, ja julistettiin, ja vahvistettiin. Sekä seuraavasta roomalaiskatolisesta lähteestä saadaan hyvä selitys, linkki,
https://catholicherald.co.uk/did-pope-francis-really-drop-the-vicar-of-christ-title/ :
".... Kaikkien muiden nimien ymmärretään olevan historiallisesti sidottuja Rooman piispan nimikkeeseen, koska tällä hetkellä konklaavi nimitti hänet [paavin] ohjaamaan Rooman kirkkoa, valittu saa tälle nimitykselle sidotut tittelit. ...."
Rukous heiltä, jotka notkistavat polvensa vain Taivaan Isän edessä (Ef. 3:14), Bert

¤ Perimmiltään jokaiseen paaviin kuuluu seuraava kahdeksan arvonimen luettelo.
Se on virallinen luettelo paavin nimikkeistä siinä järjestyksessä kuin se oli/on annettu jokavuotisessa 'Annuario Pontificiossa'. Kyseisten arvonimien kohdalla olen antanut (raamatullisia) arvosteluja ja vahvistuksia.
¤
1. Rooman Piispa
Roomalaiskatolinen kirkko väittää, että apostoli Pietari oli ollut ensimmäinen paavi.
<a. Kuitenkin ei ole löydetty yksi sen ajan dokumentti, että Pietari olisi käynyt Roomassa.
<b. Apostoli(t) Paavali (ja Barnabas) tekivät työtä pakanakansojen keskuudessa, mutta apostoli Pietari vain ympärileikattujen parissa (vrt. Gal. 2:7-9).
¤
¤ Aikoinaan Rooman keisarien valtakunta muuttui hengelliseksi vallaksi (4a§1317, Ilm. 13:3a).
>c. Roomalaiskatolinen kirkko on paavien johtama porttokirkko, joka ei ole uskollinen hänen puolisolle, Jeesus Kristus. Se löytyy Raamatusta naisena/porttona, joka istuu vanhan Rooman kaupungin seitsemän mäen päällä (4a§1317, Ilm. 17:(1-)7, 9, 18).
¤
2. Jeesuksen Kristuksen Vicar / Jeesuksen Kristuksen Sijainen
<a. On vain yksi välittäjä Jumalan ja ihmisten välillä, ihminen Kristus Jeesus (1Tim. 2:5).
<b. Paavi ei ole Jumalan Pyhää Edustajaa. Pyhä Henki tuli Herran Jeesuksen Sijaisena (Joh. 16:7).

<c. Jos haluat tavata paavin, sinun joutuu taivuttamaan polvisi hänen edessään ja kutsumaan häntä Pyhäksi Isäksi tai Sinun Pyhyytesi. Se on anteeksiantamatonta palvontaa (2Ms. 20:1-5; Mat. 23:9; Ilm. 21:8; 22:15).

¤

¤ Paavi olisi VICARIUS FILII DEI / JUMALAN POJAN SIJAINEN. Tämä titteli käsiteltiin edellissivulla

>d. On vain yksi Jumalan Poika, Jeesus Kristus, josta jokaisen ihmisen olisi todistaja (Lk. 24:44-48).

>e. Joku ei saa voimaa, kun on tullut paaviksi. Vaan kun hän on saanut Pyhän Hengen lahjan (Ap.t. 1:8; 2:38).

¤

3. Apostolien ruhtinaan Seuraaja

<a. Itse asiassa Paavali olisi Jeesuksen ajan apostolien ruhtinasapostoli. Pyhä Henki teki hänen kanssa enemmän työtä kuin toisten kanssa (esim. 1Kor. 15:9-10; 2Piet. 3:15-16).

¤

>b. Muu apostolien ruhtinaan seuraaja voitaisiin verrata väärään profeettaan (mm. Ilm. 16:13).

>c. Väärä profeetta heitetään Suuremman ahdistuksen ajanjakson lopussa suoraan tuliseen järveen (Ilm. 19:20; 20:10).

>d. Ei olisi ohjenuora mitä paavi tai hänen kirkko sanoo, vaan mitä Jumalan Sana sanoo (Gal. 1:8; Ilm. 22:18-19).

>e. Kirkko ei ole Jumalan Sanan Opettaja, vaan Pyhä Henki (Joh. 16:13).

¤

4. Yleismaailmallisen Kirkon Pää ja Ylin Paimen

<a. Kristus on kaiken Pää, ja samoin Seurakunnan ja jokaisen uskovan Pää (Kol. 1:13-19).

¤

>b. Rooman katolinen kirkko väittää, että sen oma nimi on identtinen alkuperäisen universaalisen [=katolinen] kirkon kanssa, josta kaikki muut kirkkokunnat polveutuivat. Tämän väitteen ja määritelmän kanssa Jumala on täysin samaa mieltä. Yleismaailmallinen kirkko olisi Suuri Babylon, maan porttojen ja iljetysten äiti (4bc§1317, Ilm. 17:5).

¤

5. Italian Priimas

¤

6. Rooman Kirkkoprovinssin Arkkipiispa ja Metropoliitta

¤

7. Vatikaanivaltion Hallitsija

¤

8. Jumalan Palvelijoiden Palvelija.

~ ~ ~ ~ ~

B. Sinetit Yleisesti (Ilmestyskirja §6,(8,)10)

5a§6(8)10

Oikea ja Väärä Seurakunta

Shalom,

^ Sinetit ovat Ilmestyskirjan ja Raamatun keskeisimmät ja syvimmät salaisuudet (Ilm. 6 ja 8:1).

Niiden sinettien sinetöinti Jumala oli käskenyt (Ilm. 10:3-4).

On mahdotonta hyväksyä tai ajatella, että sinettien merkitykset löytyvät ihmisviisauden avulla. Niitä ei voi selittää siten, että toinen Raamatun tulkitsija sanoo näin, mutta myös toisen tulkitsijan mielipide on otettava huomioon. Jumala on vastustanut sitä jyrkästi jo yleisesti, 2Piet. 1:19-21, <Ja meillä on profeetallinen sana varmempana, ja te teette hyvin, jos otatte siitä vaarin niin kuin pimeässä paikassa loistavasta lampusta, kunnes päivä valkenee ja kointähti koittaa teidän sydämissänne. 20. Ensiksikin teidän tulee tietää, ettei yksikään Raamatun profetia ole kenenkään omin neuvoin selitettävissä, 21. sillä ei koskaan ole mitään profetiaa tuotu esiin ihmisen tahdosta, vaan Pyhän Hengen johtamina ihmiset ovat puhuneet {sen, mitä tuli} Jumalalta.>

^ Raamatun viimeinen kirja, Jumalan / Jeesuksen-Kristuksen Ilmestys, oli tullut suoraan Jumalalta ja oli vahvistettu apostoli Johanneksen taholta (1a§1-3, Ilm. 1:1, 2).

Johannes oli tuolloin ollut Jeesuksen viimeinen elävä opetuslapsi. Samaan aikaan Jumalan Omat Sanat sulkivat Ilmestyskirjan, Uuden Testamentin ja Raamatun (1a§1-3, Ilm. 22:18-19).

Samalla tavalla Jeesus Kristus oli vahvistanut ja sulkenut Vanhan Testamentin (Mat. 5:17-20).

^ Vain Raamatun puitteessa voidaan odottaa jotain lisäystä tai peruutusta. Eli vain sillä tavalla, mitä Jumala on etukäteen ilmoittanut ja mikä on sopusoinnussa Hänen koko luomistyönsä kanssa. Niissä raameissa Sinettien salaisuuksien käsitteleminen on ollut haastavaa ja siunattua.

Tässä Jumala on meidän Johtaja ja Isä, ja me kaikki olemme samanarvoisia siskoja ja veljiä (vrt. Ilm. 1:9), Bert

¤ Raamatusta tiedämme tarkalleen miten ensimmäinen alkuperäinen seurakunta perustettiin ja kuinka Jumala ilmaisi Itsensä sen keskuudessa. Siten se, mitä seurakunta oli helluntaina, on esikuva. Eikä muuta esimerkkiä ole. Mitä Jumala teki helluntaina, Hänen täytyy tehdä, kunnes seurakuntajaksot päättyvät. Mitä muuttumaton Jumala muuttumattomine teineen teki alussa, Hän tulee tekemään, kunnes se tehdään viimeisen kerran (Saarn. 3:14-15).

Seurakunta ja sen sanansaattajat voivat muuttua. Mutta Jumala ja Hänen tiensä eivät koskaan muutu (Hep. 13:8).

¤ Alussa helluntaina uskovilla oli kaikki. Puhdas Jumalan Sana, Hengen Voima, Pyhän Hengen lahjat jne. Sitä eivät järjestäneet ihmiset, vaan sitä Pyhä Henki johti. Monta kertaa sitä vihattiin, halveksittiin, ahdisteltiin ja vainottiin kuolemaan saakka. Mutta silti se oli uskollinen Jumalalle. Se pysyi alkuperäisen Sanan antamassa kaavassa. Se oli ollut seurakuntien ensimmäinen herätyksen jakso (1a/1b§1-3, Ilm. 1:20).

Ensimmäiseen Efesoksen seurakuntajaksoon kuului tähtisanansaattaja Paavali. Hän oli järjestäytymätön, Hengen johtama, ja verrattuna kaikkiin muihin apostoliin hän teki Jumalan Armosta eniten hengellistä työtä (1Kor. 15:10), Gal. 1:1, <Paavali, apostoli – saanut virkansa, ei ihmisiltä eikä ihmi-sen kautta vaan Jeesuksen Kristuksen kautta, ja Isän Jumalan kautta joka on hänet kuolleista herättänyt.–>

¤ Paavali oli ehdottoman uskollinen Sanalle. Hänen palvelustehtävänsä tapahtui Hengen voimassa tuoden siten esiin puhutun ja kirjoitetun Sanan. Se oli Jumalan hänelle antama tehtävä, joka tuotti näkyvää hedelmää. Muiden seurakuntien sanansaattajien olisi hyvä pyrkiä olemaan apostoli Paavalin seuraajia (vrt. 1Kor. 4:15-16)

Apostolinen aikakausi ei ole ohi. Lupaus voimasta on, kunnes Jumala lakkaa kutsumasta (Ap.t. 1-28), Ap.t. 2:38-39, <Niin Pietari {sanoi} heille: 'Kääntykää ja ottakoon kukin teistä kasteen Jeesuksen Kristuksen nimeen syntienne anteeksisaamiseksi, niin te saatte Pyhän Hengen lahjan. 39. Sillä teille ja teidän lapsillenne tämä lupaus on {annettu} ja kaikille, jotka kaukana ovat, ketkä ikinä Herra, meidän Jumalamme, kutsuu'.>

¤

¤ Sana opettaa, että jo ensimmäisissä seurakunnissa tuli väärä henki (1Joh. 2:18-19). Ja että lopunajan seurakunnassa tulee olemaan totuuden täydellinen pimentyminen (1b§1-3, Ilm. 3:14-22).

¤ Perusvirhe, tai virheet, jotka hiipivät ensimmäiseen seurakuntaan ja jotka on ilmoitettu Apostolien tekojen kirjassa, Ilmestyskirjassa sekä kirjeissä, tulevat yhä näkyvämmiksi peräkkäisissä seurakuntajaksoissa.

Mutta kirjoitukset sanovat selvästi, että valittuja ei voida eksyttää, Mat. 24:24, <Sillä on nouseva vääriä kristuksia ja vääriä profeet-toja ja he tekevät suuria (tunnus)merkkejä ja ihmeitä, niin että he eksyttävät, jos mahdollista, valitutkin.>

¤

¤ Mitä sitten? Väärä seurakunta koettaa aina anastaa oikean seurakunnan paikan ja väittää, että se eivätkä valitut, ovat oikeita ja aitoja. Väärä koettaa tuhoaa oikean (esim. 3Joh. 1:10).

Samanaikaisesti, loppuun saakka oikea Seurakunta on olemassa. Jumala ei hylkää omiaan tai anna heidän langeta täydellisen eksytyksen valtaan (Ilm. 3:21-22, 1c§1-3).

Lopunajan Seurakuntajakso

Shalom,
^ Jumala on ennustanut tulevaisuuden. Näin se tulee tapahtumaan. Uskovien on vain oltava jatkuvasti hereillä ja mm. tutkia Jumalan Sana. Siten pystymme olemaan sopusoinnussa, emmekä vastusta, mikä jatkuvasti etenee ympärillämme.
Rukous heiltä, jotka ahkeroivat pelolla ja vavistuksella oman pelastuksensa hyväksi (Filip. 2:12), Bert

¤ Seurakuntien aikakautena on ollut kaksi tapahtumaketjua. Efesoksen seurakunnan herätysjakson jälkeen seurasi kolme muuta yhä heikompaa herätysjaksoa, jolloin tieto Jumalan Sanasta ja tietoisuus terveestä kristillisestä elämästä vähenivät koko ajan. Pimeys muuttui yhä synkemmäksi. Lopussa oli kirjaimellisesti pitkä pimeä aika (1b§1-3, Ilm. 2:5).

Sen jälkeen alkoi toinen kehitysketju uskonpuhdistuksesta. Lutherin johdolla uskovat yhdistyivät ja vahvistuivat. Monia Rooman Kirkon outoja opetuksia paljastettiin. Tässä Sardeksen seurakuntajaksossa Protestantit yhdistyivät roomalaiskatolisia valtarakenteita vastaan. Seuraavaksi Filadelfian seurakuntajaksossa englannin-kielisessä maailmassa mahtavaa evankeliointia tapahtui ja puhdas ja nöyrä kristillinen elämän tapa kehittyi.

¤ Lopunajassa, Laodikean seurakuntajaksossa, suuressa mittakaavassa hengellisiä lahjoja löydettiin takaisiin ja oli paljon evankelioimista kaduilla ja sitkeitä rukouskokouksia. Mutta vähitellen hengellinen elämä Jumalan täydellisen Tahdon mukaan muuttui Jumalan salliman Tahdon mukaiseksi.

Nykyään lähes jokainen seurakunta uskoo, että heillä on ainoa (tai melkein) tosi ja oikea opetus, usko ja elämäntapa. He/me olemme niin sokeita, että he/me emme edes tajua olevansa sokeita (Ilm. 3:17).

¤ Elämme hyvin lähellä Herran Jeesuksen Tulemusta pilvissä. Monet ja syvät totuudet on löydetty uudelleen. Mutta niistä ei ole hyötyä, jos Elämänantaja ei ole enää mukana (1b/1c§1-3, =), Ilm. 3:20, <".... Katso. Minä seison ovella ja kolkutan. Jos joku kuulee minun ääneni ja avaa oven, minä tulen sisälle hänen luokseen ja aterioin hänen kanssaan ja hän minun kanssani. ....">

Tästä jakeesta on paljon hämmennystä, koska niin monet käyttävät sitä henkilökohtaisessa evankelioimisessa. Jeesus olisi kolkuttamassa jokaisen syntisen sydämen ovea sisäänpääsyä varten. Siten voitaisiin sanoa, että jos syntinen avaa oven, Herra tulisi sisään. Mutta tämä jae ei puhu yksittäisille syntisille. Tässä koko sanomassa on yhteenveto kaikille tuon seurakuntajakson seurakunnille, Ilm. 3:22, <".... Jolla on korva, se kuulkoon, mitä Henki sanoo seurakunnille.">

¤ Tämä on sanoma viimeisen jakson seurakuntien uskoville. Tämä on Laodikean seurakunnan tila, kun sen loppu lähestyy.

Henki kertoo meille, missä Jeesus on. Kristus on jättänyt seurakunnan. Se on looginen tulos tai loppu. Jumalan Sana on pantu syrjään uskonkappaleiden tieltä, Pyhä Henki syrjäytetty paavien, piispojen, presidenttien, puheenjohtajien yms. tieltä, ja Vapahtaja asetettu syrjään työohjelmien, kirkkoon (seurakuntaan) liittymisen tai jonkinlaisen kirkkojärjestelmän hyväksymisen tieltä. Tämä on luopuminen! Tämä on poislankeaminen! Tämä on avoin ovi antikristukselle!

¤

¤ Laodikean seurakunnan jakso on sadonkorjuun aika (Ilm. 14:14-20), Ilm. 14:15b, <"Lähetä sirppisi ja leikkaa, sillä leikkuutunti on tullut ja maan sato on kypsynyt.">
Niiden, jotka saattavat vehnän ja rikkaviljaa kypsymään, on tultava esiin. Rikkavilja kypsyy hyvin nopeasti turmeltuneiden opettajiensa alaisuudessa, jotka kääntävät ihmiset pois Sanasta (Mat. 13:24-30 ja 37-43).
¤ Vehnän on myös kypsyttävä. Sitä varten Jumala on lähettävä profeetta-sanansaattajan, jolla on Pyhän Hengen vahvistama palvelustehtävä, jotta valitut voisivat ottaa hänet vastaan. Hän kääntää juutalaisen kansan isien ja esi-isien sydämet Jeesuksen ja Hänen alkuapostoliensa puoleen sekä Kristittyjen lasten sukupolvien sydämet Jeesuksen ja Hänen alkuapostoliensa puoleen (Mal. 4:6, 1d§1-3).
Todellinen seurakunta olisi jälleen se morsian, joka se oli helluntaipäivänä. Siksi dynaamisen voimankin on palattava seurakuntaan, kuten monissa paikoissa uskovat aistivat hengessään. He ovat huutaneet Jumalalta samanlaista vuodatusta kuin oli ensimmäisellä vuosisadalla, ja monet ovat alkaneet puhua kielillä ja ilmituoda Hengen lahjoja.
¤ Samanaikaisesti antikristuksen henki on monissa tämän viimeisen päivän väärissä kristuksissa/voidelluissa (5a§6(8)10, Mat. 24:24).
Jumala olisi voidellut heidät tätä viimeistä päivää varten. Mutta Jumalan Sana sanoo, että he ovat vääriä kristuksia (voideltuja). He väittävät olevansa profeettoja, mutta he eivät ole yhtä (yksi) Sanan kanssa. He ovat lisänneet siihen tai ottaneet jotakin pois (Mat. 7:15-23; Ilm. 22:18-19).
¤ Nyt me voimme nähdä, miksi oli kaksi viinipuuta. Nyt voimme nähdä, miksi Aabrahamilla oli kaksi poikaa; toinen lihan mukaan (joka vainosi Iisakia) ja toinen lupauksen mukaan (Gal. 4:22-31).
Jumalan valitut, olkaa varuillanne! Tutkistelkaa tarkkaan! Olkaa varovaiset! Ahkeroikaa pelolla ja vavistuksella pelastukseksenne! Luottakaa Jumalaan ja olkaa vahvat Hänen Voimassansa!

Profeetallinen Tausta

Shalom,
^ Raamattu on Jumalan erehtymätön Sana. Sekä Jumala on meitä ihmisiä viisaampi.
Joku voi uskoa, että paras tapa uskomaan Jumalaan ja hänen Sanaan, on se usko, että ilman selityksiä pitäisi elää. Automaattisesti nähdään ajan myötä, mitä kaikki tarkoittaa. Sitä vastoin puhuu Jumalan ilmoitus, että Hän ilmoittaa salaisuutta ja tulevaisuutta hänen profeetoilleen, Aamos 3:1-15, <"Kuulkaa tämä sana, jonka HERRA on puhunut teitä vastaan …. 2. Ainoastaan teidät minä olen valinnut kaikista maailman sukukunnista. Sen vuoksi minä vaadin teidät tilille kaikista pahoista teoistanne. …. …. …. 7. Sillä Herra, HERRA ei tee mitään ilmoittamatta salaisuutta palvelijoilleen profeetoille. …. …. …. 15. Ja minä lyön hajalle talviasunnot ja kesäasunnot, ja norsunluutalot luhistuvat, ja talojen paljoudesta tulee loppu, sanoo HERRA.">
Rukous heiltä, jotka pitävät huolta Herran Jeesuksen palvelusväestään, nytkin {Mat. 24:45-46(-51)}, Bert

¤ Minullakin on omia selityksiäni. Mutta en ole loppuajan profeetta, joten en halua lukita omia ajatuksiani. Yritän olla valmis kuuntelemaan muiden uskovien ajatuksia. Ilmestyskirjassa luetaan, että Jumalan salaisuus saisi täyttymyksensä seitsemännen sanansaattajan/enkelin aikana, Ilm. 10:7, <…. Vaan seitsemännen sanansaattajan/enkelin äänen päivinä, jolloin hän alkaa puhaltaa pasuunaan, Jumalan salaisuus myös käy täytäntöön, sen hyvän sanoman mukaan, {jonka hän on} ilmoittanut palvelijoilleen profeetoille.>
Kuka olisi tämä sanansaattaja/enkeli? Voisiko hän olla lopunaikamme profeetta (vrt. 1d§1-3)?
¤ Hän olisi maan päällä oleva sanansaattaja. Niin kuin vähän aikaisemmin nähdään enkeli, joka tuli alas taivaasta ja laski oikean jalkansa meren päälle ja vasemman maan päälle (Ilm. 10:1-2).
Maan päälläkin tämä sanansaattaja puhaltaa pasuunaan.
¤ Taivaassa on myös pasuunanenkeleitä. Mutta hän ei voi olla yksi heistä, sillä Taivaassa he saivat pasuunat (Ilm. 8:2).
Jos hän on yksi heistä, hänen olisi ensiksi pitänyt kuolla. Se olisi mahdoton yhdistelmä.
¤
¤ Mistä asioista pasuunaan puhaltaminen maan päällä voisi kertoa? Paavalilta löytyy hyvä vastaus, 1Kor. 14:8-9, <Niinikään jos pasuuna antaa epäselvän äänen, kuka silloin valmistautuu taisteluun? 9. Samoin tekin: ellette puhu selvää puhetta, kuinka voidaan sellainen puhe ymmärtää? Tehän puhutte tuuleen.>

Vanhan Testamentin aikana pasuuna käytettiin esimerkiksi Jumalan kansan koollekutsumiselle, tai leirien liikkeelle panemiselle. Oli sekä hälytyssoitto että tavallinen soitto. Myös se olisi voinut saada Jumalan liikkeelle. Oli päämiesten koollekutsumissoittokin (4Ms. 10:1-10).

¤ Se tarkoittaa, että kyseinen sanansaattaja kutsuu uskonveljiään hengelliseen sodankäyntiin.

Sen lisäksi häntä kutsuttiin seitsemänneksi sanansaattajaksi/enkeliksi. Tällä tavalla hän voisi olla seitsemännen seurakunnan sanansaattaja (Ilm. 3:14).

¤

¤ Aikaisemmin käsiteltiin, että Ilmestyskirjan 7 seurakuntaa olisivat 7 herätystä (vrt. 1a§1-3).

Ja niiden 7 sanansaattajaa/enkeliä olisivat jokaisen ajanjakson tähtisanansaattajat (1b§1-3, Ilm. 1:20).

¤ Apostoli Paavali olisi ollut ensimmäisen, Efesoksen, seurakuntajakson tähtisanansaattaja. Jne.

Laodikean seurakunnan sanansaattaja edustaisi lopunajamme herätyksen tähtisanansaattajaa.

¤ Tiedetään myös, että lopunajamme profeetta Elia on profeetta maan päällä.

Hän ilmestyy ennen suurta ja pelottavaa HERRAN Päivää (1d§1-3, Mal. 4:1-6).

¤

¤ Ilmestyskirjan seitsemäs seurakunta, Laodikea, edustaisi seurakuntien viimeistä herätystä ja ajanjaksoa. Sen jälkeen alkaa Suuremman ahdistuksen ajan kauheuksia. Joka tapauksessa, ennen tätä aikaa kaikki Morsiamen Seurakunnan uskovat otettaisiin ylös Taivaaseen (3c§12, Ilm. 19:9).

Toisin sanoen, samaan seurakuntien lopunaikaan nämä johtavat ja merkittävät sanansaattajat eläisivät. Siten he voisivat olla yksi ja sama Jumalan mies. Löytyykö muita yhteisiä piirteitä ja vahvistuksia?

¤ Laodikean seurakuntajakson seurakuntien ulkopuolelta sen sanansaattaja pitäisi mahdollisesti etsiä ja löytää. Aivan kuten Johannes Kastaja, voideltu Elian hengellä, kaksituhatta vuotta sitten. Häntä ei löydetty Jerusalemin kaupungista, tai sen temppelistä, tai jostakin synagogasta, vaan Juudean erämaasta (Mat. 3:1).

Ja huomaa, edes Jeesuksen opetuslapset eivät olleet tunteneet häntä (Mat. 17:9-13)!

¤ Hän oli kolmas Elia-hengen profeetta profeetta Elisan jälkeen (2Kun. 2:9-12).

Ensimmäinen oli ollut yksin kyennyt vastustamaan Jumalan kansan johtajia (esim. 1Kun. 18:16-46)!

¤ Sama haaste aikamme Elian tunnistamisessa, neljäs Elia-hengen profeetta, olisi nyt. Kuka työskentelee tai työskenteli samalla tavalla? Ja onko/oliko tämä henkilö todella tavannut Herran Jeesuksen, kun 'Jumalan salaisuus myös käy täytäntöön' (kts. ylhäällä)?

Näiden kysymysten kanssa käsitellään seuraavat neljä kertaa.

(Ja viides Elia-hengen profeetta olisi toinen kahdesta todistajasta {Ilm. 11:(5-)6 (7a§67₁14)}).

Taustat Ilmestyskirjassa

Shalom,
^ Seurakuntajaksoista lähtevät Sinetit, Sineteistä Pasuunat, ja Pasuunoista Kulhot. Toinen luo valoa toisellensa.

Lopuksi koko Ilmestys avautuu laajakulmalliseksi ihmettelevien silmiemme eteen. Ja me, ylennetyiksi ja puhdistetuiksi tulleita, valmistetaan Hengen kautta Hänen kunniakkaalle ilmestymiselle, niin Herramme ja Pelastajamme, ainoa Yksi Tosi Jumala, Jeesus Kristus (Ilm. 1:1aa).

Jeesuksen Kristuksen palvelijoiden/orjien rukous (Ilm. 1:1ab), Bert:
Semmoista pitää omaksua niin kuin apostoli Johanneksen piti tehdä:

¤ Ilmestyskirjan luvut 1.-3. ovat Seitsemän Seurakuntien luvut.
Sen jälkeen avautuu Taivas 4.-5. luvuissa. Nähdään se ajankohta että Seitsemällä Sinetillä Suljettu Kirjakäärö siirtyi Karitsalle, Herralle Jeesukselle Kristukselle, avatakseen Sinetit.
¤ Sen jälkeen vain kuudesta ensimmäisestä sinetistä nähdään symbolit (Ilm. 6).
¤
¤ Seuraavaksi on kerrottu 144000 Israelilaisen sinetöimisestä (3f§12, Ilm. 7:1-8).
Se päättyy, kun Morsiamen Seurakunta otetaan ylös ja Suuremman ahdistuksen aika alkaa. Siten nähdään temmattujen pyhien vastaanotto Jumalan Valtaistuimen edessä (3f§12, Ilm. 7:9-17).
¤ Seuraavassa luvussa Karitsa avasi Ilmestyskirjan 5. luvussa nähdyn Kirjakäärön Viimeisen Sinetin, Ilm. 8:1, <Ja kun Se avasi seitsemännen sinetin, taivaassa tuli hiljaisuus, {jota kesti} noin puoli tuntia.>
Puolisen tunnin hiljaisuus on salainen ajanjakso, jolloin Taivaassa ei kuka puhuu. Hyvin erikoinen tapahtuma, koska Taivaassa hiljaisuus ei ole normaalia (vrt. Ilm. 4:8).
¤ Samalla tavalla Herran Jeesuksen Tulemuksen päivästä yläilmoissa ei mitään ole ilmoitettu. Jopa Jeesus Itse ei tiennyt, koska se tapahtuisi (Mat. 24:36-44; 0c_TiivSel, 1Tes. 4:15b).
Myöhemmin apostoli Paavali kertoi, että Morsiamen uskovien katoamattomiksi muuttuminen on salaisuus, mitä tapahtuu viimeisen, siis seitsemännen, pasuunan soidessa (1Kor. 15:51-52; Ilm. 11:15-19).
¤ Samoin löytyy ensiksi vain kuuden ensimmäisen pasuunan symbolit (Ilm. 8:2-9:21).
¤
¤ Ilmestyskirjan alussa nähtiin Jeesus Kristus maan päällä, kun Hän tapasi apostoli Johanneksen (Ilm. 1:9-20).
Taivaassa Hän oli ollut hänen Taivaaseen nousemisensa jälkeen. Ja tämän Ilmestymisen jälkeen Hän oli taas Taivaassa.

¤ Sitten 10. luvussa ilmoitetaan samanlainen Ilmestyminen (Ilm. 10:1-6a), Ilm. 10:1-2, <Ja minä näin erään toisen, väkevän enkelin/sanansaattajan tulevan alas taivaasta; pilveen verhoutuneena, ja sateenkaari hänen päänsä päällä, ja hänen kasvonsa kuin aurinko, ja hänen jalkansa kuin tulipatsaat, 2. ja hänellä oli kä-dessään pieni avattu kirjakäärö/kirja. Ja hän laski oikean jalkansa meren päälle ja vasemman maan päälle.> Herra Jeesus kuvataan monta kertaa pilvien kanssa (esim. Ilm. 1:7).

¤ Sateenkaarikin löytyy Jumalan Valtaistuimelta, missä Herra Jeesus istuu (Ilm. 3:21 ja 4:3).
Jeesuksen jalkansa ovat kuin sulatusuunissa hehkuva vaski ja kasvonsa ovat kuin aurinko (Ilm. 1:15-16).

¤ Kyseinen enkeli/sanansaattaja on taas Herra Jeesus Kristus. Hän oli ollut Ainoa, Joka oli ollut Arvollinen saamaan Jumalan Käsissään olevan Kirjakäärön ja avaamaan Sen (Ilm. 5).
Seitsemästi sinetöity Kirjakäärö on lupaus jokaiselle ihmiselle ja koko luonnolle Jumalan Pelastus-suunnitelmaan, Lunastuksen Suunnitelmaan, Lunastuksen Salaisuuteen (vrt. Ilm. 5:9-10).

¤ Hän vannoi Hänen kautta, joka elää aina ja iankaikkisesti ja on luonut kaikkea. Hän, Jeesus, vannoi Hänen, Isän Jumalan, kautta, niin kuin Isä Jumala ja Jeesus Kristus ovat sama Jumala (Ilm. 10:6b).
Esimerkiksi samalla tavalla on puhuttu Jumalasta Raamatun alussa (1Ms. 1:1).

¤ Seitsemännen seurakunnan sanansaattaja voisi olla maan päällä kyseisen Enkelin ilmestymisen aikana (vrt. 5c§6(8)10, Ilm. 10:7).
Tämän sanansaattajan tulee olla profeetta, joka jopa tietäisi etukäteen näkevänsä Jeesuksen Kristuksen. Kuten Johannes Kastaja oli tiennyt sen, kaksituhatta vuotta sitten (Joh. 1:33-34).

¤ Siten ennen Tempausta aikamme Elia tapaisi Herran Jeesuksen Kristuksen!
¤
¤ Seitsemästi sinetöity Kirjakäärö olisi jokaisen ihmisen tärkein juttu tässä maailmassa. Samoin apostoli Johanneksen piti se omaksua (Ilm. 10:8-11), Ilm. 10:9b, <"Ota ja syö se, ja se karvastelee vatsassasi, mutta suussasi se on makeaa kuin hunaja.">
Kun elät ristiinnaulitun Kristuksen, sinun Lunastajan, evankeliumin mukaan, se on vaikeaa sulattaa. Vatsasi karvastelee. Kaikki on sinua vastaan. Sinut kutsutaan hulluksi ja erakoksi. Kun taistelu on käynnissä, se on kovaa. Mutta kun tämä on ohi ja Jumalan kirkkaudesta todistat, huulien välillä se on makeaa.

¤ Suussasi se on makeaa kuin hunaja. Sinun nimi maksettiin teurastetun Karitsan Verellä (Ilm. 13:8)!

Seitsemän Taivaan Enkeliä (1): Johdanto

Shalom,
^ Seuraava saarna kuuluu sinettien avaamisen prosessiin.
Kirjoitan hänestä, joka on kertonut yli tuhannessa nauhoitetussa saarnassa, miten hänen koko elämänsä valmistettiin niiden sinettien avaamiseen: William Marrion Branham (1909-1965).
^ Vuodesta 1946 lähtien hän järjesti suuria kampanjoita kaikkialla Yhdysvalloissa. Myöhemmin hän myös kampanjoi ympäri maailmaa. V.1950 hän oli Helsingissä ja Kuopiossa.
^ Jumala oli antanut hänelle erikoislahjat, millä hän oli pystynyt paremmin rukoilemaan sairaiden puolesta ja nähdä ihmisen sydämen ajatukset. Myöhemmin Pyhä Henki vertasi ensimmäistä lahjaa pieniin lintuihin tai ensimmäiseen nykäisyyn ja toista lahjaa isompiin lintuihin, tai toiseen nykäisyyn. Tässä meille kerrotaan kolmannesta nykäisystä.
Kaikki käsitellään nyt ja seuraavalla kahdella kerralla.
Pienten lasten rukouksella (Mat. 11:25), Bert

¤ Koko elämänsä veli Branham oli asunut Kentucky osavaltiossa Yhdysvalloissa. Siellä Jeffersonville kaupungissa oli ollut hänen seurakunta ja kirkko. Vuonna 1947 lähtien osa hänen saarnoistaan nauhoitettiin. Napsauta saarnan vuotta [year] ja napsauta sitten kaiutinta (ja toistopainiketta) kuunnellaksesi sen englanniksi,
https://branham.org/en/MessageAudio
Tai englantilaisina kirjoitettuna teksteinä. Napsauta kirjan merkki nähdäksesi saarnojen listaa,
https://table.branham.org/#/en/main
¤ Joulukuussa 1962 hän oli ymmärtänyt, että hänen piti muuttaa Arizonan osavaltioon, mitä hän perheineen teki tammikuussa 1963. Siitä hän kertoi saarnassa 'Is This The Sign Of The End, Sir? (62-1230E)' [Miehet, Onko Tämä Lopun Merkki?].
Muutamat kohdat olen alhaalla maininnut. Suomalaisena tekstinä se löytyy linkistä,
https://branhaminsaarnoja.fi/index.php/1962/12/30/62-1230e/
¤
#200 Ja tuossa näyssä minä olin Tucsonissa, Arizonassa, tuossa näyssä, sillä niin oli tarkoituksella, etten voisi olla näkemättä missä olin. Minä olin nyppimässä itsestäni erämaasta tulleita hiekkatakiaisia. Minä sanoin: "Tiedän, että tämä on näky, ja tiedän, että olen Tucsonissa. Ja minä tiedän, että nuo pienet linnut esittävät jotakin." Ja ne katselivat itään päin. Yhtäkkiä ne saivat mieleensä lähteä lentoon ja ne menivät pois itää kohden.

#201 Niin pian kuin ne lähtivät, tuli muodostelma suurempia lintuja. Ne näyttivät kuin kyyhkysiltä suippoine siipineen ja olivat jotenkin harmaan värisiä, hieman vaaleamman värisiä kuin nämä ensimmäiset pienet sanansaattajat olivat olleet. Ja ne tulivat nopeasti itää kohden.

#202 Heti niiden kadottua näköpiiristäni, käännyin jälleen katsomaan länteen päin, ja siinä se tapahtui. Tapahtui räjähdys, joka käytännössä ravisteli koko maata!

#203 Älkää nyt kadottako tätä! Ja te ääninauhoilla, olkaa varmoja, että te ymmärrätte tämän oikein!

#204 Ensimmäiseksi, räjähdys! Ajattelin sen kuulostavan kuin äänivallilta tai miksi tahansa sitä kutsutaankin, kun lentokone ylittää äänen nopeuden, ja ääni tulee takaisin maahan. Se vapisutti kaikkea, kuin olisi jylissyt. Sitten se on voinut olla kuin suuri ukkosenjyrähdys ja salaman kaltainen. En nähnyt salamaa. Kuulin vain tuon suuren räjähdyksen, joka kuulosti siltä kuin se olisi ollut etelään minusta, Meksikon suunnalla.

#205 Mutta se ravisteli maata, ja kun se teki niin, minä yhä katselin länttä kohden kauaksi iankaikkisuuteen. Näin jotakin tulevan muodostelmana. Näytti siltä kuin ne olisivat olleet pieniä pisteitä. Niitä ei voinut olla vähem-pää kuin viisi eikä enempää kuin seitsemän. Mutta ne olivat pyramidin muodossa ja tulivat samalla tavoin kuin nämä sanansaattajatkin. Ja kun niin tapahtui, Kaikkivaltiaan Jumalan voima nosti minut ylös kohtaamaan niitä.

#206 Voin nähdä Sen. Se ei ole jättänyt minua. Kahdeksan päivää on mennyt, enkä vieläkään voi unohtaa sitä. Koskaan ei ole mikään vaivannut minua niin kuin tämä. Minun perheeni voi kertoa sen teille.

#207 Saatoin nähdä noiden enkeleiden, noiden, joilla oli taaksepäin kapenevat siivet, kulkevan ääntä nopeammin. Ne tulivat Iankaikkisuudesta sekunnin murto-osassa, kuin silmänräpäyksessä. Ei ollut tarpeeksi aikaa edes räpäyttää silmää, vain vilaus ja ne olivat siellä. Minulla ei ollut aikaa laskea niitä. Minulla ei ollut aikaa. En ehtinyt kuin katsoa. Mahtavia, suuria, voimakkaita enkeleitä, lumivalkoisia! Siivet supussa ja ne pitivät ääntä: "Whew, whew." Ja kun se tapahtui, minut temmattiin ylös tähän pyramidimuodostelmaan.

¤

#210 Sitten käännyin jälleen ja ajattelin: "Herra Jumala, mitä tämä näky merkitsee?" Minä ihmettelin.

#211 Ja sitten se tuli minulle (se ei ollut mikään ääni), se vain tuli minulle. "Oi! Ne ovat Herran Enkeleitä, jotka tulevat antamaan minulle uuden tehtävän!" Ja ajatellessani sitä kohotin ylös käteni ja sanoin: "Oi Herra Jeesus, mitä Sinä tahdot minun tekevän?" Ja näky jätti minut. Melkein tuntiin en voinut tuntea mitään.

5f§6(8)10

Seitsemän Taivaanenkeliä (2): Seitsemäs Sinetti

Shalom,
^ Jumalalla on Hänen Oma Tapa ja paikka paljastaa asioita. Uskon kautta Abraham oli valmis lähtemään vieraaseen maahan ja elämään teltassa muukalaisena (Hep. 11:8-10).
Rukous heiltä, jotka uskovat, että Herra Jeesus on ainoa Tie Isän luo (Joh. 14:6, Ilm. 3:20), Bert

¤ 040163 William Branham ja hänen perhe muuttivat Tucsonin kaupunkiin, Arizonassa, Yhdysvaltain lännen puolella. Ja kahden kuukauden myöhemmin hän piipahti hänen kotiseurakunnassa, Jeffersonvillessä, Yhdysvaltain idän puolella. Sekä oli ilmoitettu, että alettaisiin puhua 7 sinetistä.

'Seitsemäs Sinetti'-saarnassa, 63-0324E, hän selitti mitä oli tapahtunut Tucsonin lähellä: 7Sinetti#266 Muistatteko tuota näkyä noiden enkelien muodostelmasta, kun lähdin täältä mennäkseni Arizonaan? [Seurakunta sanoo: "Aamen."] Muistatteko, "Mikä Aika Se On, Miehet?" (Nauha/viesti/saarna 62-1230E kuten edellisellä sivulla mainittiin.) [Srk: "Aamen."] Muistatteko sitä? Huomatkaa, siellä oli vain yksi suuri ukkosen räjähdys, ja seitsemän enkeliä ilmestyivät. Onko se oikein? Yksi ukkosen räjähdys, seitsemän enkeliä ilmestyi, [Ilm. 6:1,] <Ja minä näin, kun Karitsa avasi yhden niistä seitsemästä sinetistä, ja kuulin kuin ukkosenjyrinän äänellä yhden neljästä olennosta sanovan: "Tule {ja näe} !">

#267 Huomatkaa, yksi ukkosenjyrähdys, seitsemän sanomaa, jotka ovat olleet sinetöidyt, ja joita ei voida pal-jas-taa ennen kuin viimeisenä päivänä, tässä ajanjaksossa. Näettekö mitä tarkoitan? [Srk: "Aamen."]

#268 No niin, oletteko panneet merkille tämän viikon salaperäistä osaa? Sitä se on. Sitä se on ollut. Se ei ole ollut inhimillinen olento, joku mies; se on ollut Herran enkelit. Huomatkaa.

#269 Täällä istuu kolme todistajaa, kuinka viikko sitten, vähän enemmän kuin viikko sitten, minä olin kaukana ylhäällä vuorilla, lähellä Meksikoa, kahden veljen kanssa, jotka istuvat täällä, nyppien takiaisia pois housunlahkeestani, ja tapahtui räjähdys, joka melkein, näytti siltä kuin se olisi ravistellut vuoret alas. Se on totta. En koskaan kertonut asiaa veljilleni, mutta he huomasivat eron.

#270 Ja Hän sanoi minulle: "Nyt, ole valmis. Mene itään." Tässä on tuon näyn tulkinta. Näettekö? Nyt, antaakseni teidän tietää, veli Sothmann ei saanut sitä riistaa, jonka perässä hän oli. Me yritimme saada sitä hänelle. Ja Hän sanoi: "Nyt tänä iltana, merkiksi sinulle, hän ei tule tekemään sitä. Sinun täytyy vihkiä itsesi tällä hetkellä näiden enkelien vierailua varten." Tunsin olevani poissa tolaltani, tehän muistatte.

#271 Ja minä olin lännessä. Enkelit olivat tulossa itään. Ja kun ne tulivat kohdalle, minut nostettiin ylös niiden kanssa, muistatteko te sitä?, tullen itään. [Srk: "Aamen."]

#272 Ja veli Fred, täällä tänä iltana, on todistaja, ja veli Norman.

¤

¤ Sekä veli Branham kertoi, miksi kaikki Taivaassa oli hiljaa. Tai paremmin sanottuna hän puhui, mitä hän sai sanoa (vrt. Ilm. 8:1).

#299 .... "Tämä tulee olemaan kolmas nykäisy, ja sinä et tule kertomaan sitä kenellekään!"

Ja Sabino Kanjonissa, Hän sanoi: "Tämä on kolmas nykäisy."

#300 Ja siellä on kolme suurta asiaa, jotka kuuluvat siihen, ja yksi avautui tänään... tai eilen, toinen avautui tänään, ja on yksi asia, jota en osaa tulkita, koska se on tuntemattomalla kielellä. Mutta seisoin siellä ja katsoin suoraan sitä. Ja tämä on tulossa oleva kolmas nykäisy. [Veli Branham koputtaa saarnastuolia kolme kertaa.] Ja Jumalan Pyhä Henki... Oi! Siksi koko Taivas oli hiljaa!"

¤

#402 Koska ennen kuin me edes menimme siihen, ja minä lähdin mennäkseni länteen, Herra näytti minulle näyn yhtenä päivänä noin kello kymmeneltä aamulla, ja minä tulin ja selitin täällä, että olin nähnyt sen, enkä tien-nyt mitä se oli. Se oli seitsemän enkelin muodostelma. Me muistamme sen. Te saatte sen ääninauhalta Mikä aika se on, miehet? No niin, se on tarkalleen se, mitä te olette nähneet nyt. Nuo seitsemän enkeliä... Minä olin lännessä.

#403 Te muistatte nuo pienen pienet sanansaattajat; ne menivät itään. Toiset sanansaattajat, kyyhkyset, hieman suuremmat linnut, ne menivät itään. Ja nyt, minä katsoin... Ne olivat kanssani koko ajan. Se oli tuo ensimmäinen ja toinen nykäisy.

#404 Nyt tuo kolmas tuli lännestä, pyyhkäisten eteenpäin hirvittävällä nopeudella, ja ne nostivat minut ylös maasta. Se oli tuleminen takaisin itään näiden seitsemän sinetin salaisuuksien kanssa, niin kuin Junior Jacksonin unessa sanottiin, jonka Herra salli minun tulkita hänelle siellä. Tuon pyramidin sisäpuolella, siellä oli valkoista kiveä, johon ei oltu kirjoitettu. Siksi minun täytyi mennä länteen yhdistymään näiden enkelien sanoman kanssa tulemaan takaisin tänne paljastamaan sen seurakunnalle. Te muistatte minun sanoneen: "Seuraava asia, joka tulee tapahtumaan, tulee olemaan täällä seurakunnassa." Se oli tarkalleen niin.

#405 Toinen asia, jonka haluan teidän huomaavan, mitä tapahtui. Ja jos te kuuntelette ääninauhaa Mikä aika se on, miehet?, tulette huomaamaan, että tuo yksi Enkeli oli hyvin huomattava minulle. Loput niistä näyttivät vain tavallisilta; mutta tämä enkeli oli huomattava enkeli. Hän oli vasemmalla puolellani tuossa pyramidin muotoisessa muodostelmassa.

Seitsemän Taivaanenkeliä (3): Mahdoton Räjähdys, Pilvi, Jne.

Shalom,

^ William Marrion Branham olisi yksi ehdokkaista olemaan Jumalan lähettämä Elia-profeetta seurakuntien lopunajassa. Hän rakasti olla erämaassa kuten monet Vanhan Testamentin profeetat. Äitinsä puolella hänellä oli intiaanin tausta. Pienenä lapsena hän oppi ansaitsemaan rahaa pyydystämällä eläimiä, koska hänen perhe oli köyhemmistä köyhin. Nuorena aviomiehenä työnsä vuoksi hän vietti paljon aikaa metsässä. Ja hän on aina ollut metsästäjä.

Toisaalta monien seurakuntien ja hengellisten ryhmien johtajilla on valmiita tuomionsa. Esimerkiksi että Branham eksyi hänen elämänsä lopussa ja että hänen ei koskaan ollut tarkoitus tulla opettajaksi.

^ Internetin avulla voidaan löytää sekä ankaria hyökkäyksiä hänen sanojaan vastaan että uskomattomia parannusihmeitä hänen palvelustehtävässään. Vaikka kaikki tapahtui 1965 mennessä, jolloin veli Branham kuoli, kun ei vielä ollut Internetiä. Siksi vähitellen henkilökohtaisia todistuksia katoaa, koska joka vuosi on maksettava Internetin sivujen yläpitämisestä. Eikä Google johda helposti sellaisille sivuille.

^ Vuorollani minun on pakko sanoa, että vain Branhamin opetustensa/saarnojensa kautta opin Sinettien sisällöt ja koko Ilmestyskirjan selitykset. Parempaa selitystä ei löydy. Vai olisin kiinnostunut kuulemaan siitä.

Rukous heiltä, jotka ajattelevat kohtuullisesti (Rm. 12:3), Bert

¤ Tammikuussa 1963 veli Branham perheineen oli muuttanut Tucsonin kaupunkiin, Arizonassa.

280263 vähän ennen auringonlaskua viipyi huomiota herättävän kaunis ja salaperäinen pilvi luoteissuunnassa Arizonan yllä. Pilvi oli mahdottoman korkealla paikalla, missä ei voi ilmestyä pilviä puhumattakaan sen erikoismuodosta ja valtavasta koosta.

¤ Kerättiin noin sata valokuvaa ja kaksisataa raporttia pilvestä, johon vBranham myöhemmin on viitannut. Mutta sen ympärillä on ollut paljon epävarmuutta. Alussa kesti lähes kuukausi, ennen kuin siitä uutisoitiin 260363 alueen (Phoenix kaupungin) 'Arizona Republic' sanomalehdessä.

Tuolloin harvoilla ihmisillä oli kameraa, puhumattakaan filmin vaivalloisesta kehittämisestä valokuviksi. Muun muassa siksi se oli kestänyt niin kauan.

¤ Jotain näytettiin vaikka koko maailmalle, tai tarkemmin sanottuna kaikille kiinnostuneille ihmisille. Jumala ja Hänen enkelinsä olisivat valmiita koko ajan. Mutta esimerkiksi javelina-sikojen metsästyskausi 0103-100363 ei ollut alkanut. Siksi vBranhamin tavanomainen metsästys tällä alueella ei ollut vielä mahdollista. Sekä oli pidetty tärkeä kokous 040363 1700 km päässä Tucsonin kaupungista.

Sitten 6.-9. maaliskuuta hän oli kahden hengellisen veljen kanssa Tucsonista koilliseen metsästämässä javelina-sikoja. Yhtäkkiä tapahtui mahdoton valtava räjähdys. Siinä on monia yllättäviä yksityiskohtia, katso esim.,
https://www.williambranhamstorehouse.com/pdf_downloads/a%20high%20cloud%20and%20ring%20of%20mystery.pdf
[tarvittaessa, kopioi/kirjoita koko linkki selaimeesi ja paina "Enter".]
¤ Dokumentin alussa kerrotaan, että Jeesuksella Kristuksella oli enemmän menestystä William Branhamin palveluksen kautta kuin Hänen Oman Palveluksen kautta. Kuitenkin semmoisesta huomautuksesta vBranham oli itse sanonut, että ei voida tehdä suurempia tekoja kuin Jeesus teki (esim. 63-0627, #258, Joh. 14:12).
Pilvestä muun muassa yksi kuva on näytetty ja selitetty, joka oikealle käännettynä näyttää Herran Jeesuksen Kasvot, kuinka taidemaalari Heinrich Hofmann oli maalannut Hänet 33-vuotiaana. VBranham oli aiemmin viitannut tähän maalaukseen. Kaikki on englanniksi, mutta tarvittaessa Google kääntäjän avulla voit saada koko dokumentin käännöksen. Siten voidaan tutustua asioihin, jotka muuten unohdettaisiin tai hylättäisiin mahdottomina tapahtumina.
¤
¤ Kysymyksiä riittää. Kuuluivatko enkelit, jotka hän oli aiemmin nähnyt näyssä ja joista hän oli puhunut, tuohon pilveen? Se jää jokaiselle uskovalle pohdittavaksi (5e ja 5f§6(8)10).
Voihan huomata jumalallisia ihmeitä. Kuka pystyisi rakentamaan etukäteen tällaisen kokonaisuuden monien uskovien ja maailman keskuudessa? Jumalan tapa ilmestyä vBranhamille enkeleinä olisi Ilmestyskirjan raamissa, missä puhutaan paljon enkeleistä. Tällä tavoin Herra Jeesus oli voinut olla yksi seitsemästä enkelistä (5d§6(8)10, Ilm. 10:1-2}.
¤
¤ Matteuksen Evankeliumin 24. luvussa Jeesus Kristus vastasi kolmeen opetuslastensa kysymykseen, joista kaksi viimeistä vastausta koskivat lopunaikaamme {Mat. 24:3 (6h§6(8)10)}.
Lisäksi, kaksi kertaa Hän puhui Ihmisen Pojan tulemisesta ja Sen merkistä Taivaassa, lue Mat. 24:27 ja 30.
¤ Mitä tulee toiseen vastaukseen, kuuluuko pilven kuva metsästystapaukseen (?), ei ole sataprosenttisen varma. Myös siksi, että Jumala ei halunnut tehdä pilvestä julkista asiaa, vBranhamin mukaan. Se tarkoittaa, että jokaisen uskovan joutuu yksin ratkaisemaan tämä mahdollinen yhteys Jeesuksen Tulemuksen hetkeen asti, jolloin yläilmoissa Hän hakee valmiita uskovia Taivaaseen {lue 1c§1-3, Mat. 24:27(-28)}.
Ja mitä tulee kolmanteen vastaukseen, aikakautemme päättymisen merkkiin, kuudennen sinetin loppuun, kuva voisi olla lisävastaus {Mat. 24:30 (7e§67₁14)}.

~ ~ ~

B. Sinetit Selitetty (Ilmestyskirja §6,(8,)10)

6h§6(8)10

Ensimmäinen Sinetti

Shalom,

^ Pyhällä Hengellä on ollut ainakin kaksi päätapaa paljastaa sinettien salaisuudet. Sen huomasin, kun analysoin systemaattisesti monia veli Branhamin saarnoja.

Yleensä uskovat ovat keskittyneet siihen, mitä vBranham oli kertonut sinettien salaisuuksista suoraan. Sillä tavoin puhuttiin sinettien varoituksista koko maailmalle. Se oli kokonaisvaltainen paljastus [= S].

Mutta sineteistä puhumatta, jokaisessa seurakuntajaksossa paikallisiin ryhmiin kuuluville uskoville oli ilmoitettu yksi sinetti kerrallaan uskovien vahvistamiseksi. Se oli läheinen opetuksen paljastus [= s].

Viidennen sinetin alla annan S:n ja s:n paljastuksien yhteenvedon.

Rukous heiltä, jotka tahtovat olla kärsivällisiä Herran 'Tulemukseen' asti (Jk. 5:7-8; 0c_TiivSel), Bert

1-6S: Sinettien taustan ja avausprosessin keskustelemisen jälkeen, esitän tiivistelmiä sinettien salaisuuksien selvityksistä. Kuitenkin se on mahdoton koota sitä muutamaan lauseen. Veli Branhamin jokaisen sinetin saarna kesti yli kaksi tuntea. Kuinka vain, hän sanoi kuudennen sinetin saarnassa, että Herra Jeesus oli puhunut samoista kuuden sinetin merkityksistä, kun Hän vastasi Hänen opetuslastensa lopunajan kysymyksiin (63-0323, 6Seal-saarna, #136 jne.).

Jeesus oli ensiksi puhunut temppelin rakennuksista ja sanonut (Mat. 24:1-2), Mat. 24:2, <…. "….Totisesti minä sanon teille: tähän ei jää kiviä kiven päälle maahan jaottamatta.">

¤ Myöhemmin Hänen opetuslapset kysyivät Häneltä, Mat. 24:3 (=, 8e§89₁156), <"Sano meille, milloin se tapahtuu? Ja mikä {on} sinun tulemuksen ja tämän aikakauden päättymisen (tunnus)merkki?">

Ennen kuin Hän antoi nämä kolme vastausta, Hän antoi kuusi tiivistelmää sinettien merkityksistä (Mat. 24:4-14), joista ensimmäisen sinetin varoitus/merkitys seuraa alhaalla.

¤ Sitten seurasivat Jeesuksen ensimmäinen ja toinen vastaukset {1c§1-3 (Mat. 24:15-21-28)}.

Ja sitten Hänen kolmas vastaus, 'mitä tapahtuu ennen tämän aikakauden päättymistä' (vrt. 7abcde§67₁14).

¤

1S7S: Ensiksi ensimmäisen sinetin symboli, Ilm. 6:1-2, <Ja minä näin, kun Karitsa avasi yhden niistä seitsemästä sinetistä, ja kuulin kuin ukkosen äänellä yhden niistä neljästä

olennosta sanovan: "Tule!" 2. Ja minä näin, ja katso: valkea hevonen; ja sen {selässä} istuvalla oli jousi, ja hänelle annettiin seppele, ja hän lähti voittajana ja voittamaan.>

Karitsa oli ollut ainoa, joka oli ollut arvollinen saamaan ja avaamaan seitsemällä sinetillä suljetun kirjakäärön (Ilm. 5).

¤ Kun Hän oli avannut kaikki sinetit, Hänet nähtiin väkevänä Enkelinä, joka tuli alas taivaasta ja jolla oli kädessään pieni avattu kirjakäärö (5d§6(8)10, Ilm. 10:1-2).

Joka kerta Jumala oli puhunut iankaikkiselta Valtaistuimeltansa ja julistanut jokaisen sinetin sanoman, seitsemän ukkosen jyrähdystä. Mutta kun se asetettiin Johanneksen eteen, ne sinetöitiin ja esitettiin symboleina. Sitä ei voida paljastaa ennen lopun aikaa, kuten Hän sanoi täällä (Ilm. 10:3-7).

¤ Voimakas ukkosen jyrähdys on Jumalan Ääni. Sitä Raamattu sanoo sen olevan. Ihmiset ajattelivat ukkosen jyrisseen, mutta se oli Jumala. Jeesus ymmärsi sen (Joh. 12:27-29).

Kaksituhatta vuotta sitten, kun sinetti oli avattu symbolin muodossa, kuului ukkosen jyrinää. Nyt lopunajassa ukkonen jyrisi heti kun Karitsa mursi sinetin. Ensin se oli Jumala, seuraavaksi symbolina, sitten se paljastettiin, kolme asiaa.

¤

1S: Tämä ratsastaja ja valkea ratsu oli Antikristuksen henki ja voima alkuseurakunnissa! Näin vBranham kertoi, kun Pyhä Henki oli tullut ja paljastanut sitä salaisuutta hänelle.

Samoista väärin voidelluista uskovista Herra Jeesus oli varoittanut, Mat. 24:4-5, <Ja Jeesus vastasi ja sanoi heille: "Varokaa, ettei kukaan eksytä teitä. 5. Sillä monet tulevat minun nimessäni sanoen: 'Minä olen Kristus', ja he eksyttävät monia. ….">

¤ Mutta ennen kuin Panettelijan/perkele oli lähettänyt hänen ensimmäisen palveluseläimen, hevosen, oli Jumala jo lähettänyt Hänenkin ensimmäisen 'olennon' sitä vastaan. Neljä olentoa Karitsan läheisyydellä, neljä voimaa uskovien hyväksi. Ensimmäinen oli leijonan näköinen (Ilm. 4:7).

Jumala oli lähettänyt Hänen Sanan ja Hänen Voiman, Apostolista Opetusta. Näin Jumala vahvisti Parantumisilla, Ihmeillä, Näyillä ja Voimalla alkuseurakuntia.

1S1s: Tässä minun huomautus. Noin vuonna 90 jKr. apostoli Johannes oli varoittanut uskovia samasta asiasta, 1Joh. 2:18-19, <Lapset, nyt on viimeinen tunti. Ja niinkuin te olette kuulleet, että Antikristus on tulossa, niin onkin nyt monta antikristusta ilmaantunut. Siitä me tiedämme, että on viimeinen tunti. 19. Meistä he ovat lähteneet, mutta he eivät kuuluneet meihin. Sillä jos he olisivat {todella} kuuluneet meihin, he olisivat meidän kanssa pysyneet. Mutta pitihän käydä ilmi, etteivät kaikki ole kuuluneet meihin.>

Joten ensimmäisessä seurakuntajaksossa Efesoksen herätyksen aikana tämä salaisuus, yksi ukkosen jylinä, oli ollut tunnettu varoitus tosiuskoville. Ensimmäisen sinetin salaisuuden paljastus toistaa tämän.

Toinen Sinetti

Shalom,
^ Sekä sinettien opetuksella että kokonaisvaltaisilla selityksillä jatketaan.
Rukous heiltä, jotka etsivät Jumalan Tiet ja Ajatukset (vrt. Jes. 55:9), Bert

2S: Ensin, toisen sinetin symboli, Ilm. 6:3-4, <Ja kun Se [Karitsa] avasi toisen sinetin, kuulin toisen olennon sanovan: "Tule!" 4. Ja lähti liikkeelle toinen hevonen, tulipunainen. Ja sen selässä istuvalle annettiin ottaa rauha pois maasta, jotta ihmiset surmaisivat toisiaan; ja hänelle annettiin iso miekka.>

Jälleen puhutaan samasta ratsastajasta, mutta hänen hevosensa on muuttunut. Tämä on taas Saatana! Saatana toisessa muodossa. Tämä hirvittävä pettävä henki ruumiillistui eräässä miehessä. Nyt hän saattoi tappaa kenet tahansa, joka ei ollut samaa mieltä hänen kanssaan. Se on sama ratsastaja/järjestelmä veli Branhamin mukaan!

2s: Toisen seurakuntajakson seurakunnissa oli noussut esiin johtajia, jotka olivat kiinnostuneempia maallisista hallitsijoista kuin Jumalasta, vääriä apostoleja ja profeettoja. Sitä vastaan Pyhä Henki mm. esimerkillisessä toisenjakson herätyksen tähtisaattajassa opetti ja varoitti uskovia. Se on nikolaiittaisuus. Kirkon johtajia, jotka halusivat hallita tavallisia uskovia, sen sijaan että antaisivat Pyhän Hengen hallita. Ensimmäisessä herätysjaksossa heitä oli vielä vastustettu (Ef. 2:2, 6).

Tässä seuraavat kaikki seurakuntajaksojen herätykset. Vuodesta 04.12.1960 – 11.12.1960 veli Branham oli käsittelyt Ilmestyskirjan kolmea ensimmäistä lukua ja oli antanut valtavan määrän yksityiskohtia. Saarnaamista kesti yhteensä noin 23 tuntia. Siitä hänen ystävä ja uskonveli Lee Vayle valmisteli kirjan Esitys Seitsemästä Seurakuntajaksosta [An Exposition Of The Seven Church Ages], joka (ilman tietokonetta) valmistui Branhamin auto-onnettomuuden ja kuoleman (12.1965) jälkeen. Seurakuntajaksojen herätyksiin kuuluvat seuraavat peräkkäiset ajankohdat ja tähtisanansaattajat (vrt. 0_Menora ja 1ab§1-3), 1-7s:

1s: Efesoksen seurakunnan ajanjakson vuodet 53–170…. , ja sen herätyksen aloittaja apostoli Paavali.

2s: Smyrnan seurakunnan ajanjakso, 170–312…. . Tässä Irenaeus edusti parhain Paavalia.

3s: Pergamonin seurakunnan ajanjakso, 312–606…. , ja Martin (315-399).

4s: Tyatiran seurakunnan ajanjakso, 606–1520…. . Paras apostolin esimerkki oli Columba.

5s: Sardeksen seurakunnan ajanjakso, 1520–1750…. , ja Martti Luther (1483-1546).

6s: Filadelfian seurakunnan ajanjakso, 1750–1906…. , ja John Wesley (1703-1791).

7s: Laodikean seurakunnan ajanjakso, 1906–…. , ja profeetta 'Elia' {Mal. 4:5-6 (Mal. 3:23-24)}.

¤

2S3s: Pergamonin herätysajanjaksona 312 – 606…. maailmanlaajuisesti, toisen sinetin sisällön täyttyminen alkoi tapahtua. Länsi- ja Itä-Rooman valtakunnassa Konstantinus oli ensimmäinen kristitty keisari (keisarivuodet 306–337). Vuonna 325 hän kutsui koolle Nikean kirkolliskokouksen.

Ylin poliittinen johtaja ja kirkon päämiehiä järjestivät kirkon ja toivat veljeyden. Tuloksena oli ihmisten luomia uskontunnustuksia, voimattomia palveluja ja jumalattomia kirkkojohtajia. Piispat ja arkkipiispat olivat aloittaneet haureuden harjoittamista kuninkaiden ja muiden johtajien kanssa (vrt. 4a§1317, Ilm. 17:2).

¤ Valtion hyväksymien kirkonpääjohtajien myötä nikolaiittaisuudesta oli tullut 'oppi' (Ilm. 2:15).

Mutta vielä voisi mennä askeleen pidemmälle.

2S4s: Vuonna 476 jKr Länsi-Rooman keisarikunta hajosi. Kuitenkin, Rooman voima heräsi jälleen henkiin roomalaiskatolisessa kirkossa (Ilm. 13:3a, 4a§1317).

Sitten Tyatiran herätyksen seurakuntajaksona (606-1520 ….) se organisoitui vielä enemmän ja siitä tuli paavillinen oppi.

¤ Roomalaiskatolisen kirkon johto oli inkarnoitunut yhteen ihmiseen. Yksi johtaja, jota Uusi Testamentti kutsuu vääräksi profeettaa (vrt. Mat. 23:9; Ilm. 16:13; 4e§1317, Ilm. 19:20 ja 20:10).

Ei enää ollut vain tapa toimia. Ei enää vain tapa opettaa. Siitä oli tullut osa maailman suurimman kirkon organisaatiota. Yksi ihminen, joka oli ottanut Kristuksen paikan, VICARIUS FILII DEI (4e§1317).

¤ Vuodesta 312 vuoteen 1520 molemmilla herätyskausilla, tämä kirkko otti Jumalan Sanan paikan. Jumala olisi seurakunnassa. Hän ei enää olisi Sanassaan. Pyhän Hengen innoittama ja antama Sana olisi korvattu seurakunnalla.

Herra Jeesus oli puhunut toisesta sinetistä lauseella, Mat. 24:6, <"…. Mutta te saatte kuulla sodan ääniä ja sanomia sodista. Katsokaa ettette pelästy. Sillä näin täytyy tapahtua, mutta tämä ei vielä ole loppu. ….">

¤ Pergamunin herätyksen jälkeen alkoi Tyatiran herätys, jolloin pimeys vain tiivistyi. Kristuksen Seurakunta ei voinut tehdä mitään muuta kuin rakkaudessa, uskossa ja palvelemisessa työskennellä, kulkea paikasta toiseen, Ilm. 2:18-19, <"…. '…. 19. Minä tiedän sinun tekosi ja rakkautesi ja uskosi ja palvelemisesi ja kestävyytesi, ja että sinun viimeiset tekosi ovat lukuisammat kuin ensimmäiset. ….' ">

Jumalan suunnitelmassa nuoren härän näköinen olento oli lähtenyt taistelemaan Saatanan uutta systeemiä vastaan. Härkä on työjuhta. Se inspiroi seurakuntaa tekemään paljon hengellistä työtä. Sekä nuori härkä on uhrieläin. Uskovat antoivat elämänsä niin vapaaehtoisesti kuin vain pystyivät {Ilm. 4:7 (6h§6(8)10)}.

Kolmas Sinetti

Shalom,
^ Kolmannen sinetin salaisuuden suuret piirteet tulivat veli Branhamilta. Historian yksityiskohtia tulivat minulta, "ihmisen kasvojen" kautta (katso alempana).
Rukous heiltä, joilla on aina syytä olla iloinen (2Kor. 2:3; Ilm. 19:7-9), Bert

3S: Karitsa avasi kolmannen sinetin, Ilm. 6:5-6, <Ja kun Se avasi kolmannen sinetin, kuulin kolmannen olennon sanovan: "Tule!" Ja minä näin, ja katso: musta hevonen. Ja sen selässä istuvalla oli kädessään vaaka. 6. Ja minä kuulin, aivan kuin ääni olisi sanonut niiden neljän olennon keskeltä: "Koiniks-mitta vehnää yhdellä denaarilla ja kolme koiniksia ohraa yhdellä denaarilla, ja öljyä ja viiniä älä turmele!">
Ensimmäisen ja toisen sinetin ratsastaja jatkoi mustalla hevosella. Taas hän muutti palvelustehtäväänsä.
3S5s6s: Reformaation myötä (1520-1906...) Rooman kirkon hengellinen valta kutistui. Mutta ei sen poliittinen voima. Sen lisäksi Panettelija/perkele on poliittisen maailman yleinen johtaja Jeesuksen sanojen perusteella (4a§1317, Mat. 4:8-10).
Valtioiden voimilla Saatana jatkoi monien uskovien ja ihmisten tappamista suuressa mittakaavassa. Varsinkin Euroopassa ja sen kanssa, missä Rooman paavien keskus oli (ja on).
¤ Euroopassa maailman tehokkaampia aseita keksittiin pitkään ja maailmanlaajuisesti paljon omaisuutta tuhottiin. Myös teollisuus kehittyi valtavasti ja maailmanlaajuisesti rikkaat rikastuivat ja köyhät köyhtyivät. Tällä tavalla vehnä ja ohra ovat tulleet koko ajan kalliimmaksi.
Pimeän poliittisen vallan voimistuessa Jumalan Sanan Totuus tuli koko ajan kirkkaammaksi Jeesuksen pyhille, jotka olivat täyttyneet Pyhän Hengen Öljyllä (esim. Sak. 4:1-6 ja Rm. 5:20).
¤ Se on piristänyt heitä kaikkialla. Viini kertoo piristyksestä ja kiihotuksesta iloita ja huutaa. Tässä Herra Jeesus oli puhunut 'niiden neljän olennon keskeltä'. Jumalan Sanan Totuuden esiin tuleminen on täyttänyt uskovia ilolla ja melulla.
Niin kuin Pietari selitti, kun Pyhä Henki ensimmäistä kertaa vuodettiin, Ap.t. 2:15-17a, <".... Sillä nämä eivät ole juovuksissa, niin kuin te luulette, onhan nyt {vasta} päivän kolmas tunti, 16. vaan tämä on sitä, mikä on sanottu profeetta Jooelin kautta: 17. 'Ja on tapahtuva viimeisinä päivinä, sanoo Jumala, että minä vuodatan Henkeni kaiken lihan päälle. ....' ">
¤
¤ Herran Jeesuksen sanat kolmannen sinetin merkityksestä olivat olleet, Mat. 24:7-8, <".... Sillä kansakunta nousee kansakuntaa vastaan ja valtakunta valtakuntaa vastaan, ja nälän-hätää ja maanjäristyksiä tulee monin paikoin. 8. Mutta kaikki tämä {on} synnytystuskien alkua. ....">

Euroopassa valtiot ovat jatkuvasti nousseet toisiaan vastaan. Erityisesti suurvaltojen Ison-Britannian, Ranskan, Saksan ja Venäjän välillä oli jatkuvaa kilpailua. Sitten ensimmäisen ja toisen maailmansodan myötä Euroopan valta romahti. Nykyään EU on täysspasifistisena voimana yrittänyt hoitaa kaikenlaisia maailman konflikteja. Valitettavasti se on ollut puolueellinen ja antikristillinen, mikä ei ole ratkaissut vaan lisännyt monia ongelmia.

¤ Maanjäristyksiä on osa maailman synnytystuskia kautta aikoja. Ilmestyskirja puhuu muutamassa paikassa vain yhdestä, maailmanaikakauden lopussa olevasta maanjäristyksestä (Ilm. 11:13, 19; 16:18-19).

Se on maailmanlaajuinen ja ankara maanjäristys, joka on vertaansa vailla.

¤

1-4S1-7s: Jeesuksen Kristuksen Veri oli lähettänyt meille takaisin Pyhän Hengen, ja ensimmäisten neljän sinetin olentoa auttoivat vartioimaan seurakunnissa Pyhän Hengen.

Ensimmäinen oli ollut kuin leijona, toinen kuin härkä. Nyt ilmestyi se jolla oli kuin ihmisen kasvot (ja lopussa nähdään lentävän kotkan näköinen olento) (Ilm. 4:7).

1-2s3-4s: Niistä löytyy neljä Evankeliumia, neljä luonnetta. Leijona on Juudan heimon symboli. Juuda oli kahden heimon keskeinen vahvin heimo. Se oli se heimo, joka toi kuningas Daavidin ja Jeesuksen Kristuksen. Se edusti Matteuksen Evankeliumia. Evankeliumissa Matteuksen mukaan Jumalan Sana selitettiin ja vahvistettiin Vanhan Testamentin teksteillä kaikkien eniten.

Markuksen evankeliumin härän henki näkyy siinä, että se on tekojen ja töiden evankeliumi, joka on sanoja ytimekkäämpää. Se on kaikkien evankeliumien lyhyin.

5-6s7s: Luukkaan mukainen evankeliumi on ainoa pakanauskovan kirjoittama evankeliumi. Luukas oli lääkäri. Ihmisviisautta ja ihmistarkkanäköisyyttä näkyvät tässä. Samoin se näkyi uskonpuhdistajissa ja seuraavan Filadelfian seurakuntajakson uskovissa. Monien vakavien uskovien johdolla maailmaa ja tiedekuntia tutkittiin.

Noin 90 jKr. viimeisessä evankeliumissa apostoli Johannes julkaisi alkukristittyjen perimätiedon ja tietysti hänen omia muistikuviansa. Se keskittyi ihmeisiin ja syvempiin hengellisiin ajatuk-siin. Siellä näkyi viimeisen olennon ominaisuudet, lentävä kotka. Kotka näkee kaikkia muita elämiä kauemmas ja edustaa erityisesti profeettoja, ja jopa Jumalaa. Seurakuntien hyväksi annettiin Jumalan antamia ilmestyksiä Hänen Sanalle, niin kuin Johannes aloitti Jumalalla ja hänen Sanalla ennen maailman luomista (Joh. 1:1-3).

Neljäs Sinetti

Shalom,
^ Neljäs sinetti puhuu Jeesuksen Kristuksen sanojensa mukaan maailman kovista loppusynnytystuskista. Niin kuin kolmannen sinetin aikana synnytystuskat olivat alkaneet (6j§6(8)10, Mat. 24:8).
Synnytystuskien lopussa syntyy kolme eri puhdistettua kohdetta {7. sinetin saarna (7d§67₁14)}.
Mutta ensiksi ylhäältä syntynyt ryhmä otetaan Taivaaseen (vrt. 3a§12).
Kutsuttujen, valittujen ja uskollisten rukouksella toisten ja monien muiden puolesta (Ilm. 17:14b), Bert

4S: Karitsa avasi sen sinetin, Ilm. 6:7-8, <Ja kun Se avasi neljännen sinetin, kuulin neljännen olennon äänen sanovan: "Tule!" 8. Ja minä näin, ja katso: kellanvihreä/kalpea hevonen. Ja sen selässä istuvan nimi oli kuolema, ja tuonela seurasi hänen mukanaan. Ja heidän valtaansa annettiin neljäsosa maata tappaakseen miekalla ja nälällä ja kuolemalla / tappavalla vitsauksella ja maan petojen välityksellä.>
Tässä hevosessa on sekoitettu kolmen ensimmäisen hevosen värit ja toiminnot. Sama Antikristus-ratsastaja vaihtaa hevoseen, joka aiheuttaa valtavaa hengellistä ja fyysistä kuolemaa.
7s: V.1906 lähtien Laodikean seurakuntajakson herätyksissä hengellisiä lahjoja oli löydetty jälleen suuressa mittakaavassa. Mutta hengellisiin lahjoihin kuuluu velvollisuuksiakin. On pakko koetella hengellisten johtajien henget (vrt. Ilm. 2:2), vrt. 1Joh. 4:1-3, <Rakkaani, älkää uskoko jokaista henkeä, vaan koetelkaa henget, ovatko ne Jumalasta, sillä monta väärää profeettaa on lähtenyt maailmaan. 2. Tästä te tunnette Jumalan Hengen: jokainen henki, joka tunnustaa Jeesuksen Kristuksen {ihmiseksi,} lihaan tulleeksi, on Jumalasta, 3. ja yksikään henki, joka ei tunnusta Jeesusta {ihmiseksi, lihaan tulleeksi}, ei ole Jumalasta. Sellainen on Antikristuksen {henki}, jonka te olette kuulleet olevan tulossa ja joka jo nyt on maailmassa.>
Lopussa on oikein voideltuja uskovia ja monia vääriä voideltuja (vrt. Mat. 24:24).
¤ Jumala sallii, että monia vietellään (2Tes. 2:9-12), Ilm. 16:13-16, <Ja minä näin lohikäärmeen suusta, ja pedon suusta ja väärän profeetan suusta {lähtevän} kolme saastaista henkeä, aivan kuin sammakoita. 14. Sillä ne ovat riivaajien henkiä, jotka tekevät (tunnus)merkkejä, mikä lähtee koko asutun maan kuninkaiden luo kokoamaan heidät sotaan Jumalan, Kaikkivaltiaan, suureksi päiväksi. 15. "Katso, minä tulen kuin varas. Autuas se, joka valvoo ja pitää huolen vaatteistaan, ettei kulkisi alastomana eikä hänen häpeäänsä nähtäisi." 16. Ja (hän/)ne kokosivat kuninkaat siihen paikkaan, jonka nimi on hepreaksi Harmagedon.>

Sammakot ovat taaksepäin katsovia henkiä. Lohikäärmeen sammakko edustaa Saatanan antikristuksen henkeä, joka valmistaa maailmaa ajattelemaan kuten tuleva USAn antikristuspresidentti, joka korostaisi kaikenlaisia pakanalisia kristillisiä arvoja (vrt. 4b§1317, Ilm. 13:11; ja 4c§1317, Ilm. 13:12).

¤ (Seitsemän pään) peto ja sen sammakko edustavat maailman poliittiset voimat. Esimerkiksi sen vaikuksen seurauksena valtioille on vaikea hyväksyä Israelin olomassaoloa ja toimintaa.

Väärän profeetan sammakon vaikutus näkyy kristillisten perinnäistapojen korostamisessa ja erilaisten seurakuntien halu osoittaa olevansa kaikki yhtä, kuten alkuseurakunta oli. Kirkkojen maailmanneuvoston perustaminen oli yksi tuloksista (vrt. Joh. 17:21 ja 4c§1317, Ilm. 13:14-15).

¤ Yleisesti antikristillinen henki, joka jo vaikutti ensimmäisen seurakuntajakson uskoviin, on valtamassa lopunajan seurakunnan (5a§6(8)10, Ilm. 3:14-22, ja 5b§6(8)10).

Siten vainojen luonne muuttuu. Sitä ei enää tapahdu ihmisten keskellä, vaan se on siirretty henkien maailmaan. Siksi Jumala lähettää uuden voiman, hänen neljännen 'olennon', lentävän kotkaolennon. Sen avulla lopunajan hengelliset haasteet voidaan lähestyä menestyksekkäästi (6j§6(8)10, Ilm. 4:7).

¤ Tarvitsemme oikeita vastauksia puolustautuaksemme Saatanan voimakkaita hyökkäyksiä vastaan. Elian hengessä oleva profeetta johtaisi uskovat jälleen Jeesuksen Kristuksen, Jumalan Sanan, luo. Sana, Sellaisena kuin Se täydellisesti annettiin ja ymmärrettiin apostoli Paavalin päivinä {5b/5c§6(8)10, Mal. 4:(1-)6}.

Tämä Elävä Sana kolkuttaa seurakuntamme ovelle {Ilm. 3:20 (6m§6(8)10)}!

¤ Siihen asti kun Herra Jeesus tulee hakemaan meidät Taivaaseen (1Tes. 4:13 - 5:2, 3c§12).

Seuraavana Suuremman ahdistuksen aikana kaksi profeettaa/todistajaa auttaa 144000:ta (mm. 7abcde§67₁14).

¤

¤ Tempauksen jälkeen ei ole enää esteitä Antikristus-ihmiselle, ottamaan haltuunsa seurakunnan, Saatanan johdolla. Tuohon aikaan Saatana heitetään Taivaasta ulos (3f§12, Ilm. 12:13).

Silloin USAn presidentti avaa sydämensä siihen kuten aikoinaan Juudas Iskariot avasi (3c§12, Joh. 13:27a).

¤ Myöhemmin selitän presidentin anteeksiantamattoman virheen {5Ms. 29:15-20 (8d§89₁156)}.

Samanaikaisesti Ilmestyskirjan 13. luvun toinen peto tulee ensimmäisen pedon seitsemänneksi pääksi.

¤ Kahdentuhannen vuoden aikana Rooma (kuudes pää) ja monet, mm. juutalainen kansa, ovat olleet samaa mieltä ja ovat yhdessä vainonneet Jeesuksen Kristuksen sekä Hänen seuraajia. Se on ollut paha ja vahvistettu liitto (3d§12, Dan. 9:27).

Mutta samalla kun Yhdysvallat liittyy tähän liittoon, Israelin johtajat huomaavat, että heidän on poistuttava siitä {Ilm. 13:12 (7b§67₁14)}.

Viides Sinetti (+ sinetit 1,2,3,4.)

Shalom,
^ Sinetit ovat paketti salaisuuksia, joka on paljastettu ainakin kahdella eri tavalla. Olen tähän asti käsittelyt sinettien symboleja enimmäkseen koko kristillisen yhteiskunnan tapahtumina.
Mutta rivien välistä voitiin huomata, että ensin yhden sinetin salaisuus oli paljastettu sen seurakuntajakson paikallisissa seurakunnissa. Jokaisella herätyskaudella yhden sinetin opetus kerrallaan (6h ja 6i§6(8)10).
Rukous heiltä, jotka tahtovat tuottaa sadon {Mat. 13:(1-)23}, Bert

1s: Ensimmäinen sinetti kuului ensimmäisen seurakuntajakson, Efesoksen, herätykseen, 53:sta vähintään 170 vuoteen (6i§6(8)10, 1-7s).
Tuona aikana Pyhä Henki oli varoittanut antikristillisestä hengestä osassa Kristityistä {6h§6(8)10, 1Joh. 2:18-19}.
2s: Toisen seurakuntajakson, Smyrnan, herätyksessä (170-312...) tuli toisenseurakunnan sanansaattajan varoitus. Paikallisia antikristillisiä seurakuntien johtajia olivat nousemassa esiin toisen sinetin punaisen hevosen salaisuuden mukaan. Vääriä apostoleja, jotka tulivat paremmin toimeen poliitikkojen kuin uskovien kanssa. He väittivät olevansa uskovia, mutta todellisuudessa he olivat Saatanan synagoga (Ilm. 2:9).
Seurasi monia verisiä vainoja, joissa tosiuskovat uhrasivat henkensä (vrt. 6i§6(8)10, Ilm. 4:7).
3s: Pergamonin seurakuntajakson herätyksessä (312-606...) Länsi- ja Itä-Rooman valtakunnassa keisari Konstantinus julisti uskonnonvapauden Nantesin ediktillä 312/313 jKr. (6i§6(8)10, keisari Konstantinus).
Samalla mustan hevosen ilmestyksen mukaan monia niin sanottuja kristillisiä poliittisia johtajia nousi esiin kaikkialla. He väittivät olevansa uskovia, mutta todellisuudessa he edustivat Saatanan istuinta (Ilm. 2:13).
4s: Tyatiran herätyksessä (606-1520...) profeetta Iisebeli ja hänen opetus oli roomalaiskatolisen kirkon tyyppi. Nainen on Raamatussa mm. seurakunnan symboli. Paavi kirkkoineen olisi Jumalan Sanaa tärkeämpi. Sitä vastaan neljännenseurakunnan sanansaattaja oli varoittanut: siellä oli vain kuolema (Ilm. 2:18-29).
Kaikkina näinä seurakuntajaksoina Rooma on ollut keskusvalta, ensimmäisen pedon kuudes pää, maailman poliittinen johtaja, ensin poliittisena voimana, sitten hengellisenä voimana (4a§1317).
¤
¤ Seuraavaksi yhteenvetoni ensimmäisten neljän sinetin täyttymisestä maailmanlaajuisessa kristikunnassa:

1S1-2s (6h§6(8)10): Efesoksen seurakuntajaksossa Saatanan antikristillinen henki oli vaikuttanut osaan tavallisista uskovista, jotta he lähtivät seurakunnista. Seuraavassa Smyrnan seurankuntajaksossa tämä henki vaikutti sen lisäksi osaan seurakuntien johtajista. Seurauksena seurakuntien välillä syntyivät kaikenlaisia ristiriitoja ja monet seurakunnat erosivat toisistaan.

2S3-4s (6i§6(8)10): Pergamonin ja Tyatiran seurakuntajaksoissa, 312 – 1520.... , Saatanan henki ruumiillistui pääpiispoihin ja paaviin, jotka harjoittivat haureutta kaikenlaisten kuninkaiden ja johtajien kanssa. Sitten Saatanalla oli sekä valtio että kirkko yhdessä ja hän pystyi muodostamaan oman uskontonsa, ja hän voi tehdä kaikkea mitä halusi. Hänellä oli valta tappaa kaikki, jotka olivat eri mieltä hänen kanssaan. Tässä Pimeässä Ajassa miljoonia tosi uskovia Jumalaan teurastettiin kaikin mahdollisin tavoin.

3S5-6s (6j§6(8)10): Sardeksen ja Filadelfian seurakuntajaksoissa, 1520 – 1906.... , tämä henki ruumiillistui Euroopan poliittisiin johtajiin, mistä monia sotia seurasi. Toisaalta kaikkialla maailmassa roomalaiskatolisen kirkon edustajia solmivat haureellisia suhteita kaikenlaisten paikallisten epäjumalien kulttien kanssa.

4S7s (6k§6(8)10): Laodikean seurakuntajaksossamme monia uskovia voidellaan väärällä hengellä. Sekä seuraavana Suuremman ahdistuksen aikana tämä henki voitelee antikristusihmisen johtamaan kristikunnan.

¤

5s: Viidennessä seurakuntajaksossa Sardeksen herätyksen aikana, 1520 – 1750.... , Pyhä Henki oli alkanut puhua viidennen sinetin salaisuudesta, Ilm. 6:9-11, <Ja kun Se [Karitsa] avasi viidennen sinetin, näin alttarin alla niiden sielut, jotka oli surmattu Jumalan sanan tähden, ja todistuksen tähden, joka heillä oli. 10. Ja he huusivat suurella äänellä, sanoen: "Kuinka kauaksi aikaa sinä, pyhä ja totinen Valtias, jätät tuomitsematta ja kosta-matta meidän veremme niille, jotka asuvat maan päällä?" 11. Ja jokaiselle heistä annettiin valkea pitkä vaate ja heil-le sanottiin, että pysyisivät vielä vähän aikaa levollisina, kunnes täyttyisi heidän orjatoveriensa/ palvelustoveriensa ja veljiensä {lukumäärä}, niiden jotka pian joutuisivat tapettaviksi niin kuin hekin.>

Reformaation myötä paljon Juutalaisiakin tulivat uskoon, täyttyivät Pyhällä Hengellä ja alkoivat tutkia ja rukoilla sitä, mikä oli pitkään ollut roomalaiskatolisen peitteen alla kätketty, ja vieläkin Martin Lutherille. Viidennen sinetin salaisuuden mukaan he alkoivat ymmärtää, mitä heidän murhateille sukulaisille sanottiin, ja miksi. Aikoinaan heidät, Israel, sokaistiin, jotta pakanauskovia pelastuisivat (Rm. 11:25-29).

5S: Veli Branham kertoi, että viides sinetti koskee Ortodoksijuutalaisia. Heillä oli Lakinsa, 'Jumalan Sana', ja he pysyivät sen kanssa. Siksi he kuolivat marttyyreina. Tämä sinetin sisällön täyttyminen jatkaa Suuremman ahdistuksen ajan loppuun saakka (3b§12/7d§67₁14, Sak. 13:6-9 ja Mat. 26:31).

Samaa vaikeaa tulevaisuutta Jeesus Kristus oli ennustanut hänen juutalaisille seuraajille, <Mat. 24:9-13, <".... Silloin teidät luovutetaan .... 13. Mutta joka kestää loppuun asti, hän pelastuu. ....">

"SEITSEMÄNNEN SINETIN AJANALKU"

Shalom,

7S: Vuonna 1963 veli Branham oli välittänyt Sinettien salaisuuksista kokonaisvaltaisia viestejä ja opetuksia. Sillä tavalla kuuden sinetin symbolit selitettiin täysin ja Seitsemännen Sinetin asiat osittain (vrt. 5f§6(8)10).

7s: Kuitenkin onkin paikallinen viesti Laodikean seurakuntajakson uskoville, joiden seurakunnan ovelle Herra Jeesus on kolkuttamassa (Ilm. 3:20, alhaalla tällä sivulla, 5b§6(8)10 ja 6k§6(8)10).

Kun Saatana ja sen voimat hyökkäävät heitä, Jumalalla on Hänen vastatoiminta. Hän on tahtonut paljastaa heille hengellisen sodan ydinhaasteita ja avainmahdollisuuksia. Tämä on aina ollut sinetin sisällön oppimisen tutustumisvaihe. Mutta Seitsemännen Sinetin tapauksessa se on oppimisen loppuvaihe (vrt. 6l§6(8)10).

Rukous heiltä, joilla on Rakkauden kaipaus ja vastaus (1Joh. 3:16), Bert

7S: On pakko puristaa muutamia viimeisen sinetin erikoisuuksia esiin. Veli Branham ei ollut saanut puhua tästä Sinetistä liian paljon, alussa.

Sekä hän oli sanonut, että seitsemännen sinetin aika ei vielä täysin tullut (7Seal#323).

¤ Seuraavana päivänä hän oli kieltänyt julkistamisesta sen loppuosan (7Seal#261-374). Sen sijaan vBranham oli kommentoinut kyseisen saarnan, 7Seal#377-414.

¤ Sekä hän oli hyväksynyt loppuosuuden yhden lauseen, 7Seal#415b.

VBranhamin kuoleman jälkeen päätettiin julkistaa kaikki {vrt. (erityisesti englantilaisiin) kommentteihin 7Seal#376 ja 7Seal#415a}.

¤

¤ Ennen kaikkea, vBranhamin ja hänen perheensä oli pitänyt muuttaa Tucsonin kaupunkiin tavatakseen seitsemän Enkelit ilmassa. Näyssä kaksi kuukautta aikaisemmin se oli sanottu (vrt. 7Seal#410).

Sitten Se oli tapahtunut, ja hän palautui puhumaan sinettien salaisuuksista hänen kotiseurakunnassa. Seuraavaksi sinettien salaisuudet paljastuivat yhden sinetin / yhden enkelin / yhden päivän kerralla.

¤ Tällä tavalla jokaiseen sinettiin kuuluu yksi Taivaan enkeli. Kuitenkin Viimeisen Sinetin Enkeli oli erilainen ja hyvin merkittävä, hän oli sanonut.

Näin ollen voidaan uskoa, että tämä Enkeli oli Herra Jeesus Kristus Itse, niin kuin Hän ilmestyi 10. luvun alussa (5d§6(8)10, Ilm. 10:1-2).

¤ Mutta se hetki, jolloin Hän olisi ilmestynyt täysin ja se tapa millä Hän lopullisesti ilmestyisi, jäivät epäselviksi. Näin se on vain kirjoitettu. Yhtäkkiä ei ole enää aikaa. Niin kuin Iankaikkisessa Jumalassa ei ole aika.

Herra Jeesus huusi ja seitsemän ukkosenjyrinää kuultiin. Kaksituhatta vuotta sitten sinettien sanomat sinetöitiin ja annettiin symboleina. Mutta meidän lopunajassa ne paljastettiin. Ja kun Jumalan koko Sana oli/on palautettu ennalleen, sanottiin (Ilm. 10:3-4), Ilm. 10:5-7, <…. 'Enää ei ole oleva aikaa.' ….>

¤

¤ VBranham kertoi, että hän oli mennyt länteen räjähdystä varten (mitä oli ollut Jumalan puhuminen). Sekä hän palasi takaisin itään Pyhän Hengen kanssa tulkiten kirjoittamattoman Sanan (7Seal#319).

Ainoa kirjoittamaton Sana Uudessa Testamentissa oli Herran Jeesuksen Tulemuksen AJANALKU (Mat. 24:36).

¤ Kun Jumala on täällä, kaikki on päättänyt. Se hiljensi Taivaan noin puoli tuntia {Ilm. 8:1 (5d§6(8)10)}.

Taivas oli vaiti. Mikään ei liikkunut siellä. Pyhät Kerubit ja Serafit Jumalan edessä, jotka taukoamatta yötä päivää sanovat: "Pyhä, pyhä, pyhä, on Herra Jumala Kaikkivaltias," vaikenivat! Enkelit lakkasivat laulamasta! Ei ylistämistä. Ei alttaripalvelusta. Ei mitään! Oli hiljaisuus, vaiettu kuolettava hiljaisuus Taivaassa puoleksi tunniksi.

¤ Se sai kaikki Taivaan joukot kunnioittavan pelon valtaan vBranhamin mukaan. He eivät tienneet. Siellä se oli. He vain pysähtyivät.

Kommenttini: Herra Jeesus on Seitsemännen Sinetin Salaisuus, Sisältö ja Täyttymys! Sekä Seitsemäs Sinetti paljasti seitsemän sinetin Salaisuudet, ja paljasti Karitsan Elämänkirjakäärössä kirjoitetut nimet (Ilm. 13:8)!

¤

7s: Ei missäkään maailmassa on tapahtunut samanlainen yhteensattuma Ilmestyskirjan seitsemän sinetin ympärillä. Lopuksi kaikki palapelin kuva-, teksti- ja aikapalat liittyvät täysin sekä toisiin että Raamatun kanssa, sekä historiaan että tulevaisuuteen, sekä oikean että väärän seurakunnan kanssa, ja niin edelleen.

Maaliskuun 1963 Sinettien paljastamiskokouksien jälkeen tapahtuivat koko aikaa lisäpaljastuksia. Kunnes kaikki tärkeät totuudet olisi sanottu. Jumalan lopunajan Täydellinen ja Elävä Sana olisi tullut täysin julki.

¤ Varmasti Herran Jeesuksen Kristuksen kanssa, Jumalan Sanan kanssa, Jumalan Sanan Tulemuksen kanssa, uskovat lopunajassa pärjäävät ja valmistautuvat hetkeen, jolloin Hän ilmestyy kasvoista kasvoihin pilvissä yläilmoissa. Täällä nyt Hän kutsuu ja on tavoitettavissa: Ilm. 3:20!

On uskomatonta, että olen saanut kirjoittaa tämän sivun tällä tavalla, 2021-08-07. Se on ollut niin merkittävää, että ymmärsin varmasti, että Herran Jeesuksen Ruumiillinen Tulemus yläilmoissa on enää alle vuosi. Tai taas, se olisi Jumalan ilmestys, että jotain erikoista tapahtuisi siihen mennessä (ks. 12c§1-22).

~ ~ ~

B. Kuudes Sinetti Selitetty (Ilmestyskirja §6,7,11,14)

7a§67₁14

Sinetin Oppiminen ja Täyttyminen

Shalom,
^ Kuudes sinetti käsitellään lukujen 6., 7., 11. ja 14. avulla.
Rukous heiltä, jotka Kristuksessa rakentuvat yhdessä juutalaisen kansan kanssa Jumalan asumukseksi Hengessä (Ef. 2:22), Bert

5sS: Viidennen sinetin alla, kun Reformaatio järjesti Eurooppaa uudestaan, oli juutalaisia uskovia (messiaanisia Juutalaisia), jotka alkoivat ymmärtää, että Jumala käyttää sekä kalastajia että metsästäjiä saamaan heidät ja jokaisen muun Juutalaisen takaisin omaan maahan (Jer. 16:14-16).

Avattu alttarin alla olevien sielujen salaisuus tuo esiin, että Jumala ei ole unohtanut Hänen alkuperäistä omaisuuskansaa. Mutta Suuremman ahdistuksen loppuun saakka Juutalaisten on kärsittävä kansojen räikeää epäoikeudenmukaisuutta. Silloin he palautuvat kahdessa vaiheessa jälleen Jumalan huolenpitoonsa.

6sS: Filadelfian herätyksen aikana, vuosina 1750 – ~1906, ymmärrys (messiaanisten) uskovien keskuudessa lisääntyi. Kauhea Jaakobin/Israelin painin aika on tulossa (Jer. 30 ja 31, vrt. 1Ms. 32:25-33).

Se on Suuremman ahdistuksen aika, kun kuudennen sinetin tapahtumia alkaa täyttyä. Silloin Evankeliumi ja sen julistaminen palaa osalle Israelin kansasta. Se on ensimmäinen vaihe, joka täyttää Herran Jeesuksen seuraavan vastauksen (6h§6(8)10, Mat. 24:1-14), Mat. 24:14, <"…. Ja tämä valtakunnan evankeliumi julistetaan koko maailmassa, todistukseksi kaikille kansoille, ja sitten tulee loppu.">

7Ss: Seuraavaksi Hän oli suoraan puhunut tulevasta temppelin tuhoamisesta (3e§12, Mat. 24:15-21).

Sekä epäsuoraan seitsemännen sinetin viimeisen puolen tunnin ajasta (Mat. 24:21-28, myös 6m§6(8)10).

¤ Tänä pakanaseurakuntien lopunaikana olisi valtava hengellinen ahdistus {Mat. 24:21 (0b_TiivIlm)}.

Mutta jos lennät tarpeeksi korkealle, näet hengellistä ruokaa {1c§1-3 ja 5g§6(8)10, Mat. 24:(27-)28}.

¤

6S: Kuudennen sinetin aikana luonto kääntyy täysin ylös alas, Ilm. 6:12-17, <Ja minä näin, kuinka Se [Karitsa] avasi kuudennen sinetin. Ja tuli suuri maanjäristys, ja aurinko muuttui mustaksi kuin karvainen säkkipuku, ja kuu muuttui kokonaan kuin vereksi, 13. ja taivaan tähdet putosivat maahan, niin kuin viikuna-puu varistaa raakileensa voimakkaan tuulen sitä ravistellessa, 14. ja taivas väistyi syrjään kuin kirjakäärö, joka

käärität kokoon, ja kaikki vuoret ja saaret siirtyivät paikoiltaan. 15. Ja maan kuninkaat ja ylimykset ja sotapäälliköt ja rikkaat ja väkevät ja kaikki orjat ja vapaat kätkeytyivät luoliin ja vuorten uumeniin 16. ja sanoivat vuorille ja kallioille: "Kaatukaa päällemme ja kätkekää meidät valtaistuimella istuvan kasvoilta ja Karitsan suuttumukselta! 17. Sillä heidän suuttumuksen suuri päivä on tullut! Ja kuka voi sen kestää?">

Hirveä aika juutalaiselle kansalle ja koko maailmalle on tulossa. Tässä puhutaan samanlaisista vitsauksista, kun Israelilaiset lähtivät Egyptistä Vanhan Testamentin aikana vBranhamin mukaan (63-0323, 6Seal-saarna): Mat. 24:29-31 (vielä kerran Herra Jeesus oli puhunut kuudennen sinetin ajasta ja sen tapahtumista).

7Ss: Tempaus on pakanaseurakuntalaisille ainoa Toivo: nostakaa päänne {Lk. 21:(25-)28(-33)}!

Ensiksi Herra Jeesus leikkaa Kristittyjen Satonsa (3b§12, Mat. 24:32-44 ja Lk. 21:29-33; ja Ilm. 14:14-16 (8e§89₁156).

7S: Seuraavana Suuremman ahdistuksen aikana Jumalan Henki keskittyy Israelin kansaan ja valmistaa 144000 Israelilaista ja 2 todistajaa Herran Jeesuksen seuraavalle Sadolleen. Todistajat ilmestyvät Jerusalemin kaduilla ja lyövät maailmaa kaikenlaisilla vitsauksilla, Ilm. 11:5-6, <Ja jos joku tahtoo heitä vahingoittaa, tuli lähtee heidän suustaan ja nielee heidän vihollisensa. Ja jos joku tahtoisi heitä vahingoittaa, sillä tavalla hän on kuoleva. 6. Heillä on valta sulkea taivas, niin ettei tule sadetta heidän profetoimisensa päivinä. Ja heillä on valta muuttaa vedet vereksi ja lyödä maata kaikenlaisilla vitsauksilla niin usein kuin tahtovat.>

Kaksi messiaanista todistajaa on pukeutunut Vanhan Testamentin profeettojen tapojen mukaisesti säkeissä ja voimallisesti he profetoivat, Ilm. 11:1-3, <Ja minulle annettiin sauvan kaltainen ruoko(mitta) ja sanottiin: "Nouse ja mittaa Jumalan temppeli ja alttari ja ne, jotka siinä kumartaen palvovat. 2. Ja temppelin ulkopuolella oleva esipiha jätä pois, äläkä sitä mittaa, sillä se on annettu kansakunnille, ja he tallaavat pyhää kaupunkia 42 kuukautta. 3. Ja minä annan kahdelle todistajalleni {toimeksi} profetoida säkkeihin pukeutuneina 1260 päivää.">

¤ Sana temppeli puhuu jälleen temppelin sisähuoneesta, Jumalan paikka (maan päällä ja Taivaassa), josta Antikristuksen yhteydessä puhuttiin, kreikkalainen sana 'naos' (4b§1317, 2Tes. 2:3b-4).

Vanhassa Testamentissa sitä kutsuttiin Kaikkein Pyhimmäksi, joka oli esiripun sisäpuolella. Esiripun toisella puolella kutsuttiin Pyhäksi. Ja esiripun edessä seisoi suitsutusalttari. Tällä alttarilla Jumala mm. osoittaa, että näiden kahden todistajan johdolla rukoukset saavuttavat Hänet (2Ms. 26:31-34; 30:1-6).

¤ Pyhän Paikan ympärillä oli esipiha, jossa seisoi polttouhrialttari. Vanhoina aikoina siihen asti Israelin kansa oli saanut tulla ja antaa uhrilahjoja Leevin pappisheimon pojille tuotettavaksi HERRALLE (2Ms. 40:29-33; Ps. 96:8; vrt. Hes. 44:19; vrt. Mal. 3:3-4).

Tekstistä 'ja he tallaavat pyhää kaupunkia 42 kuukautta' voimme ymmärtää, että Jumalan pelastus-tie ei vielä ole auki Israelin koko kansalle. Tämä on toinen ja viimeinen vaihe {vrt. Hep. 9:8 (9l§89₁156)}.

Sinetin Uusi Menoran Aika

Shalom,
^ Seurakuntien ajanjaksot olivat edustaneet yhtä Menoran aikakautta (1a§1-3, Ilm. 1:20).
Toinen Menoran aikakausi on Suuremman ahdistuksen aika.
Samalla voimme huomata kolmannen Menoran aikakauden taaksepäin aikaan.
Rukous heiltä, jotka huutavat HERRAN nimeä avuksi (1Ms. 4:26), Bert

6S: Jatketaan kahden todistajan kanssa, jotka profetoivat 1260 päivää {7a§67₁14, Ilm. 11:(1-)3}.
Se on uuden Menoran aikakausi, jolloin heidät verrataan kahteen öljypuuhun (Ilm. 11:1-6), Ilm. 11:4, <
Nämä ovat ne kaksi öljypuuta ja ne kaksi lampunjalkaa, jotka seisovat maan Herran edessä.>
¤ On vain yksi toinen paikka Raamatussa, joka puhuu menoran kahdesta öljypuusta ja kahdesta lampunjalasta samalla tavalla. Juutalaisen kansan ensimmäinen pakkosiirtolaisuus oli juuri ohi. Osa kyseisistä tekstistä käsiteltiin jo (vrt. 2b§45, Sak. 3 ja 4), Sak. 4:1-4, <Ja enkeli, joka oli puhunut kanssani, palasi ja herätti minut niin kuin joku herätetään unestaan. 2. Ja hän sanoi minulle: "Mitä sinä näet?" Ja minä vastasin: "Näen, katso: lampunjalan, {joka on} kokonaan kultaa, ja yläpuolella sen öljyastian, ja lampunjalassa seitsemän lamppua ja seitsemän öljyputkea, jotka johtavat yläosassa {oleviin} lamppuihin. 3. Ja kaksi öljypuuta sen vieressä, toinen öljyastian oikealla, toinen vasemmalla {puolella}." 4. Ja minä vastasin ja sanoin enkelille, joka puhui minun kanssani, sanoen: "Mitä ne {ovat}, herrani?">
Uusi hengellinen kausi oli alkanut, jossa Pyhä Henki toimi voimalla (2b§45, Sak. 4:6), Sak. 4:11-14, <Ja minä vastasin ja sanoi hänelle: "Mitä {ovat} nämä kaksi öljypuuta lampunjalan oikealla ja vasemmalla {puolella}?" 12. Ja minä vastasin vielä ja sanoi hänelle: "Mitä {ovat nuo} kaksi öljypuun terttua noiden kahden kultaisen putken kohdalla, jotka vuodattavat sisästään {öljyn} kultaa?" 13. Ja hän sanoi minulle näin: "Etkö tiedä, mitä ne {ovat}?" Ja minä sanoin: "En, herrani." 14. Ja hän sanoi: "Nämä {ovat} ne kaksi öljyllä voideltua, jotka seisovat kaiken maan Herran edessä.">
¤ Kansalla oli ollut kaksi johtajaa. Ja sama suunnitelma Jumalalla on Suuremman ahdistuksen ajalle. Kahden todistajan kanssa kaikki haarojen valot saavat Pyhän Hengen Öljyä ja palaavat yhdessä. Ensinnäkin on Israelin alkuperäiskansan edustajien vuoro tulla uskoon (3b§12, Ilm. 12:1 ja 14:1-5).
Sataneljäkymmentäneljätuhatta Israelilaista, 12000 12 heimosta, tulee uskoon 1260 päivässä. Se on valtavan voimakas Herätys verrattuna noin 15000-30000 messiaaniseen uskovaan Israelissa nyt (Ilm. 7:4-8).

¤

¤ Suuremman ahdistuksen ajan alussa Saatana ruumiillistuu Yhdysvaltain presidenttiin. Tämän seurauksena Ilm. 13. luvun toisesta pedosta, Yhdysvalloista, tulee ensimmäisen pedon seitsemäs pää / maailmanvalta ja Rooman liittolainen (6k§6(8)19, Joh. 13:27a ja Ilm. 12:13).

Sitten se alkaa puhua 'suuria sanoja ja herjauksia' Jumalaa vastaan 1260 päivää (vrt. 4b§1317, Ilm. 13:5-6).

¤ Esimerkiksi kun sen roomalaiskatolinen presidentti alkaa edistää paavin näkemyksiä, että Jerusalemin vanha kaupunki ei kuulu Israelille (4c§1317, Ilm. 13:12).

Sitten Israelin on pakko irtautua tästä liitosta ja kauhea ahdistus alkaa {3e§12, Dan. 12:1(-3)}.

¤ Samaan aikaan kaksi todistajaa arvostelee voimakkaasti presidentin väitteitä ja vastustavat kaikkia yrityksiä vaientamaan heitä. He myös kiusaavat heidän vastustajia kaikenlaisilla vitsauksilla. Mutta lopulta Yhdysvallat (ja muut maailman valtiot) tappaa heidät (Ilm. 11:1-10), Ilm. 11:7, <Ja kun he ovat lopettaneet todistamisensa, käy syvyydestä nouseva peto sotaa heitä vastaan, ja se voittaa heidät ja tappaa heidät.>

Se on monien valtioiden Harmagedon sota Israelia ja Jerusalemia vastaan (6k§6(8)10, Ilm. 16:(13-)16).

23V: Sitten koko maailma ihmettelee sitä rauhaa, kun ei kuule eikä kärsi enää uusia vitsauksia kahden todistajan suusta. Television kautta nähdään todistajien ruumiit lojua kadulla. Samanaikaisesti valtioiden armeijat jatkavat Jerusalemin väestön hävittämistä. Mutta yhtäkkiä se tapahtuu (Ilm. 11:8-10), Ilm. 11:11-14, <Ja niiden kolmen ja puolen päivän kuluttua meni heihin Jumalasta elämän henki, ja he nousivat jaloilleen, ja suuri pelko valtasi ne, jotka näkivät heidät. 12. Ja he kuulivat suuren äänen taivaasta sanovan heille: "Nouskaa tänne!" Ja he nousivat taivaaseen pilvessä, ja heidän vihollisensa näkivät heidät. 13. Ja siinä tunnissa tapahtui suuri maanjäristys, ja kymmenesosa kaupungista sortui, ja maanjäristyksessä sai surmansa seitsemäntuhatta ihmistä, ja muut pelästyivät ja antoivat kunnian taivaan Jumalalle. 14. Toinen voi-huuto on mennyt. Katso, kolmas voi-huuto tulee nopeasti.>

144000:n uskoon tulemisen ja kahden todistajan taivaaseen nousemisen jälkeen muu juutalainen kansa on ihmeissään. Sekä täyssota on käynnissä. Sitten Jerusalem ja koko maapallo jyrisee.

¤ Yhtäkkiä se huomaa Jumalan Kätensä! Seitsemäntuhatta kuoli lisää, mutta 'muut pelästyvät ja antavat kunnian taivaan Jumalalle'. Nyt se hoksaa, että Jumala on heidän puolellaan pakanakansoja vastaan. Samasta Öljymäen maanjäristyksestä profeetta Sakarja oli puhunut. Vuori, missä oli ollut kaksi islamilaista moskeijaa, on muuttunut suureksi laaksoksi. Se oli ennustettu heidän Raamatussa, heidän Pyhässä Tenachin Kirjassa. Hengellisillä silmillään he näkevät, että heidän HERRA seisoo nyt siellä (Sak. 14:3-5 ja 10-11).

Heidän historian perusteella juutalainen kansa tietää, että tämä HERRA on Jeesus Kristus (Ap.t. 1:11-12).

144000 Israelilaista, ja kolme Voi-Huutoa

Shalom,
^ Viime kerralla ja tällä kertaa ja useaan otteeseen aion käsitellä voi-huudot. Se on syvällinen tutkimus. Siksi tällaisten kappaleiden alussa ne on merkitty kirjaimilla W ja/tai w.
Rukous heiltä, jotka etsivät elämälleen Jumalan teon/runon {Ef. 2:10 (3c§12)}, Bert

6S1V: Suuremman ahdistuksen ajanjaksossa Israelin kansa valmistellaan tulla kokonaisuutena uskoon. Ensiksi Pyhä Henki täyttää vain osaa Israelin kansasta. Kahden todistajan kautta 144000 Israelilaista ottavat Jeesuksen Kristuksen heidän henkilökohtaisena Pelastajana vastaan.

Nämä 144000 löytyy Ilmestyskirjasta kun huomataan aikojen tunnusmerkkejä. Ensimmäinen maailmansota / voi-huuto päättyi hyvin oudolla tavalla. Rauhan sopimus allekirjoitettiin 11.11.1918 klo 11 (vrt. Mat. 16:3), Ilm. 7:1-3, <Sen jälkeen minä näin neljä enkeliä/sanansaattajaa, jotka seisoivat maan neljällä kulmalla ja pidättivät maan neljää tuulta, ettei mikään tuuli puhaltaisi maan päälle eikä meren päälle eikä yhteenkään puuhun. 2. Ja näin vielä yhden enkelin/sanansaattajan, joka nousi auringonnousun suunnalta ja hänellä oli elävän Jumalan sinetti, ja hän huusi suurella äänellä niille neljälle enkelille/sanansaattajalle, joille oli annettu valta vahingoittaa maata ja merta, 3. ja sanoi: "Älkää vahingoittako maata, älkää merta älkääkä puita, ennen kuin olemme painaneet sinetin Jumalamme palvelijoiden otsaan.">

¤ Uudessa Testamentissa puhutaan yhdennentoista tunnin työmiehistä. He saivat saman palkan kuin ensimmäiseksi palkatut. Niihin 144000 Israelilaista voidaan verrata (vrt. Mat. 20:9).

Heidät piti suojata sinetillä tulevan hengellisen työnsä puolesta. 12000 kahdestatoista heimosta (Ilm. 7:4-8).

¤ He ovat Jumalan 11.-tunnin hengelliset työmiehet/naiset. Ensimmäiset heistä olivat äsken syntyneet. Sekä Jumala tiesi, kenet syntyisivät vielä (vrt. Ilm. 13:8b).

Heidän takia Hän oli käskenyt nämä enkelit pidättämään maailman neljä tuulta, niin kuin tuuli on hengellisten ja fyysisten sodan henkinen symboli.

¤

¤ Jumala on käyttänyt maailmansotia omiensa Tavoitteiden puolesta. Eikä Hän tee mitään ilmoittamatta hänen profeetoille (vrt. 5c§6(8)10, Aamos 3:1-15).

Siten voidaan oppia, että luomakunta on raskaana ja odottaa hartaasti Jumalan lasten ilmestymistä (Rm. 8:19-22).

5P1V: Samalla Jumala on ilmoittanut, että kolme voi-huudon tapahtumaa ovat tulossa, Ilm. 8:13, <Ja minä näin ja kuulin kotkan, joka lensi keskitaivaalla sanovan suurella äänellä: "Voi, voi, voi maan päällä asuvia jäl-jellä olevien pasuunaäänten tähden, {kun} vielä kolme enkeliä/sanansaattajaa puhalta {pasuunoihin}!">

Ensimmäinen voi kuuluu viidenteen pasuunaan {Ilm. 9:12a (9j§89₁156); 9k§89₁156)}

67P23V: Toinen voi kuuluu kuudenteen pasuunaan ja kolmas seitsemänteen pasuunaan (vrt. Ilm. 11:14).

Pasuunan enkelit ovat taivaan enkeleitä (5c§6(8)10, Ilm. 8:2).

7s3v: Taivaassa niiden pasuunoiden puhaltamisesta päätetään, mutta maan päällä on pitänyt saarnata kolme voin viestiä. Jo v. 1954 veli Branham kertoi peitetyllä tavalla, että hänen viesti oli täyttämässä kolmannen enkelin viestiä (54-0513, #30-31).

Sen perusteella olen yhdistänyt Ilm. 14. luvun sanansaattajat/enkelit heihin, jotka ovat olleet viimeisten kolmen seurakuntajakson sanansaattajia. Sillä tavalla Sardeksen seurakuntajakson herätyksen johtajan oli pitänyt varoittaa ihmisiä hänen ajassaan seuraavana tapana (6i§6(8)10, 1-7s, vuodesta 1520 alkaen Martti Luther), Ilm. 14:6-7, <Ja minä näin keskellä taivasta lentävän vielä yhden sanansaattajan/enkelin, jolla oli iankaikkinen evankeliumi julistettavana maan päällä asuville, kaikille kansakunnille ja heimoille ja kielille ja kansoille. 7. Hän sanoi suurella äänellä: "Pelätkää Jumalaa ja antakaa hänelle kunnia, sillä hänen tuomionsa tunti on tullut, ja kumartakaa ja palvokaa häntä, joka on tehnyt taivaan ja maan, meren ja vesien lähteet.">

5s1v: Mm. tätä sanomaa Luther olisi saarnannut Manner-Euroopan alueella Pyhän Hengen johdolla. Jumalan näkökulmasta katsottuna, Reformaatiossa, vain pieni osa ihmisiä oli tullut uskoon (Ilm. 3:1, 4).

Esimerkiksi pyhitystä ja hengellistä syventymistä oli puuttunut.

¤ Eikä synnit pitäisi antaa anteeksi pappien välityksellä. Se tapahtuu vedenkasteella Jeesuksen Kristuksen nimessä (Ap.t. 2:38).

Ensimmäinen maailmansota oli ensimmäisen voi-huudon viestin täytäntöönpano ja täyttymys.

¤

6s2v: Toinen voi-huudon varoitusviesti kuului Filadelfian seurakuntajakson herätykseen Isossa-Britanniassa ja sen siirtomaissa (1b§1-3, Ilm. 3:7-13; 6i§6(8)10, 1-7s, vuodesta 1750 alkaen John Wesley), Ilm. 14:8, <"Kukistunut, kukistunut on Suuri Babylon, joka haureutensa vihan viinillä on juottanut kaikki kansat.">

Kun saarnattiin pyhityksen tarpeesta, Wesley olisi samalla varoittanut Manner-Euroopan toivottomasta tilanteesta. Portto Suuri Babylon, paavien Rooma, oli jatkanut poliittista vaikuttamista. Myöhemmin toisessa maailmansodassa Länsi-Eurooppa heikkeni kohtalokkaasti, kuten ennustettiin. Molemmissa maailmansodissa sotilaiden määrän menetykset olivat valtavia {4a§1317, äitiportto Suuri Babylonin salaisuus (Ilm. 17:5, 7)}.

Kaikki Juutalaiset Tulevat Uskoon

Shalom,
^ Jatketaan kolmannella voi-huudolla.
Rukous heiltä, jotka uskovat, että saamme elää Herran Jeesuksen Armon alla (esim. 1Kor. 16:23), Bert

6S7s3v: Mm. pedon merkkiä vastaan saarnaamisen (ja selittämisen) veli Branham oli tehnyt paljon ja monta kertaa, vaikkapa vuodesta 1954 lähtien (7c§67₁14, 54-0513), Ilm. 14:9-13, <Ja heitä seurasi vielä kolmas sanansaat-taja/enkeli, joka sanoi suurella äänellä: "Jos joku palvoa petoa ja sen kuvaa ja ottaa otsaansa tai käteensä merkkiä, 10. niin hänkin joutuu juomaan Jumalan (pyhän-) vihan viiniä, joka laimentamattomana on kaadettu hänen (täysin-kasvaneen-) suuttumuksensa maljaan, ja häntä kidutetaan tulessa ja rikissä pyhien enkelien ja Karitsan edessä. 11. Ja heidän vaivansa savu nousee aina ja ikuisesti, eikä heillä ole lepoa päivällä eikä yöllä, niillä jotka kumartavat petoa ja sen kuvaa, eikä kenelläkään, joka ottaa sen nimen merkin. 12. Tässä on pyhien kestävyys, niiden, jotka pitävät Jumalan käskyt ja Jeesuksen uskon." 13. Ja minä kuulin äänen taivaasta sanovan: "Kirjoita: Autuaita {ovat} ne kuolleet, jotka Herrassa kuolevat tästedes. Totisesti, sanoo Henki, he saavat levätä vaivannäöistään, sillä heidän tekonsa seuraavat heitä.">
Kaikki tämä toteutuu Suuremman ahdistuksen aikana kuudennen sinetin mukaan. Tämän sinetin viesti ja tarkoitus on puhdistus, nukkuvien neitsyiden, Israelin kansan ja maapallon puhdistus (7Sinetti#387-390).
123V Maailma on jo kokenut kaksi maailmansodan voi-huutoa. Mutta jokainen joka on seurannut nykymaailman menoa, tietää, että kolmas sota on tulossa ja tulee olemaan kauheaksi.
Kuinka vain, kolmannen maailmansodan, siis viimeisten suurten kolmannen voi-huudon supistuksien aaltojen, jäl-keen Suuremman ahdistuksen ajan lopussa vauvat syntyvät. Niin kuin se oli ennustanut (3e§12, =), Jes. 66:8, <Kuka on kuullut tällaista? Kuka on nähnyt tällaisia? Synnytetäänkö (tuskilla) maa yhdessä päivässä? Syntyykö kansakunta yhdellä kertaa? Sillä se tunsi tuskia ja samalla Siion synnytti lapsensa.>
¤ Ensiksi 144000 huomaavat heidän Messiansa, Jeesuksen Kristuksen, rintansa arpia (Sak. 13:6).
Kun he ovat uskossa ottaneet Hänet heidän Pelastajana ja Johtajana vastaan, he lähtevät kautta maailmaa evankelioimaan. He ovat messiaanisia Israelilaisia, jotka pitävät 'Jumalan käskyt' ja joilla on 'Jeesuksen usko' ja jotka vainotaan hirveästi (myös 3f§12, Ilm. 12:12b---17).
¤ Kun Suuremman ahdistuksen aikana pedon merkki ilmestyy, 144000 saarnaavat sekä teoillaan että sanoillaan, että ei saa palvoa 'petoa ja sen kuvaa', eikä saa ottaa 'sen

merkin' otsaansa tai käteensä, miksi myöhemmin Jumalan tuomion valtaistuimen edessä joudutaan suoraan tuliseen järveen (vrt. Ilm. 20:11-15).

He ovat Israelin kansan ensi hedelmä (Ilm. 14:4c).

¤ Sak. 13:7 jakeeseen Jeesus oli viitannut, kun Hänet otettiin vangiksi (Mat. 26:31). Seuraavaksi Sakarja oli ennustanut, että juutalaisesta kansasta kaksi osaa hävitetään ja saa surmansa, mutta kol-mas osa siitä jää jäljelle {3b§12, Sak. 13:(6-)8(-9)}.

¤ Kahdentuhannen vuoden ajan se on kuin hopeaa ja kultaa puhdistettu ja koetettu (Sak. 13:9a).

Lopussa jäljellä oleva osa seisoisi mahdottoman suurta ylivoimaa vastaan. Siinä hetkessä he huutavat kokonaisena kansana Jeesuksen nimeä avuksi, ja Hän vastaa ja sanoo heille (7b§67₁14, Sak. 14:3-5 ja 10-11), Sak. 13:9c, <"Minun kansani {on} se." Ja se sanoo: "HERRA, {on} minun Jumalani.">

¤

¤ Jumala käyttää Juutalaisten ja Palestiinalaisten välillä olevaa konfliktia Jerusalemin kaupungin ympärillä juovuttavana maljana kaikille kansoille. Siksi Suuremman ahdistuksen ajanjakson lopussa suuri enemmistö niistä on mukana piirittämään Jerusalemia ja Israelia (Sak. 12:1-3 ja erityisesti 2).

Jerusalem valloitetaan, Sak. 14:1-2a, <Katso, Herran päivä tulee, ja sinun saaliisi jaetaan sinun keskelläsi. 2. Ja/Sillä Minä kokoan kaikki kansakunnat sotaan Jerusalemia vastaan. Ja kaupunki valloitetaan, ja talot ryöstetään, ja naiset raiskataan, ja puolet kaupungista lähtee pakkosiirtolaisuuteen,>

3V: Myös (entiset) kristilliset valtiot olivat tässä Harmagedonin taistelussa mukana, siihen asti kunnes yhtäkkiä kolmas maailmansota/voi-huuto syttyi ja ne tuhottiin {9l§89₁156 (Sak. 14:1-2a)}.

Sillä hetkellä Israelin kansan kaikki toivo katoaa. Siten koko kansakuntana se on valmis huutamaan Jumalan puoleen. Toinen toisen jälkeen kastetaan Pyhän Hengen tulikasteella, ja samalla maapallo puhdistetaan atomipommien tulella (3Ms. 16:28-34; Mat. 3:11b-12).

¤ Prosessin lopussa Jeesuksen vastaus tulee näkyväksi, Sakarjan teksti jatkaa, Sak. 14:2b-4a, <ja/mutta jäljelle jäävää kansaa ei hävitetä kaupungista. 3. Ja/Mutta Herra lähtee liikkeelle ja sotii näitä kansakuntia vastaan niin kuin sotimispäivänänsä, taistelun päivänä, 4a. Ja hänen jalkansa seisovat sinä päivänä Öljymäellä, joka {on} Jerusalemin edustalla, idän suunnalla.>

Valkoisella hevosella Herra Jeesus Kristus taivaan sotajoukkoineen ilmestyy. Peto ja väärä profeetta heitetään elävinä tuliseen järveen ja muut hyökkääjät tapetaan (Ilm. 19:11-21).

¤ Seuraavaksi, tuhatvuotisessa Valtakunnassaan Herra Jeesus hallitsee Morsiankansansa kanssa (2c§45, Ilm. 20:4-6, ja 3b§12, 1Piet. 2:9-10).

Kuitenkin, kaikkia kansakuntia hallitaan rautaisella sauvalla (Sak. 14:16-19 ja Ilm. 12:5).

7e§67₁14

Sana Tunti Ilmestyskirjassa

Shalom,
^ Ilmestyskirjassa tunnin sana ei ainakaan käännetty saman tunnin sanalla, vaikka se ei olisi ollut vaikeaa.
Rukous heiltä, jotka pesevät vaatteensa (Ilm. 22:14), Bert

¤ Jumalan näkökulmasta katsottuna yksi tunti voi oli ohi yhdessä päivässä tai hetkessä tai monissa vuosissa, niin kuin apostoli Pietari selitti (2Piet. 3:8).
Samoin tunnin pituus voi olla erilainen, mutta tunnin perusmerkitys on, että se viittaa johonkin ajanjaksoon.
7Ss7P: Tavattoman tärkeä tapahtuma hiljensi Taivaan `noin puoleksi tunniksi' (6m§6(8)10, Ilm. 8:1).
Toinen suurin mahdollisen tärkeä tapahtuma lopettaa seitsemännen Sinetin puolisen tunnin hiljaisuutta, kun Taivaassa puhalletaan seitsemänteen pasuunaan: tempaus (5d§6(8)10, Ilm. 7:1-8, jne.).
6S: Siten Suuremman ahdistuksen ajanjakso alkaa ja kestää tasan 1335 (=1260+30+45) päivää (3e§12, Dan. 12:11-12/13).
Tänä aikana kuudes sinetti täyttyy. Sen alussa on suuri maanjäristys {7a§67₁14, Ilm. 6:12a(-17); Ilm. 8:(1-)5(-6)}.
¤ Kuten veli Branham oli huomauttanut: Pitkäperjantaina tapahtui maanjäristys, kun Kristus hylättiin (Mat. 27:51-53).
Ja Hänet hylättiin jälleen Laodikean seurakuntajaksona (5b§6(8)10, Ilm. 3:20)!
¤
67P23V: Tai yksityiskohtaisemmin, 1260+3,5 päivän jälkeen {7b§67₁14, Ilm. 11:3, 11-14}, Ilm. 11:13-14, <Ja siinä tunnissa tapahtui suuri maanjäristys, ja kymmenesosa kaupungista sortui, ja maanjäristyksessä sai surmansa seitsemäntuhatta ihmisnimeä, ja muut pelästyivät ja antoivat kunnian taivaan Jumalalle. 14. Toinen voi-huuto on mennyt. Katso, kolmas voi-huuto tulee nopeasti.>
Sana tunti viittaa Danielin mainitsemaan 30 päivän ajanjaksoon, kuten jäljellä on vain kaksi jaksoa. Maanjäristyksen jälkeen toinen voi-huuto, kuudes pasuuna, `on mennyt´, on päättynyt. Lisäksi 30 päivän jakson jälkeen alkaa kolmas voi-huuto, siis kolmas maailmansota, joka kuuluu seitsemänteen pasuunaan {7c§67₁14, Ilm. 8:13, jne.; 7d§67₁14}.
¤ Se on kuudennen sinetin toinen maanjäristys. Järistysten välillä auringon, kuun ja tähtien valot järkkyvät monin tavoin. Tässä ne voidaan nähdä Israelin kansan hengellisinä symboleina, kuten selitän neljännen trumpetin alla (9i§89₁156, 1Ms. 37:9-10), Ilm. 6:12b-17, <…. aurinko muuttui mustaksi kuin karvainen säkkipuku, ja kuu muuttui kokonaan kuin vereksi, 13. ja taivaan tähdet putosivat maahan ….>

Suuremman ahdistuksen aikana 144000 Israelilaista vainotaan ympäri maailmaa. Lopussakin monet pakana-kansat hyökkäävät ja valtaavat Jerusalemin. Israelissa on hyvin vähän evankeliumin va-loa ja toivoa jäljellä (7d§67₁14, Sak. 12:1-3; 14:1-2b), Sak. 14:6-7, <Sinä päivänä ei ole valoa, loistavat tähdet sammuvat. 7. On tuleva päivä – HERRALLE se on tunnettu. Silloin ei vaihdu päivä ja yö; illallakin on valoisaa.>

¤ Seuraavana 45 päivän ajanjaksona tuhoaseiden savun alla ei vaihdu päivä ja yö. Mutta tämän puolentoista kuukauden lopussa, siis kuukauden puolivälissä kun on täyskuu, on valoisaa. Herra Jeesus Kristus ilmestyy. Aivan kuten kaksituhatta vuotta sitten oli toinen maanjäristys, kun Hän nousi haudasta (Mat. 28:2).

Kaikkialla maailmassa Ihmisen Pojan (tunnus)merkki sytyttää taivaan ja näkyy pakanakansojen `aikakauden päättymisen (tunnus)merkkinä´ {Mat. 24:30 ja 5g§6(8)10, Mat. 24:3 (6h§6(8)10); Ilm. 1:7. (Sekä yleensä Ilm. 6:14-17 ja 19:11-21)}.

¤ Nyt Hän `sotii näitä pakanakansoja vastaan', `Öljymäki halkeaa hyvin suureksi laaksoksi', ja `Häneltä tulee suuri hämminki'. Seuraavaksi Israelin kansa `kuluttaa kaikki kansat ympäriinsä oikealta ja vasemmilta'. Ja nähdään atomipommien jälkiä, Israelin vihollisten lihan mätäneminen (Sak. 12:4–13:5; 14:2c-5, 12-15).

Sen jälkeen evankeliumin vedet virtaavat Juutalaisille ja pakanoille (Sak. 14:8-11).

¤

¤ Tässä ovat kaikki muut Ilmestyskirjan tekstit, joissa tunnin sana on käytetty:

Ilm. 3:3b, <Jos et valvo, minä tulen kuin varas, etkä sinä tiedä, millä tunnilla minä tulen luoksesi.>

Ilm. 3:10, <Koska olet ottanut varteen minun kestävyyden {/-teen kehottavaa} sanaani, niin minäkin var-je-len sinut koetuksen tunnista, joka on tulossa koko maailmaan koettelemaan niitä, jotka asuvat maan päällä.

Ilm. 9:15, <…. enkeliä, jotka tunnilleen, …. ja vuodelleen olivat valmiina tappamaan kolmasosan ihmisistä.>

Ilm. 14:7a, <…. "Pelätkää Jumalaa ja antakaa hänelle kunnia, sillä hänen tuomionsa tunti on tullut, ….">

Ilm. 14:15b, <"Lähetä sirppisi ja leikkaa, sillä leikkuutunti on tullut ja maan sato on kypsynyt.">

Sekä seuraavat paikat, missä sen lisäksi on käytetty sana yksi (siis yhdeksi tunniksi tai yhdessä tunnissa):

Ilm. 17:12, <Ja ne kymmenen sarvea, jotka sinä näit, ovat kymmenen kuningasta, jotka eivät vielä ole saaneet kuninkuutta mutta saavat vallan niin kuin kuninkaat yhdeksi tunniksi yhdessä pedon kanssa.>

Ilm. 18:10, <…. "Voi, voi sinua, suuri kaupunki, Babylon, …., sillä yhdessä tunnissa tuli sinun tuomiosi.">

Ilm. 18:16-17a, <…. "Voi, voi …. kaupunkia, …. 17. sillä sellainen rikkaus tuhoutui yhdessä tunnissa!">

Ilm. 18:19, <…. "Voi, voi tuota suurta kaupunkia, …., sillä yhdessä tunnissa se tuhoutui.">

~ ~ ~ ~ ~

C. Tuomiot Yleisesti (Ilmestyskirja §8,9,11,15,16)

8a§89₁156

Seitsemän Taivaanpasuunaa

Shalom,
^ Kulhojen vitsaukset ja Pasuunoiden tuomiot käsitellään yhdessä, Ilm. 8, 9, 11, 15 ja 16.
Kuitenkin Pasuunoiden salaisuuksien selittäminen ei olisi itsestään selvää....
Kristuksen elävien kirjeiden rukouksella (vrt. 2Kor. 3:3), Bert

1-7P: Kun veli Branham oli pyrkinyt vuokramaan ison kokouspaikan, missä hän oli voinut saarnata monille seitsemästä pasuunasta, kaikki epäonnistui. Loppujen lopuksi vain tavallinen kokous oli mahdollista järjestellä. Syynä hän mainitsi, että Jumala kielsi häneltä pasuunoiden puhumisesta. Pasuunat kuuluvat juutalaiseen kansaan, Jumala oli vastannut, kun hän oli pyytänyt vastauksen. Siten hänen saarnan aihe ja sisältö muuttuivat 'Pasuunoiden Juhla' aiheeksi, mistä löytyy selityskin (64-0719M).

Ilmestyskirjasta löytyy seitsemän taivaassa olevaa enkeliä, joilla on pasuuna, ja seitsemän maan päällä olevaa seurakuntien tähtisanansaattajaa, jotka ovat maan päällä pasuunan puhaltajia. VBranhamin elämänsä aikana mm. sinettien salaisuudet paljastettiin, niin kuin hän olisi ollut seitsemännen seurakunnan, Laodikean seurakunnan, sanansaattaja (5c§6(8)10, =), Ilm. 10:7, <.... Vaan seitsemännen sanansaattajan/enkelin äänen päivinä, jolloin hän alkaa puhaltaa pasuunaan, Jumalan salaisuus myös käy täytäntöön, sen hyvän sanoman mukaan, {jonka hän on} ilmoittanut palvelijoilleen profeetoille.>

¤ Tämän tekstin sanoman perusteella voidaan uskoa, että hän sai välittää kaikki totuudet, mitä Jumala oli tahtonut paljastaa Laodikean seurakunnan ajanjaksossa. Samalla, hän julisti pasuunallaan hengellisen sodan kaikkia pimeyden voimia vastaan (5c§6(8)10, 1Kor. 14:8-9).

Seitsemäs taivaan pasuuna sen sijaan käynnistää uskovien Tempauksen (vrt. 5d§6(8)10, Ilm. 11:15-19).

¤ Samanaikaisesti Laodikean jakso päättyy ja Suuremman ahdistuksen ajanjakso alkaa. Samoin muut taivaanpasuunat olisivat edustaneet samanlaisia tuomioiden ajanjaksoja (Ilm. 8:5).

¤

1-7S6P: Paljon taustatietoja vBranham välitti Pasuunoiden Juhlan saarnassa. Esimerkiksi, seitsemän sinetin salaisuuksien paljastaminen tapahtuu kuudennen taivaanpasuunan ajanjaksona. Niin kuin Ilmestys-kirjassa kuudennen pasuunan symbolin jälkeen mainitaan seitsemän ukkosenjylinää (Ilm. 9:13–10:4).

Seitsemän kertaa Jumala oli puhunut ikuiselta Valtaistuimeltaan (6h§6(8)10, Ilm. 10:1-

3-7).

7s: Kuudenteen pasuunaan puhallettiin, kun kuudennen seurakunnan, Filadelfian seurakuntajakson, herätys oli täysin kuollut. Jossakin vaiheessa vuoden 1906 jälkeen.

Kuudennen pasuunan tuomion ajanjaksona Herra Jeesus Kristus ilmestyi vuonna 1963 väkevänä Enkelinä Taivaan ja maan välillä ja hänen Käsissä oli pieni avattu Kirjakäärö.

7S: Kaikki Kirjakäärön seitsemän sinettiä oli avattu ja kuuden sinetin salaisuudet paljastettiin veli Branhamin kautta. Mutta Seitsemännen Sinetin Salaisuus jäi osittain paljastamatta. Se oli Herran Jeesuksen Kristuksen Ilmestyminen maan päällä (6m§6(8)10).

Veli Branham ei kertonut suoraan, koska Herran Jeesuksen Ilmestyminen, siis Elävän Sanan kaikkine totuuksineen paljastaminen, olisi täyttynyt. Kuitenkin sen olisi pitänyt olla ennen hänen kuolemaa, 12.1965.

¤

1-6P7P,1-6S7S: Kun uskotaan, että pasuunat ja näiden selitykset kuuluvat Israelin kansaan, alkaa Ilmestyskirjan järjestys elää ja tulla ymmärrettäväksi. Nähdään että kuuden ensimmäisen pasuunan kokonaispaketti ja seitsemäs pasuuna mainitaan erikseen (Ilm. 8:2–9:21 ja 11:15-19).

Samalla tavalla kuin selitetyt sinetit, jotka kuuluvat seurakuntajaksojen Kristityille (Ilm. 6 ja 8:1).

1-7S6P,6S1-7P: Niin kuin sinettien salaisuuksien paljastaminen tapahtuu kuudennen pasuunan tuomion aikana, vBranhamin mukaan pasuunoiden sisältöjen paljastamisen on tapahduttava kuudennen sinetin tutkivan tuomion aikana (7a§67₁14, Ilm. 6:12-17).

Tänä tuomion aikana, eli Suuremman ahdistuksen aikana, kahden todistajan voimakkaan toiminnan ansiosta 144000 Israelilaista mahdollisten juutalaisten juuriensa vuoksi (!) vedetään Jerusalemiin. Siellä todistajat johdattavat heidät uskoon Herraan Jeesukseen, opettavat heille muun muassa pasuunoiden salaisuuksia ja lähettävät heidät evankelioimaan kaikkialle maailmaan ja varoittamaan ihmisiä pedon merkistä.

7S: Tempaus on tapahtunut ja Seitsemännen Sinetin puolisen tunnin ajanjakso on päättynyt (Ilm. 8:1).

Seitsemännen Sinetin Salainen Sisältö on jollain tapaa täytetty, vahvistettu, konkretisoitu ja selväksi tultu.

6P2V: Seuraavaksi on kirjoitettu kaikenlaisia kuuden pasuunan tunnusmerkkejä (Ilm. 8:2–9:21).

Mutta mitä tulee (kuudennen ja) seitsemännen pasuunan paljastamiseen, on vaikea ongelma. Vasta Suuremman Ahdistuksen lopussa olevan suuren maanjäristyksen jälkeen sanotaan, että kuudennen pasuunan toinen voi-huuto on mennyt {7b§67₁14, Ilm. 11:(11-)14a(-14)}.

7P3V: Vasta sen jälkeen Jumalan tuomiot kolmannesta voi-huudosta ja viimeisestä trumpetista nähdään (Ilm. 11:14b-19).

Kysymys kuuluu: kestääkö Suuremman ahdistuksen ajanjakso 7 vuotta, kuten yleisesti on opetettu, vai vain 3,5 vuotta? Kunnes Jumala Itse astuu esiin, mitä maailma varmasti huomaa (7d§67₁14, Sak. 14:2b-4a).

Taivaanpasuunoiden (ja Sinettien) Suunnitelma

Shalom,
^ Taivaassa on Ilmestysmaja, joka oli malli maan päällä olevalle ilmestysmajalle (Hep. 8:(1-)5).
Kaksituhatta vuotta sitten Jeesus Kristus teurastettiin Jumalan Karitsana, kuten oli suunniteltu (Ilm. 13:8b).
Sen jälkeen Hän, Taivaan Ilmestysmajan Ylipappimme, nousi Jumalan luo (Hep. 9:11-15).
Jumalan edessä nöyrien ja murtuneiden ja hänen Sanan edessä vapisevien rukous (vrt. Jes. 66:1-2), Bert

1-7P: Neljäkymmentä päivää sen jälkeen, kun Jeesus Kristus oli noussut haudasta, Hän nousi Jumalan luo. Ja viidentenäkymmenentenä päivänä Helluntaijuhla oli täytetty Pyhän Hengen tullessa. Jumalan Henki oli saapunut seurakuntien aikakauteen pysyäkseen uskovien kanssa ja heidän sisällään (Joh. 14:17).
Pasuunoiden Juhlan saarnassa veli Branham vertasi tätä 50 päivän Helluntai-Sovitusta 50 vuoden riemuvuoden Sovitukseen. Ensin oli ollut 7*7 vuosiviikkoa (joiden lopussa joka kerta oli soinut yksi vapauden pasuuna), ja viideskymmenes vuosi oli ollut kaikkien pasuunoiden riemullinen soiminen. Näin se oli opetettu ja annettu käskynä Israelin kansalle (vrt. 3Ms. 25).
7P: Sama Sovitus Jumalan kanssa odottaa nyt juutalaista kansaa 50. henkisenä vuotena.
Siksi pasuunat kuuluvat juutalaiselle kansalle, kuten Jumala oli sanonut (8a§89₁156, Pasuunoiden Juhla).
1-7s,1-7S: Tässä nähdään, että jokaisen seurakuntajakson lopussa yhteen Taivaan pasuunaan puhallettiin. Ja viimeisenä riemuvuoden päivänä, Suuremman ahdistuksen aikana, on pasuunoiden juhla. Kaikkiin pasuunoihin puhalletaan. Silloin 144000 Israelilaisen täytyi olla Palestiinassa/Israelissa. Siksi Jumalan oli täytynyt kovettaa faaraon sydän ajaakseen heidät ulos Egyptistä. Ja Hän oli kovettanut Stalinin, Mussolinin, ja oli tehnyt kaiken tämän saadakseen heidät takaisin luvattuun maahan {Jer. 16:14-16 (7a§67₁14)}.
Ennen jo keskusteltiin, että jokaiselle seurakuntajaksolle kuuluu yksi opetussinettikin (6l§6(8)10).
¤
1-7s: Seitsemän seurakuntajaksoa ovat seitsemän eri herätystä, seitsemän lampunjalkaa yhdessä seitsemän tähtisanansaattajan kanssa (1ab§1-3, Ilm. 1:20).
Jokainen seurakuntien uskova on kutsuttu olemaan Valoa yhdessä tähtisanansaattajan kanssa (Mat. 5:14-16).

¤ Kaksituhatta vuotta sitten kaikki lampunhaarat paloivat ja antoivat Valoa. Valo tulee Jumalan Pyhästä Hengestä, sellaisena kuin se näkyy Taivaassa. Jumalan valtaistuimen edessä nähdään seitsemän eri Henkeä, seitsemän eri Valoa (2b§45, Ilm. 4:5b).

Ensimmäinen seurakuntajakso oli lähes täydellinen. Siellä oli kaikkea, täydellinen Sana täydellisen opetuksen ja täydellisen täyttymyksen kanssa. Miehet ja naiset pukeutuivat kuten kristityt. He rukoilivat koko yön. Eivätkä he olleet häpeissään Hengen ilmentymistä.

¤ Mutta vähitellen uskovien keskuudessa Rakkaus kylmeni ja Uskosta luovuttiin. Langenneessa maailmassa on kaikenlaisia hyökkäyksiä.

Uskovat alkoivat organisoida liikkeen ja ohjasivat sitä ihmisvoimin. Yksi johti ja muiden piti olla hiljaa. Hengen vaikutus ja vapaus meni. Ilohuuto katosi. Näin, he säilyttivät muotonsa, mutta tuli oli sammunut ja tuhkien mustuus oli melkein kaikki, mitä oli jäljellä. Jumalan Sanoman ympärille oli ilmestynyt kirkkokanta ja kirkot. Se on miehen teko. Nahistelukerhoja ne ovat.

1-7P: Kun kaikkialla kyseisen seurakuntajakson herätykset olivat sammuneet, Taivaassa puhallettiin yhteen pasuunaan. Se lopetti sen ajanjakson. Kyseisen seurakunnan lampunjalka siirrettiin pois (Ilm. 2:5).

Se pani Jumalan väliaikaisen pasuunantuomion täytäntöön niille uskoville, jotka eivät jatkaneet herätyshengessä ja Pyhän Hengen johdettuina.

¤ Kuusi muuta Valoa oli jäljellä. Osa uskovista ei ollut jäänyt toimimatta. Tuliset rukoukset olivat jo johtaneet heidät eteenpäin. Jatkuvasti he olivat etsineet Pyhän Hengen, ja Jumalan Sanan, ja elävän Sanan ilmestystä. Siten Pyhän Hengen Voima oli jälleen löytynyt.

Tässä tilanteessa oli tarvittu uusi suunnitelma. Jumala oli halunnut kertoa, mistä uusista hengellisistä ongelmista oli kyse. Sillä tavalla Pyhä Henki tuli mukaan vastahyökkäykseen.

1-4s: Jokaisessa seurakuntajaksossa yksi sinetti avattiin. Ensiksi se ilmoitettiin Taivaassa ja avattiin. Yhden salaisuuden Jumala paljasti. Seuraavaksi tähti-sanansaattaja otti sen, vaikka ei vielä täysin paljastunut. Uskossa hänen piti mennä ja julistaa tuo sanoma ihmisille. Se aloitti hengellisen sodan (63-0318, 1Seal-saarna, #63-64; 7c§67₁14, 5-7s:n seurakunnan sanomat löytyy voi-huudon sanomista, 1-3v).

Pyhä Henki jatkoi tämän sanoman vahvistamista. Vastus heikkeni. Lopulta yhden sinetin sisältö oli tullut täysin esiin.

7S5-7s7P: Viides, kuudes ja seitsemäs sinetti ovat valmistaneet tulevat herätykset Israelissa. Herätys alkaa, kun seitsemäs pasuuna puhalletaan ja Suurempi Ahdistus alkaa. Samalla päättyy seitsemännen sinetin Hiljaisuus (Taivaassa) ja Salaisuus (maan päällä, kun yhtäkkiä muutama uskova ei ole enää täällä).

1-7P: Samoin kolme ensimmäistä taivaanpasuunoiden tuomiota pyrkivät herättämään nukkuvia Kristittyjä. Ja viimeiset pasuunat ovat olleet henkisiä sotia juutalaiselle kansalle, millä se valmistetaan tulemaan uskoon.

"PASUUNAT AVAUTUVAT"

Shalom,
^ Alan käsitellä pasuunoiden symbolit, mitä olin ensimmäistä kertaa tehnyt 060621. Siihen aikaan olin katsonut tarkemmin kulhojen vitsauksia ja yhtäkkiä mahdollinen kokonaiskuva oli alkanut koitua.

Rukoilin sen puolesta ja sain vastauksen, että pasuunoiden (ja kulhojen) symbolien käsitteleminen ei ollut enää kielletty aihe, niin kuin se oli ollut veli Branhamin aikana (8a§89₁156, Pasuunoiden Juhla).

Se tarkoitti, että Herran Jeesuksen ruumiillinen Tulemus yläilmoissa ja seuraavaksi Evankeliumin saarnaamisen paluu juutalaiselle kansalle oli tullut erittäin lähellä (myös 6m§6(8)10, Seitsemäs Sinetti)!

Oletko valmis tapaamaan Hänet?

^ Jumala ottaa vakavasti kaikki ihmiset, jotka käyttävät hänen Nimeänsä. Tällä perusteella voidaan jakaa uskovat ja Ilmestyskirjan osat. Seurakunnoille osoitetut viestit ja sinettien salaisuuksien ymmärtäminen kuuluu tosiuskoville. Laiskoille uskoville ja tulevalle Israelin kansalle kuuluvat pasuunoiden tuomiot. Kulhot ovat vitsauksia nimikristityille, mm. eksyneille voidelluille Kristityille, sekä koko maailmalle.

^ Pasuunat ja Kulhot edustavat molemmat Jumalan tuomioita.

Sillä lailla voidaan ymmärtää ja uskoa, että yksi pasuuna ja yksi kulho pannaan samanaikaisesti alulle (vrt. Ilm. 8:5 ja 15:7-8).

Rukous heiltä, jotka "seisovat lasisen meren päällä" ja palvovat ainoastaan Jumalaa (vrt. Ilm. 15:2-4), Bert

[="Pyhät ja nuhteettomat Jumalan edessä heijastavat Häntä sellaisena kuin Hän on {Ef. 1:4(-14); Ilm. 4:6},

Jumalan Sanan vesipesulla täysin puhtaiksi tulleita uskovia, jotka ovat toisilleen alamaisia (Ef. 5:21-26)."]

7S7P: Kun Seitsemännen Sinetin puolisen tunnin hiljaisuus päättyy, alkavat Taivaassa olevien pasuunoiden symbolit tulla esiin (8a§89₁156, Ilm. 8:2-9:21 ja 11:15-19).
Seitsemäs Taivaan pasuuna on soinut ja Suuremman ahdistuksen aika alkaa.
¤ Samanaikaisesti Tempauksen uskovat ilmestyvät Jumalan Valtaistuimen eteen (Ilm. 7:9-17).
Laodikean seurakuntajakso on täysin ohi ja HERRAN otollinen kahdentuhannen vuoden vuosi on päättynyt {Jes. 61:2a (8e§89₁156)}.
¤ Pidem-män aikaa Pyhä Henki ei ole toiminut kunnolla kristillisissä seurakunnissa. Siitä oli erilaisia varoituksia (0b_TiivIlm, Ilm. 18:4; 5b§6(8)10, Ilm. 3:20).

Vakavia Jumalan tuomioita odottavat ihmiskunnalle ja niille uskoville, jotka eivät olleet valmiita Tempaukselle. Sen lisäksi, kaikki jotka palvovat petoa ja sen kuvaa ja ottavat sen merkin otsaansa tai käteensä, joutuvat myöhemmin Jumalan Tuomioistuimen edessä suoraan helvettiin {7d§67₁14, Ilm. 14:(9-)11(-13), pedon ja sen kuvan ja sen merkin yksityiskohdat löytyy seuraavalla sivulla (8d§89₁156)}.

¤ Niin kuin Jumalalla on erilaisia tuomioita (vrt. Mrk. 12:38-40).

Ja eriarvoisia palkintoja (vrt. 1Kor. 3:11-15).

¤

¤ Yleensä, seitsemän pään pedolla Jumala on kuvaillut seitsemän supervaltaa, jotka luomakunnan alusta lähtien ovat onnistuneet hallitsemaan koko tunnettua maailmaa {4a§1317 (Ilm. 13 ja 17)}.

Peto (ja sen merkki) edustaa syvimmillään Saatanaa itseä (4a§1317, Hep. 8:5, Ilm. 13:2b).

¤ Myös pedosta on luotu kaikenlaisia kuvia. Siis henkilökultteja tai uskontoja, millä ihmisiä vielä täydellisemmin hallittiin. Esimerkiksi kuningas Nebukadnessarin kuvapatsas (Dan. 3:1-7).

Sellaisia kovia fyysisiä vainoja on tulossa koko ihmiskunnalle, mitä tosiuskovat olivat vapaaehtoisesti kärsineet kumartamatta samaa petoa, tai samanlaisia pedon kuvia, tai ottamatta samanlaisia pedon merkkiä {Ilm. 20:4 (0b_TiivIlm)}.

¤ Jumalan Sinetti on Pyhän Hengen Kaste, että olet sinetöity Jumalan Valtakunnassa. Ja pedon merkki on Sen kieltäminen. Toiset uskovat olivat täysin kuolleet Jumalan laille, toiset eivät. Jumala etsii miehiä/naisia, jotka huokaavat ja valittavat kaikkia iljettäviä tekoja täällä (Hes. 9:1-6; Gal. 2:19-20; Ef. 4:30).

Kun joku hylkää Herraa Jeesusta Kristusta Pelastajana tietoisesti, Saatana merkitsee hänet hänen korvastansa. Hän tekee hänet niin kuuroksi, ettei hän enää pysty kuulla Totuutta (Hep. 10:26-31).

¤ Ihminen tahtoo kuunnella Jumalan ja toimia Hänen Tahtonsa mukaan, vaikka se maksaisi hänen elämänsä. Vai hän palvoo kyseistä petoa ja tulee Saatanan orjaksi (Ilm. 13:7-10).

Jumala ei tahtonut, että olisi orjia. Joka seitsemäs vuosi oli riemuvuosi, jolloin Hänen omaisuuskansansa omille orjille piti julistaa vapautta. Kuitenkin, jos joku ei tahtonut lähteä vaan oli tyytyväinen orjaisäntäänsä, silloin hänet piti viedä Temppeliin ja hänen korvansa piti lävistää naskalilla. Se oli merkki siitä, ettei hän enää koskaan voinut päästä vapaaksi. Hänen täytyi palvella isäntäänsä elämänsä loppuun saakka (2Ms. 21:1-6).

¤

¤ Kohta ne joilla hengellisesti on jo Saatanan merkki, ottavat huolettomasti pedon maksukortin merkin (8d§89₁156).

Evankeliumin täysin vastaanottaminen sydämiin tapahtuu enää pelkästään Israelin kansan keskuudessa kahden todistajan kautta (7b§67₁14, Ilm. 11:4).

Tuleva Talousromahdus

Shalom,
^ Maailman tulevan talousromahduksen näkeminen kuuluu aikojen merkkien arvioimiseen (Mat. 16:2-4).
Rukous heiltä, jotka tahtovat kuulla enemmän Jumalaa kuin ihmisiä (Ap.t. 4:19), Bert

¤ Lähes kaikissa länsimaissa kaikenlaiset velat kasvavat vuosi vuodelta yhä nopeammin. Pian tulee se hetki, jolloin rahanlainaajat eivät enää luota jonkun valtion takaisin maksamisen kykyyn, eivätkä naapurimaat ole enää halukkaita lainaamaan sille omia rahojaan. Tämän seurauksena ei ole enää rahaa valtion hallintojärjestelmien tukemiseen ja maan tarpeiden ostamiseen. Näin kaikki eläminen ja työn tekeminen luhistuu.

Kun talous ei enää toimi, monet velat jäävät maksamatta. Seuraavaksi sen naapurimaissa havaitaan, että niiden taloudet heikkenevät voimakkaasti ja alkavat romahtaa.

¤ Maailmanlaajuinen talousromahdus ei ole enää pelkästään spekulaatiota aikanamme. Erityisesti koska taloudelliset kehitykset ja Jumalan tunnusmerkit täsmännevät niin hyvin toisten kanssa. On tulossa aika, jolloin ei kukaan voi ostaa eikä myydä paitsi hän, jossa on pedon merkki (4d§1317, Ilm. 13:16-18).

Siellä käsittelin jo Yhdysvaltain velkaa.

¤ Muun muassa seuraavan listan avulla voidaan huomata, että monien muiden maiden lisäksi EUn talous on heikko ja epävakaa, linkki,
https://tradingeconomics.com/country-list/government-debt-to-gdp :
EUn velka oli vuosien 2022 / 2021 / 2020 / 2019 lopussa: 83,5 / 87,4 / 90,0 / 77,5 prosenttia bruttokansantuotteesta.

¤ Länsimaiden taloudet ovat niin riippuvaisia toisistaan, että myös täältä alkava taloudellinen romahdus voi olla mahdollinen syy Yhdysvaltain talouden kaatumiseen. Sen dollari on kuitenkin maailmankaupan tärkein välittäjävaluutta. Sen myötä kaikkien maailman maiden taloudet pysähtyvät tai kärsivät. Sitten etsitään kiihkeästi ratkaisuja. Yhtäkkiä ilmaantuu yksi velanmaksaja, mitä Jumala kaksituhatta vuotta sitten oli ilmoittanut. Pedon nimi tai pedon nimi luku, ihminen, Jumalan Pojan sijainen, paavi (4d§1317, Ilm. 13:17-18).

3v: Kuitenkin, velan maksamiselle on aina vaatimuksia. Mitä ne olisivat? Viittaus näihin löytyy kolmannen voi-huudon viestistä (7d§67₁14, =), Ilm. 14:9-13, <Ja heitä seurasi vielä kolmas sanansaat-taja/enkeli, joka sanoi suurella äänellä: "Jos joku palvoo petoa ja sen kuvaa ja ottaa otsaansa tai käteensä merkkiä, 10. niin hänkin joutuu juomaan Jumalan vihan viiniä, joka laimentamattomana on kaadettu hänen suuttumuksensa maljaan, ja häntä kidutetaan tulessa ja rikissä pyhien enkelien ja Karitsan edessä. 11. Ja heidän vaivansa savu nousee aina ja ikuisesti, eikä heillä ole lepoa päivällä eikä yöllä,

niillä jotka palvovat petoa ja sen kuvaa, eikä kenelläkään, joka ottaa sen nimen merkin. ….">

Kolme asiaa mainitaan samanaikaisesti. Pedon ja sen kuvan palvominen ja pedon merkin ottaminen.

¤

¤ Kun tosiuskovat temmataan ylös Taivaaseen, alkaa Suuremman ahdistuksen aika. Paavi ja roomalaiskatolinen kirkko ovat vielä hetkeä edustamassa seitsemän pään petoa (4abc§1317, Ilm. 13:3a).

Tämä kuudes pää hallitsee maailmaa siihen asti kunnes toisen pedon presidentti, USAn presidentti, avaa sydämensä Saatanalle, joka heitetään ennen Tempausta ulos taivaasta (3f§12 ja 6k§6(8)10, Ilm. 12:13).

¤ Seuraavaksi jostain syystä dollarin arvo romahtaa (vrt. 4d§1317, Ilm. 13:16-18).

Hätä on suuri. Yhdysvaltain johtava kaupallinen rooli maailmassa ja globaali maailmankauppa ovat uhattuna. Mutta yhtäkkiä, esimerkiksi seuraavalla tavalla, astuu USAn presidentti muutaman Kirkkojen maailman-neuvoston (=KMNn) edustajan kanssa kansansa eteen ja alkaa puhua: "Olimme valtavan haasteen edessä. Mutta juuri sain puhelun. Paavi soitti ja sanoi, että hänen roomalaiskatolisella kirkollaan on ratkaisu ja minä kuuntelin. Sitten otin yhteyttä maamme kirkkojen edustajaan, Kirkkojen maailman-neuvostoon. Se oli hämmästyttävää. Kaikki olimme samaa mieltä. Neuvosto puhuu nyt nimessäni. Kuunnelkaa!"

¤ KMNn edustajat jatkavat: "Maailman Protestanttien nimessä kiitämme me, KMN, presidenttiä luottamuksestaan ja meidän roomalaiskatolisia uskon veljiä ja sisaria heidän auttamishalusta. Paavi on valmis maksamaan USAn hallituksen velat ja auttamaan jokaista dollaria omistavaa. Vaatimuksia on vain yksi. Jokaisen, joka haluaa käyttää omia rahojaan, on hyväksyttävä maksukortti, jossa on teksti 'Kiitos ja kunnia roomalaiskatolisen kirkon ja Jumalan Poikansa edustajalle, Paavi Franciscus.' Me kanna-tamme tätä. Se ei ole vaikeaa. Ei ole parempaa ratkaisua. Muuten maailman dollareilla ei ole enää arvoa."

Siten peto, roomalaiskatolinen kirkko, ja pedon merkki, paavillinen maksukortti, palvotaan. Ja pedon kuvalle, KMN:lle, presidentti antaa hengen. Jokainen Yhdysvaltain kansalainen on pakotettu uskomaan tähän väärään hengelliseen järjestelmään, mikä on epäjumalanpalvontaa (4c§1317 ja 6k§6(8)10, Ilm. 13:14-15).

¤ Politiikan ja uskonnon sekoittaminen on USAn perustuslain vastaista. Presidentti ei saisi tehdä sellaista. Sekä se on vastoin Jumalan lakia, mikä on anteeksiantamatonta (5Ms. 29:15-20).

Samaan aikaan Saatana menee presidenttiin, millä Yhdysvalloista tulee pedon seitsemäs pää. Tällä tavoin presidentti asettuu KMN:on ja tekeytyy Jumalana {4b ja 4c§1317, 2Tes. 2:(3b-)4, 7}.

Uuden Testamentin Sanat Viha ja Suuttumus

Shalom,
^ Melkein samoin kuin tunnin sanan kohdalla Jumalan täysin-kasvaneen-suuttumuksen sana [orgé] ja Jumalan pyhän-vihan sana [thumos] on käännetty monilla eri sanoilla ja sekaisin (7e§67₁14, Sana Tunti).
Käyttäisin vain sanat suuttumusta ja vihaa oikeissa paikoissa. Esimerkiksi suuttumuksen sanan merkitys (ja paikat) löytyy linkillä,
https://biblehub.com/greek/3709.htm
Rukous heistä, jotka etsivät Jumalan viisautta (vrt. Saarn. 3:11), Bert

¤ Kaksituhatta vuotta sitten Jeesus Kristus oli Hänen palvelutyön alussa julistanut HERRAN otollisen aikakauden alkua ja oli pysähtynyt, missä profeetta Jesaja oli jatkanut (vrt. Lk. 4:19), Jes. 61:2a, <julistamaan (HERRAN otollista vuotta ja) meidän Jumalamme kostonpäivää.>
Jumalan kostonpäivä on Suuremman ahdistuksen ajanjakso, kun seitsemänteen pasuunaan on puhallettu ja Tempaus on tapahtunut (3e§12, Dan. 12:1-3; 5d§6(8)10, 1Kor. 15:51-52; 8a§89₁156, Ilm. 11:15-19 ja Mal. 4:1-6), Ilm. 11:18, <".... Ja (pakana)kansakunnat ovat SUUTUKSISSA, ja sinun SUUTTUMUS {/SUUTTUMUKSESI hetki} on tullut, ja on tullut aika tuomita kuolleet ja maksaa palkka palvelijoillesi profeetoille ja pyhille ja sinun nimeäsi pelkääville, pienille ja suurille, ja tuhota ne, jotka tuhoavat maata.">
¤
7K: On seitsemän Jumalan Vihan kulhoa. Seitsemännen kulhon aikana Hän antaa Suuren Babylonin systeemille Hänen Suuttumuksensa maljan juottavaksi (Ilm. 16:17-21), Ilm. 16:19b, <Suuri Babylon tuli muistetuksi Jumalan edessä, niin että hän antoi sille hänen SUUTTUMUKSENSA vihan viinin maljan.>
Suuttumus puhuu Jumalan Lopputuomiosta (Ilm. 20:11-15), 1Tes. 1:10, <ja odottamaan taivaista hänen Poikaansa, jonka hän herätti kuolleista, Jeesusta, joka pelastaa meidät tulevasta SUUTTUMUKSESTA.>
7s3v: Elämänsä aikana veli Branhamin piti varoittaa pedon merkistä (7d§67₁14, =), Ilm. 14:9-13, <Ja hei-tä seurasi vielä kolmas sanansaattaja/enkeli, joka sanoi suurella äänellä: "Jos joku palvoa petoa ja sen kuvaa ja ottaa otsaan-sa tai käteensä merkkiä, 10. niin hänkin joutuu juomaan Jumalan vihan viiniä, joka laimenta-mat-tomana on kaadettu hänen SUUTTUMUKSENSA maljaan, ja häntä piinataan tulessa ja rikissä pyhien enkelien ja Karitsan edessä. 11. Ja heidän vaivansa savu nousee aina ja ikuisesti, eikä heillä ole lepoa päiväl-lä eikä yöllä, niillä jotka palvovat petoa ja sen kuvaa, eikä kenelläkään, joka ottaa sen nimen merkin. ....">
Suuremman ahdistuksen ajan lopussa on Jumalan Suuttumuksen malja täysin täyttynyt. Se on väliaikainen Lopputuomio. Osittain tapahtuu, mitä Lopputuomiossa tapahtuu, kun

ihmisten päätöksiä on tehty eikä enää voi muuttaa kurssia. Monet saavat esimakua helvetistä.
¤

¤ Seurakuntien ajanjaksojen lopussa on sadonkorjuun 'leikkuutunti'. Tunnin alussa on Herramme Jeesuksen Ruumiillinen Tulemus, kun Hän leikkaa Hänen Sadon. Ja elonkorjuun tunnin lopussa päättyy pakanakansojen hallitusvallan aikakausi {0c_TiivSel, 1Tes. 4:15-17; 6h§6(8)10, Mat. 24:3; 7e§67₁14, Ilm. 14:15b (14-16)}, Mat. 13:37-43, <Niin hän [Jeesus] vastasi ja sanoi, "Hyvän siemenen kylväjä on Ihmisen Poika. 38. Pelto on maailma. Hyvä siemen on valtakunnan lapset. Rikkavilja on pahan {/Pahan} lapset. 39. Vihamies, joka sen kylvi, on Panettelija. Sadonkorjuun aika on aikakauden päättymistä. Leikkuuväki on enkelit. 40. Niin kuin rikkavilja kootaan ja poltetaan tulessa, niin tapahtuu aikakauden päättymisessä. 41. Ihmisen Poika lähettää enkelinsä, ja he kokoavat hänen valtakunnastaan kaikki kompastuskivet, ja kaikki, jotka harjoittavat vääryyttä, 42. ja heittävät heidät tuliseen pätsiin. Siellä on oleva itku ja hammasten kiristys. 43. Silloin vanhurskaat loistavat Isänsä valtakunnassa niin kuin aurinko. Jolla on korvat, se kuulkoon!">
Jumalan Suuttumuksensa Vihan viinin malja vaatii/vastaa verta, niin kuin viinirypäleiden ja veren punainen samanlaisuus ja viinin kaltainen valmistusprosessi löytyvät seuraavasta maanpalon sadonkorjuun tekstistä. Valtavan määrän ihmisiä on kuoleva. Ihmisten veren meri löytyy noin 300 kilometrin säteellä (Ilm. 14:17-20), Ilm. 14:20, <Ja kuurna poljettiin kaupungin ulko-puolella, ja kuurnasta kuohui veri hevosten kuolaimiin asti, tuhannen kuudensadan stadionmitan päähän.>
¤ Sama Tuomio löytyy kuudennen sinetin lopusta, Ilm. 6:15-17, <Ja maan kuninkaat ja ylimykset ja sota-päälliköt ja rikkaat ja väkevät ja kaikki orjat ja vapaat kätkeytyivät luoliin ja vuorten uumeniin 16. ja sanoivat vuorille ja kallioille: "Kaatukaa päällemme ja kätkekää meidät valtaistuimella istuvan kasvoilta ja Ka-rit-san SUUTTUMUKSELTA! 17. Sillä heidän SUUTTUMUKSENSA suuri päivä on tullut! Ja kuka voi sen kestää?">
Sekä samasta verilöylystä puhuu tapahtuma, kun Herra Jeesus alkaa Hänen Tuhatvuotisen Hallitsemisen. Suluissa oleva teksti ilmoittaa, että monia ruumiita syötetään linnuille (Ilm. 19:11-21), Ilm. 19:15, <Ja hänen suustaan lähtee terävä miekka, jotta hän löisi sillä kansakuntia. Ja hän paimentaa heitä rautaisella sauvalla ja polkee Jumalan, Kaikkivaltiaan, SUUTTUMUKSEN vihan viinin kuurnan.>
¤ On vain yksi joka pelastaa meidät tulevasta suuttumuksesta, yksi Arkki, yksi Ruumis. Pyhän Hengen kaste kastaa sinut/minut Herran Jeesuksen Ruumiiseen (1Kor. 12:13). Tätä Ruumista Jumala ei anna toisena kertana kärsimään. Se temmataan juuri ennen Suuremman ahdistuksen aikaa (vrt. Hep. 6:6).

~ ~ ~

C. Tuomiot Selitetty (Ilmestyskirja §8,9,11,15,16)

9f§89₁156

Efesoksen/Ensimmäinen Pasuuna ja Kulho (1s ja 2s)

Shalom,
^ Pasuunoiden ja kulhojen kanssa keskitetään lukuihin 8, 9, 11, 15 ja 16.
Enemmän historiaa ja tulevaisuutta löytyy Jumalan trumpettien ja kulhojen ennustuksista.
^ Tässä uudessa sarjassa käsittelen aiheet lähinnä paikallisseurakuntien ja niiden uskovien näkökulmasta. Se poikkeaa vBranhamin linjasta, kun v. 1963 Pyhä Henki johti hänet puhumaan sineteistä koko kristikunnan näkökulmasta katsottuna.
Viidennen sinetin selityksen alla mainitsin ja käsittelin molemmat lähestymistavat (6l§6(8)10).
Rukous palvelijoilta, jotka valmistautuvat Herransa tulolle (vrt. Lk. 12:47), Bert

1s: Ensimmäisessä seurakuntajaksossa uskovien ensimmäistä rakkautta Jumalan kohtaan hiipui pois.
Se oli ollut Jumalan päämoite Efesoksen seurakuntajakson uskoville (Ilm. 2:4).
¤ Hänen aikanaan apostoli Johannes oli opettanut, että rakkautemme Jumalaa kohtaan näkyy siinä, kuinka paljon rakastamme veljiämme/sisariamme (1Joh. 4:20-21).
Pitäisi olla valmius kuolemaan toisten puolesta, kuten Herra Jeesus oli ollut meille esimerkki. Se on Jumalan Rakkaus. Toisaalta uskovien keskuudessa pääongelmana oli ollut antikristillinen henki osassa uskovista ensimmäisen sinetin mukaan. Samasta ongelmasta Johannes oli myös puhunut (6h/6l§6(8)10, 1Joh. 2:18-19).
¤
2s1P1K: Vuonna 53 Efesoksen seurakuntajakson herätys oli syntynyt ja vuonna 170 Pyhä Henki yhtyi seuraavaan Smyrnan seurakuntajakson herätykseen (6i§6(8)10, 1-7s). Eri seurakunnissa herätykset olivat sammumassa eri ajoissa. Jolloinkin 170 jälkeen viimeinen sammui. Silloin Taivaassa pasuunaan puhallettiin (ja kulho vuodatettiin), ja Efesoksen seurakunnan lampunjalka siirrettiin paikaltaan (1b§1-3/2b§45, Ilm. 2:5).
1P: Ensimmäisen taivaanenkelin pasuunan symboli kuuluu seuraavasti, Ilm. 8:7, <Ja ensimmäinen puhalsi pasuunaan. Ja tuli rakeita ja tulta, verellä sekoitettuja, ja ne heitettiin maan päälle. Ja kolmasosa maasta paloi, ja kolmasosa puista paloi, ja kaikki vihreä ruoho paloi.>
Maa on taas kerran Jumalan lupauksen maa (vrt. 3c§12, Ilm. 12:15-16).
¤ Se edusti Efesoksen ajanjakson seurakuntia. Puita ja vihreä ruohoa edustivat uskovia ja heidän hengellisiä ja fyysisiä lapsia. Jokainen uskova olisi kuin puu, Ps. 1:3, <Hän on kuin vesipurojen ääreen istutettu puu, joka antaa hedelmänsä ajallaan ja jonka lehti ei lakastu, ja kaikki, mitä hän tekee, menestyy.>

Pasuunan tuomio kohdisti niihin uskoviin, jotka eivät jatkaneet herätyshengessä, jotka eivät jatkuneet nälkäisenä ja janoisena Jumalan suuriin tekoihin.

¤ Jumalan tuomion perusteella Efesoksen ajanjakson seurakuntien uskovien kolmas osa ja kaikki heidän lapsensa kuolivat hengellisesti. Jatkamatta herätyskokouksia kukaan ei tullut enää uskoon ja Jumala salli kolmannes uskovista vetäytyä täysin.

Veri edustaa sekä Pelastusta että Jumalan Tuomiota ja kuolemaa (2Ms. 12:13).

¤ Kyseiset uskovat olivat alkaneet seurata Jeesuksen Kristuksen ja olivat potentiaalisesti olleet hengellisiä ihmisiä, joiden nimet olivat olleet Elämän Kirjakäärössä (Ilm. 13:8b). Herätyksen vaelluspolulta eksyneinä kolmas osa heistä pyyhittiin pois Elämän Kirjakääröstä, (vrt. Lk. 10:20), vrt. Ilm. 3:5, <"…. Joka voittaa, se näin puetaan valkoisiin vaatteisiin, enkä minä missään tapauksessa pyyhi pois hänen nimeään elämän kirjakääröstä/kirjasta, ja minä tunnustan hänen nimensä Isäni edessä ja hänen enkeliensä edessä.">

¤

1K: Saman maan päällä, siis saman kuolleen herätyksen seurakuntien sisällä, kuvattiin nimikristittyjen kohtalo. Pasuunan tuomion toimeenpanemisen yhteydessä vuodatettiin ensimmäinen kulho (8c§89₁156, Ilm. 8:5 ja 15:7-8), Ilm. 16:2, <Ja ensimmäinen {enkeli} lähti ja vuodatti kulhonsa maan päälle. Ja tuli pahoja ja tuskallisia paiseita niihin ihmisiin, joissa oli pedon merkki ja jotka palvoivat sen kuvaa.>

Nimikristityt eivät olleet tosiuskovia ollenkaan. Heidän nimet eivät koskaan olleet Elämän Kirjakäärössä. Ulkopuolisesti he olivat olleet Kristittyjä. Mutta sisällä he eivät olleet tahtoneet muuttua hengellisiksi Kristityiksi.

¤ Tällä kulholla Jumala avasi ympärillä olevien ihmisten silmät. Kaikkialla havaittiin kyseisten Kristittyjen päällä pahoja tuskallisia paiseita, epäpyhää käytöstä.

Tuohon aikaan peto oli Rooman keisarien valtio ja pedon kuva sen epäjumalien systeemi. Heille kumartamatta jättäminen olisi merkinnyt suuria ongelmia. Siihen he eivät olleet valmiita. Heillä ei ollut koskaan ollut sellaista rakkautta, että Herran Jeesuksen puolesta he olisivat olleet valmiita kuolemaan. Paljon helpompaa oli ollut vaiti Jeesuksesta ja kritiikittömästi oman ajan 'kulttuurin' hyväksymistä. Tämän seurauksena Saatana oli pystynyt merkitä hänen merkillä heidät, joiden nimet alusta asti eivät olleet olleet Elämän Kirjakäärössäkään. Heidän uskoon tulo ei ollut säädetty ollenkaan (3b§12, Ap.t. 13:48).

Smyrnan/Toinen Pasuuna ja Kulho (2s ja 3s)

Shalom,
^ Seurakunnassa käymisen ja samaa herätyksen Henkeä juomisen on pitänyt olla olennainen osa kaikkien uskovien elämää kautta seurakuntien aikoja. Niin kuin me olemme olleet yksi ruumis, alusta lähtien (1Kor. 12:13).
Sekä loppuun saakka (Hep. 10:25).
Kuitenkin Smyrnan seurakuntajakson herätyksessä se vaati kaikkea.
Rukous heiltä, jotka etsivät muita uskovia, yhteisiä kokouksia ja Jumalan Herätystä loppuun saakka, Bert

1s: Ensimmäisessä herätyksessä oli ollut kaikki hengelliset hienoisuudet. Jumalan osalta kaikki oli täydellistä. Mutta ei uskovien puolella. Heidän rakkaus oli alkanut puuttua.

Pääsyitä siihen olisi ensimmäisen sinetin sisällön mukaan ollut antikristillinen henki osassa uskovista niin kuin viime kertaa käsiteltiin (9g§89₁156, 1Joh. 2:18-19).

¤ Tämä tieto olisi auttanut tosiuskovia jatkamaan ja jaksamaan pitää herätyskokouksia ja rakastaa toisiaan. Apostoli Johanneksen mukaan jossain vaiheessa niitä antikristususkovia olisivat lähteneet.

Toisaalta yhtä herätystä ei ole koskaan ollut itsestään selvää. Seurakunnissa uudet sukupolvet syntyvät ja edelliset kuolevat pois. Uusien sukupolvien lapsista jokaisen pitää erikseen etsiä Jumalaa ja kääntyä ja ottaa vedenkasteen ja kaivata hengenkastetta (Ap.t. 2:38-40).

¤

2s: Kun Rakkaus toisia uskovia ja Jumalaa kohtaan oli haihtunut, valitsi Jumala epätäydellisempää herätystä. Mutta herätys missä oli taas Hänen Rakkautta.

Smyrnan herätyksen seurakuntajakso kesti vuosina 170 – ~312 (6i§6(8)10, 1-7s).

¤ Kun luetaan Jeesuksen Kristuksen viesti Smyrnan seurakunnan sanansaattajalle, ei löydy mitään kielteistä sanottavaa. Mutta haasteet olivat olleet kovia (Ilm. 2:9-11), Ilm. 2:9-10, <Minä tiedän sinun ahdistuksesi ja köyhyytesi – sinä olet kuitenkin rikas – ja mitä pilkkaa sinä kärsit niiltä, jotka sanovat olevansa juutalaisia, vaikka eivät ole vaan {ovat} Saatanan synagoga. 10. Älä pelkää sitä, mitä joudut kärsimään. Katso, perkele on heittävä muutamia teistä vankeuteen, jotta teitä koeteltaisiin, ja te joudutte ahdinkoon kymmeneksi päiväksi. Ole uskollinen kuolemaan asti, niin minä annan sinulle elämän kruunun.>

Erittäin karut olosuhteet kestivät Pergamonin herätyksen alkamiseen, 312 jKr. Sitten ajat Rooman valtakunnassa muuttuivat helpommaksi (6i§6(8)10, keisari Konstantinus).

¤ Aikaisemmin antikristillinen henki osassa uskovista oli ollut ongelma. Toinen sinetin sisältö paljasti antikristillinen henki osassa seurakunnan johtajista, jotka tulivat paremmin toimeen paikallisten poliittisten johtajien kanssa kuin herätysuskovien kanssa (6l§6(8)10, 2s).

Säännöllisten herätyskokouksien pitäminen oli ollut uskoville haaste. Erityisesti johtajille, jotka rangaistiin yleensä ensimmäisinä.

¤

3s2P: Pasuunan tuomio Smyrnan seurakunnan herätyksen kuolemisen jälkeen kuulosti näin, Ilm. 8:8-9, <Ja toinen enkeli puhalsi pasuunaan ja kuin suuri, tulessa palava vuori heitettiin mereen. Ja kolmasosa merestä muuttui vereksi, 9. ja kolmasosa meressä olevista luoduista, joissa oli henki, kuoli, ja kolmasosa laivoista tuhoutui.>

Pasuunan symboli puhuu hengellisistä uskovista, jotka eivät osallistuneet oman seurakunnan herätyskokouksien järjestelemiseen. Siksi he olivat eläneet kuin meressä, maallisten ihmisten keskuudessa (vrt. Ilm. 17:15).

¤ Kolmannen osan kyseisistä uskovista joutui kuolemaan henkisesti pasuunan tuomion mukaan. Esimerkiksi niin kuin aikoinaan Juudas Iskariot, Herramme kavaltaja (Ps. 69:26), Ap.t. 1:20a, <".... Sillä Psalmien kirjassa on kirjoitettu: 'Tulkoon hänen asuinsijansa autioksi, älköönkä siinä asukasta olko', ...">

Samassa kokonaisuudessa sanotaan (Ps. 69:23-29), Ps. 69:29, <Pyyhittäköön heidät pois elämän kirjakääröstä/kirjasta, älköön heitä kirjoitettako vanhurskaiden joukkoon.>

¤ Sekä sama kohtalo kohdisti kolmanteen osaan heistä, jotka olivat eläneet kuin laivassa.

He olivat käyneet herätysten eri ryhmissä, mutta eivät olleet sitoutuneet yhteen ryhmään. Sekään ei ollut sopivaa Jumalalle.

¤

3s2K: Pasuunan kanssa vuodettiin samalla toisen kulhon vitsaus, Ilm. 16:3, <Ja toinen [enkeli] vuodatti kulhonsa mereen, ja se muuttui kuin kuolleen vereksi, ja jokainen elävä sielu kuoli, mitä meressä oli.>

Kulho puhuu vitsauksesta nimikristityille, jotka eivät olleet hengellisiä uskovia ollenkaan. Ei yhtä heistä oli rakentavasti osallistunut oman seurakunnan herätykseen. Jokainen heistä oli elänyt kuin meressä, maailmassa (vrt. Ilm. 17:15).

¤ Jokainen heistä oli ihminen. Siksi puhutaan elävistä sieluista.

Näitä herätyksen ulkopuolella olleitta olivat jo eläessä Jumalan Silmissään kuolleita (vrt. 1Tim. 5:6).

Pergamonin/Kolmas Pasuuna ja Kulho (3s ja 4s)

Shalom,

3s: Smyrnan seurakuntajakson vainojen jälkeen Pergamonin seurakuntajakson herätys alkoi 312/313 jKr. Nantesin/Milanon ediktillä, kun Länsi- ja Itä-Rooman valtakunnan keisari Konstantinus (keisari 306–337) julisti uskonnonvapauden. Silloin toisenlaisiakin haasteita ilmestyi. Kolmannensinetin mustanhevosen symbolin viestin mukaan pääongelma siitä lähtien oli, että paikallistasolla antikristilliset poliittiset johtajat alkoivat manipuloida uskovia (6l§6(8)10, 3s).

2S3s4s: Vuodesta 312 vuoteen 1520 koko kristillisen yhteiskunnan näkökulmasta antikristillinen henki ruumiillistui roomalaiskatolisiin johtaviin ylipiispoihin ja paaviin, joiden kanssa maan kuninkaat harjoittivat haureutta. Tämä oli laajamittainen selitys toisen sinetin salaisuudesta Pergamonin ja Tyatiran seurakuntajaksoissa (6h, 6i ja 6l§6(8)10).

1S1s2s: Jo kristillisten seurakuntien alussa, Rooman paikallisseurakunta oli poikennut totuudesta ja ottanut käyttöön kaikenlaisia pakanallisia tapoja, kun vuonna 41 keisari Claudius oli karkottanut mm. juutalaiset uskovat tästä kaupungista (Ap.t. 18:2).

Sekä Antikristuksen henki ja voima oli täyttänyt väärin voideltuja uskovia (6h§6(8)10, 1S).

Rukous heiltä, jotka uskovat, että he elävät seurakuntien viimeisten sekuntien aikana (Dan. 12:4), Bert

4s3P: Neljäs (Tyatiran) herätys alkoi v. 606 ja pian sen jälkeen viimeiset Pergamonin herätykset sammuivat. Sitten kolmanteen pasuunaan puhallettiin (6i§6(8)10, 1-7s), Ilm. 8:10-11, <Ja kolmas enkeli puhalsi pasuunaan. Ja putosi taivaasta suuri tähti, joka paloi kuin soihtu. Ja se putosi virtoihin, kolmanteen osaan niistä, ja vesien lähteisiin. 11. Ja tähden nimi oli Koiruoho. Ja kolmasosa vesistä muuttui koiruohoksi, ja paljon ihmisiä kuoli vedestä, koska se oli käynyt karvaaksi.>

Tässä puhutaan puroista ja niiden lähteistä, eli makeasta vedestä. Raikkaat vesivirrat Uudessa Testamentissa puhuvat Jumalan Sanasta. Jeesus Kristus oli sanonut samarialaiselle naiselle, että voisi antaa hänelle elävää vettä (Joh. 4:10).

¤ Se on elävä vesi, joka tulee ihmisessä lähteeksi ja kumpuaa iankaikkiseen elämään (Joh. 4:14; Ilm. 22:17).

Tämä vesi puhdisti tämän syntisen naisen ja muuttui hänessä eläväksi vedeksi. Mutta se ei ollut vielä täydellinen kääntymys. Pyhän Hengen kaste ei ollut vielä tapahtunut. Pyhä Henki ei ollut vielä tullut.

3s: Pergamonin herätyksessä samankaltaiset uskovat olivat hengellisiä potentiaalisia uskovia, joiden nimet olivat olleet Karitsan Elämän Kirjassa. Jumalan Sana oli puhdistanut heidät. Mutta monet eivät täysin hyväksyneet Jumalan sanaa. Purot ja vesilähteet olivat olleet osa Jumalan maata, osa Sanan ja Sen Lupausten perustaa, tässä tapauksessa herätyksen seurakuntia (vrt. 3c§12, Ilm. 12:15-16).

Samoin monet papit olivat puhuneet valtion hyväksymällä tavalla. Se oli ollut puutteellinen evankeliumi. Siksi Herra Jeesus oli puhunut Pergamonin sanansaattajalle Jumalan kaksiteräisenä terävänä Sanana (Hep. 4:12 ja Ilm. 2:12).

¤ Pergamonin seurakuntajakson tähtisanansaattaja Martin oli ollut sotilas, josta kääntymisensä jälkeen oli tullut Toursin piispa (6i§6(8)10, 1-7s).

Ulkopuolelta katsottuna tässä seurakuntajaksossa edistyminen oli ollut hämmästyttävää. Keisarin ja valtion myötätunnolla kokoontui monia ja suuria ryhmiä. Mutta Jumala tietää, kuka heistä oli täysin antautunut ja valmis vastaanottamaan Pyhän Hengen Lopunsinetin, ja kuka ei (Ef. 4:30).

¤ Lopulta ne vedet päättyivät mereen, mikä on maallisia ihmisjoukkoja, ilman, että he olisivat syntyneet ylhäällä (vrt. Ilm. 17:15).

Jumala tuomitsi tällaiset uskovat antaessaan Jumalan Sanan purojen ja lähteiden tulla katkeriksi ja suolaisiksi, kuten meri. Katkeruuden ja muiden paineiden johdosta monet uskovat luopuivat ja kuolivat hengellisesti, Hep. 12:15, <Ja pitäkää huoli siitä, ettei kukaan jää osattomaksi Jumalan armosta, ettei mikään katkeruuden juuri pääse kasvamaan ja tekemään häiriötä, ja monet sen vuoksi saastu,>

¤

4s3K: Kolmas kulho kertoo nimikristityistä Pergamonin seurakuntajakson virroissa ja lähteissä, Ilm. 16:4-7, <Ja kolmas [enkeli/sanansaattaja] vuodatti kulhonsa virtoihin ja vesilähteisiin, ja ne muuttuivat vereksi. 5. Ja minä kuulin vesien enkelin/sanansaattajan sanovan: "Vanhurskas olet sinä, joka olet ja joka olit, sinä Pyhä, kun näin tuomitsit. 6. Sillä pyhien ja profeettojen verta he ovat vuodattaneet, ja verta sinä olet antanut heille juotavaksi. Sen he ansaitsevat." 7. Ja minä kuulin alttarin sanovan: "Totisesti, Herra Jumala, Kaikkivaltias, oikeat ja vanhurskaat {ovat} sinun tuomiosi.">

Näille kristityille puroista ja vesilähteistä tuli täysin myrkyllisiä. He eivät olleet tukeneet herätyksiä ollenkaan. Sen sijaan he olivat osallistuneet herätyksen pyhiä ja profeettoja tappamiseen. Tästä Jumala ilmoitti meille, että sitä ei ikinä anneta anteeksi. Heidän tuleva paikka on tulinen järvi (Ilm. 20:15).

¤ Herätyksen ulkopuolella oli ollut Saatanan valtaistuin (Ilm. 2:13a).

Pyhien ja profeettojen oli ollut pitänyt taistella keskellä pimeyden johtajia. Mutta Jeesuksen nimessä ja uskossa he olivat voittaneet (Ilm. 2:13b).

Tyatiran/Neljäs Pasuuna ja Kulho (4s ja 5s)

Shalom,
Rukous heiltä, jotka tietävät että pelkäämällä Jumalaa saadaan tavatonta armoa (Ps. 103:11), Bert

4s: Neljännen seurakunnan herätys, Tyatiran herätys, alkoi v. 606 (6i§6(8)10, 1-7s).
Neljännen sinetin henkinen tausta opetti paikallisseurakuntien uskoville elämän raadollisuutta. Euroopassa elettiin pimeää keskiaikaa. Vain paavien johtama uskonto oli sallittu ja jokainen poikkeava uskomisen tapa oli kielletty. Uskovien ympärillä oli pelkästään kuolema. Kaikenlaisia vainoja oli kaikkialla (6l§6(8)10, 4s).
^ Jokainen uskova seisoi hengellisesti täysin yksin ja oli alusta loppuun riippuvainen Jumalasta.
Ei ollut muita vaihtoehtoja. Joku oli uskova ja eli täysillä, vai hän ei ollut uskova. Aina silloin tällöin jonkun piti tunnustaa olevansa musta lammas ja olla valmis kärsimään sen seurauksia.
5s4P: Hyvin pitkän ajan kuluttua ja kokonaisten kansakuntien kypsyttyä siihen, syntyi viidennen seurakuntajakson herätys, Uskonpuhdistuksen herätys, v. 1520 (6i§6(8)10, 1-7s).
Melkein samaan aikaan Taivaassa soi neljännen jakson pasuuna. Aikaisempien pasuunoiden tuomiot olivat kohdistaneet laiskoihin (juutalaistaustaisiin ja pakanakansojen) uskoviin. Mutta henkilökohtaisten herätysten ulkopuolella ei ollut enää muita seurakunnan suuntauksia. Mm. siksi seuraavan pasuunan henkinen sota (ja seuraavien pasuunoiden henkiset sodat) ovat juuri kohdistaneet pelkästään Juutalaisiin, Ilm. 8:12, <Ja neljäs enkeli puhalsi pasuunaan. Ja kolmasosa auringosta ja kolmasosa kuusta ja kolmasosa täh-distä tuli lyödyksi, niin että kolmasosa niistä pimeni, ja päivä menetti kolmasosan valostaan, ja samoin yö.>
¤ Aikaisemmin olin käsitellyt, että auringon ja kuun ja kahdentoista tähtien avulla Jumala oli puhunut Hänen alkuperäisestä omaisuuskansasta. Nyt puhutaan kuitenkin auringon ja kuun lisäksi monista tähtistä (vrt. 3a§12, 1Ms. 37:9-10).
Silti puhutaan samasta kansasta. Se voidaan ymmärtää seuraavalla tavalla:
¤
= "Abrahamin, Iisakin ja Jaakobin aikoina heidän jälkeläisiä nähtiin kahdentoista heimon/tähden kansana. Mutta uskovia kutsutaan Raamatussa myös tähdiksi. Siten kun Jeesus Kristus ristiinnaulittiin, oli jo paljon enemmän juutalaisen kansan uskovia (esim. 1Ms. 15:5 ja Dan. 12:3b).
¤ Jeesuksen syntymisestä lähtien lohikäärme / vanha käärme / Panettelija / Saatana oli keskittynyt tuhoamaan Hänet (Ilm. 12:9a), Ilm. 12:4b, <Ja lohikäärme seisoi synnyttämäisillään olevan naisen edessä nielaistakseen hänen lapsensa, kun hän sen synnyttäisi.>

Ensiksi kuningas Herodeksen kautta se oli pyrkinyt tappamaan Hänet (Mat. 2:13-23).

¤ Sitten se oli henkilökohtaisesti pyrkinyt saamaan Hänet käsiinsä, kun Jeesus alkoi hänen palvelustehtävän (Lk. 4:1-13).

Sitten ennen ristiinnaulitsemista se oli löytänyt Jeesuksen opetuslapsi Juudaksen, johon se oli mennyt (3c§12, Joh. 13:27a).

¤ Seuraavaksi se oli löytänyt juutalaisen kansan hengellisiä johtajia, joiden johdella juutalainen kansa oli huutanut (Mat. 27:15-26), Mat. 27:25, <"{Olkoon} hänen verensä meidän päällemme ja meidän lastemme päälle!">

Kansa teki valtavaa virhettä, millä lohikäärme sai monet hänen käsiinsä. Silloin kolmas osa senaikaisista mahdollisista uskovista, taivaan tähdistä, kuoli synteihinsä (vrt. Joh. 8:24), Ilm. 12:4a, <Ja sen [lohikäärmeen] pyrstö pyyhkäisi kolmasosan taivaan tähdistä ja heitti ne maan päälle.>" =

¤

¤ Tällä tavalla voidaan uskoa, että neljännen pasuunan tuomio puhuu samasta koko juutalaisesta kansasta, joka eli tuolloin maanpaossa. Jumala salli, että kaikkialla paineet ja houkutukset kasvoivat, niin että tuona aikana kolmasosa olevasta juutalaisista, kolmasosa auringosta ja kolmasosa kuusta ja kolmasosa tähdistä, hylkäsivät juurensa. Tämä osa jätti juutalaisen elämäntavan jättäen muut sukulaiset yksin ja suuremman assimilaatiopaineen alle. Se oli osa jäljellä olevien Juutalaisten pyhitysprosessia (esim. 7d§67₁14, Sak. 13:9a).

Tietysti se pieni osa heistä, joka otti Jeesuksen Kristuksen henkilökohtaisena Pelastajana vastaan, ei jättänyt sen juuria ollenkaan.

¤

5s4K: Yhdessä neljännen pasuunan tuomion kanssa alkoi neljännen kulhon vitsaus, Ilm. 16:8-9, <Ja neljäs {enkeli} vuodatti kulhonsa aurinkoon, ja sen annettiin paahtaa ihmisiä tulella. 9. Ja ihmiset paahtuivat kovassa kuumuudessa ja pilkkasivat Jumalan nimeä, hänen, jolla on vallassaan nämä vitsaukset. Ja he eivät tehneet parannusta antamalla kunniaa hänelle.>

Reformaation myötä Jumala antoi Hänen elävän Sanan tulla erittäin kirkkaaksi, mitä paahtoi kaikki nimikristityt Sardeksen seurakunnan herätyksen ulkopuolella. Heillä ei ollut mitään mahdollisuuksia puolustautua Uskonpuhdistuksen uutta opetusta vastaan. Niin kuin Jumala ja hänen Sana voidaan myös verrata aurinkoon, kun taas tähdet/uskovat heijastavat auringon valoa (Ilm. 1:20).

Sardeksen/Viides Pasuuna ja Kulho (5s ja 6s)

Shalom,
^ Ihmiskunnan ja erityisesti meidän uskovien historian Ilmestyskirja käsittelee. Sama kaikki uskovat yhdessä tuskin kykenisivät kirjoittamaan jälkikäteen. Mutta kuvittele. Jumala kirjoitti tämän historian etukäteen, ennen maailman perustamista, jotta Häntä pelättäisiin (vrt. Ilm. 13:8b / Saarn. 3:14-15).
Rukous heiltä, jotka tottelevat evankeliumia (1Piet. 4:17), Bert

5s5P: Viides seurakuntajakso, Sardeksen Reformaation/Uskonpuhdistuksen herätys, alkoi vuonna 1520 ja päätyi jonnekin vuoden 1750 jälkeen (6i§6(8)10, 1-7s).
Kun kaikki uskonpuhdistuksen herätykset olivat päättynyt, viidenteen pasuunaan puhallettiin.
6s567P123V: Silloin pasuunoiden lisäksi viidennes sinetti puhuu yksinomaan juutalaisesta kansasta. Tämän sinetin salaisuuden sisältö alkoi tulla selväksi uskoon tulleille Juutalaisille (6l§6(8)10, 5sS; ja 7a§67₁14, 5sS).
Sekä kolme viimeistä pasuunaa ja kolme voi-huutoa/maailmansotaa kuuluvat yhteen (ja ajavat oikeita Israelilaisia kirjaimellisesti takaisin Jumalan luo ja Israelin maahan) (7c ja 7d§67₁14).
¤
5P: Pasuunan symbolissa sanottiin, Ilm. 9:1-6, <Ja viides enkeli puhalsi pasuunaan, niin minä näin tähden, taivaasta maan päälle pudonneen. Ja sille annettiin syvyyden kuilun avain. 2. Ja se avasi syvyyden kuilun. Ja kuilusta nousi savua kuin suuresta uunista, ja kuilun savu pimensi auringon ja ilman. 3. Ja savusta lähti maan päälle heinäsirkkoja, ja niille annettiin samanlainen valta kuin maan skorpioneilla on valta. 4. Ja niille sanottiin, että ne eivät saa vahingoittaa maan ruohoa, eikä mitään vihantaa eikä yhtään puuta, vaan ainoastaan niitä ihmisiä, joilla ei ole Jumalan sinettiä otsassaan. 5. Ja niille annettiin valta piinata heitä viisi kuukautta, vaan ei tappaa heitä. Ja ne piinasivat niin kuin skorpioni piinaa, kun se pistää ihmistä. 6. Ja niinä päivinä ihmiset etsivät kuolemaa mutta eivät löydä. He haluavat kuolla, mutta kuolema pakenee heitä.>
Ilmestyskirjassa tähti edustaa uskovaa jossa Pyhä Henki asuu, tai henkilöä joka on matkalla syntymään ylhäältä. Ja pudonnut tähti edustaa uskovaa, joka on hengellisesti kuollut (vrt. 9j§89₁156, 1Ms. 37:9-10).
¤ Tästä lähtien eri puolilla maailmaa yksi tai muutama hengellisesti kuollut uskovainen sai lukemattoman määrän demoneja käyttöönsä. Näin Jumala vain sen salli.
Yleensä heinäsirkat syövät maan ruohoa ja vihantaa ja puita, mutta se oli kielletty. Niiden piti sen sijaan piinata ihmisiä tappamatta heitä. Ihmisiä, joilla ei ollut Jumalan Sinettiä otsassaan. Eli jokainen ihminen, joka ei (vielä) syntynyt Jumalan lapseksi hengittämisellä Pyhää Henkeä (vrt. Ef. 1:13-14).

¤ Skorpionin elinikä on viisi kuukautta, joten nämä skorpionit ovat vaarallisia alusta loppuun. Tällaisen väärän evankeliumin perustajien seuraajat oppivat alusta alkaen levittämään kaduilla ja kaikkialla sa-moja harhaoppeja. Samoin jokainen heidän opetuslapsista oppi alusta alkaen lähestymään muita ihmisiä. Se on vaikuttanut yhteiskuntiin siten, että elämän tarkoitus on menetetty yhä enemmän. Jumalan Sanan Sisältö ja Toivo ovat hämärtyneet ja kadonneet. Ihmiset kaipaavat kuolemaa, 'mutta kuolema pakenee heitä'.

Esimerkkejä uskovaisista ja heidän järjestöistään, jotka syntyivät tuolloin ja ovat toimineet pelottomasti tähän päivään asti, ovat: Ellen G. White (1827-1915) ja Seitsemännen päivän Adventistikirkko, Joseph Smith Jr. (1805-1844) ja hänen Mormonien järjestönsä, Charles Taze Russell (1852-1916) ja Jehovan todistajat.

¤ He ennustivat asioita, joille ei ole raamatullista perustaa, mutta joille on löydetty ilmeisiä selityksiä.

Samana ajanjaksona Charles R. Darwin (1809-1882) oli varttunut, joka kehitti evoluutioteoriansa. Siitä on tullut tiedemiesten (ja kaikkien) usko, jotka eivät halua uskoa Jumalaan. Jokaista kollegaa tai tiedekustantajaa, joka kirjoittaa jotain sitä vastaan, uhkaa erottaminen, tutkimustyön sulkeminen tai boikotoiminen.

¤

1V: Jumala käytti noita heinäsirkkademonien riivaamia 'uskovaisia' haastaakseen ei valmis olevia juutalaisia (ja kristittyjä) uskovia. Mutta kun ensimmäinen maailmansota päättyi Jumalan 11. tunnilla, klo 11 11.11.1918, kaikki elävät ja tulevat 144000 Israelilaista sinetöitiin (vrt. 7c§67₁14, Ilm. 7:1-3 ja 4-8).

Maailmassa voidaan edelleen havaita viidennen pasuunan tuomion vitsaus, mutta koska sinetöinti neutraloi sen suoran vaikutuksen israelilaisiin, sanottiin, Ilm. 9:12a, <…. Ensimmäinen voi-huuto on mennyt. ….>

¤

6s5K: Kun viidenteen pasuunaan puhallettiin, vuodatettiin samanaikaisesti viides kulho, Ilm. 16:10-11, <Ja viides [enkeli] vuodatti kulhonsa pedon valtaistuimelle, ja sen valtakunta pimeni; ja he pureskelivat tuskissaan kieltään 11. ja pilkkasivat taivaan Jumalaa tuskiensa ja paiseittensa tähden mutta eivät tehneet parannusta teoistaan.>

Reformaation jälkeen pedon valtakunta toimi edelleen roomalaiskatolisen kirkon kautta. Mutta sitten sen jäsenet järkyttyivät. Jumala salli valtavan kritiikin nousta heitä vastaan. Yleisesti havaittiin, että kyseisen kirkon johtajat ja sen jäsenet eivät eläneet niin pyhää elämää, kuin sen olisi pitänyt olla. Kaikenlaisia hengellisiä paiseita, kaikenlaista epäpyhää käyttäytymistä, huomattiin. Se aiheutti paljon tuskaa. Roomalaiskatolisen kirkon sisällä ei kuitenkaan ollut valmiutta muuttaa tapoja.

Filadelfian/Kuudes Pasuuna ja Kulho (6s ja 7s)

Shalom,
6s: Filadelfian seurakuntajakson aikana kuudennen sinetin salaisuuksia alkoi paljastua (7a§67₁14, 6sS).
Rukous heiltä, jotka tietävät, että kaikki valtakunnat ja ajat ovat Jumalan Käsissään (Ap.t. 1:6-7), Bert

56P1V: Mm. ensimmäisen voi-huudon, ensimmäinen maailmansota, käsittelin viime kertana. Se oli ilmoitettu olemaan osa viidennen pasuunan periodia. Kuitenkin tämän pasuunan tuomion luonne oli pelkkä henkistä vitsausta. Siksi pitäisi ymmärtää, että viidennen pasuunan voi-huuto oli myös kuudennen pasuunan osa.

Kuudes pasuuna voidaan kutsua juutalaisen kansan tappamisen vitsaukseksi. Tämän pasuunan tuomio suoritettiin, kun Filadelfian seurakuntajakson viimeiset herätykset olivat kuolleet, jolloinkin v. 1906 jälkeen (6i§6(8)10, 1-7s).

7s6P: Eufrat-virrasta löytyvät neljä taponenkeliä, jotka antoivat käynnistää ensimmäisen maailmansodan v. 1914, (ja joista puhuttiin Ilmestyskirjan seitsemännessä luvussa, Ilm. 7:1-3, 7c§67₁14,) Ilm. 9:13-15(-21) [kuudes pasuuna], <Ja kuudes enkeli puhalsi pasuunaan. Ja minä kuulin äänen, joka tuli kultaisen alttarin neljästä sarvesta, Jumalan edestä. 14. Se sanoi kuudennelle enkelille, jolla oli pasuuna: "Päästä irti ne neljä enkeliä, jotka ovat sidottuina suuren Eufrat-virran varrella." 15. Ja päästettiin irti ne neljä enkeliä, jotka tunnilleen, päivälleen, kuukaudelleen ja vuodelleen olivat valmiina tappamaan kolmasosan ihmisistä. ....>

Filadelfian pyhitysherätys oli ollut valtavaa ja mahtavaa. Siksi se kesti omaa aikaansa, ennen kuin tämä veljellisen rakkauden herätys oli kaikkialla kuollut. Mutta siis v. 1914 se sammui, koska Pyhän Hengen lahjat torjuttiin. Niin kuin Herra Jeesus oli ilmoittanut: voima oli vähäinen (1b§1-3, Ilm. 3:7-13, erityisesti jae 8).

¤ Aikoinaan Jumala oli luvannut Israelilaisille Eufratille asti heidän alueensa. Nyt tuon lupauksen palauttaminen liittyy tämän trumpetin haasteen täyttämiseen (vrt. Joos. 1:4). Toisaalta kulhojen osalta on muistettava, että ne ovat vitsauksia nimikristityille.

4S7s6K: Kuudennen kulhon vitsaus suoritettiin samaan aikaan, v. 1914, Ilm. 16:12(-16), <Ja kuudes vuodatti kulhonsa suureen Eufrat-virtaan, ja sen vesi kuivui, että valmistuisi tie auringonnousun suunnalta tuleville kuninkaille. ....>

Virran kuivuessa mikään ei ole estänyt, että juutalaista kansaa Israelissa ja Israelin maata ahdistettiin poliittisilta voimilta auringonnousun suunnasta, pohjoisesta ja idästä, kuten on nähty monta kertaa vuodesta 1914 tähän päivään asti. Lisäksi kuudennen kulhon vitsauksen alla ilmestyi kolme saastaista sammakkohenkeä, joita käsittelin neljännen sinetin alla. Nämä ovat viettelemässä ja kokoamassa muut maailman hallitsijat lopulliseen Harmagedonin taisteluun (6k§6(8)10, Ilm. 16:13-16).

¤ Sen mukaisesti profeetta Sakarja oli profetoinut, että tulisi aika, jolloin kaikki maailman kansakunnat hyökkäävät Jerusalemin ja Israelin kimppuun {Sak. 12:1-3 (myös 7d§67₁14)}.

Valtioille, joilla on kristillinen historia, tämä hyökkäys on kohtalokas virhe. Aivan kuten Jumala piti juutalaista kansaa vastuullisena Jeesuksen Kristuksen hylkäämisestä, kun Hän oli tullut ensimmäisen kerran palvelijana. Nykyään Hän tulee pian kuninkaiden Kuninkaana ja herrojen Herrana, ja seuraavat tuhat vuotta Hän hallitsee (uudelta) Temppelivuorelta lähellä Jerusalemia Israelin kansan keskellä {Ap.t. 1:6-7; Ilm. (19:1-)20:4(-6)}.

¤ Hyökättyä Israel valloitti mm. Itä-Jerusalem (ja Temppelinvuori) kuuden päivän sodan aikana vuonna 1967. Sitten melkein jokainen kansakunta, mukaan lukien kristilliset, saneli Israelin niiden miehittäjäksi. Valitettavasti se oli Israelin oikeuksien hylkäämistä, millä kristillisen sivilisaatiomme päivät olivat luetut Jumalan kannalta, Lk. 21:24b, <"…. (pakana)kansakunnat tallaavat Jerusalemia, kunnes (pakana)kansakuntien ajat täyttyvät.">

Tällä tapahtumaketjulla oli ilmestynyt yksi uusi aikamme merkki lisää (vrt. 0c_TiivSel, Mat. 16:2-4).

¤

¤ Kommunismi on Jumalan työkalu tänä lopunaikana. Jumala käyttää Venäjää, Kiinaa ja kahdeksan muuta auringonnousun nousulta tulevaa diktaattorinkansakuntaa, pedon kymmentä sarvea, tekemään Hänen Tahtonsa, hävittämään portto Suuren Babylonin yhdessä tunnissa {7e§67₁14, Ilm. 17:12, jne.; Ilm. 17:16 (9l§89₁156)}.

Suuri Babylon on edustanut alusta lähtien roomalaiskatoliskirkon ja valtiot. Sen lisäksi tulivat Re-formaation kirkot ja valtiot, ja lopussa tulevat muut protestanttiset kirkot ja valtiot {4abc§1317, Ilm. 17:5 / 17:(1-)7)}.

¤ Nämä diktatuurit ovat Suuren ahdistuksen ajan lopussa ainoat jäljellä olevat maailmanvallat, joita Jumala sitten kurittaa {kymmenen sarvea, kymmenen varvasta, Dan. 2:(19-)42-45, myös 4a§1317}, Ilm. 17:13-14, <Näillä on yksi ja sama mieli antaa voimansa ja valtansa pedolle. 14. He sotivat Karitsaa vastaan, mutta Karitsa voittaa heidät, sillä hän on herrojen Herra ja kuninkaiden Kuningas, ja hänen kanssaan {ovat} kutsutut, valitut ja uskolliset.">

Ensimmäinen maailmansota tarvittiin muuttamaan Venäjää kommunistiseksi valtioksi. Sota Saksaa vastaan aiheutti suuria sotilaallisia menetyksiä ja sen seurauksena armeijassa oli alkanut kapinaa. Sen jälkeen bolsevikit ja muut sosialistiset ryhmät toteuttivat 1917-vallankumouksen. Silloin kymmenen diktaattorin tunnin kestävä poliittinen valtakausi alkoi, joiden pohjoisen kuningas on Venäjä (Dan. 11:40).

Laodikean/Seitsemäs Pasuuna ja Kulho (7s ja 7S)

Shalom,

7s6P2V: Jatketaan kuudennen pasuunan (ja kulhon) kanssa. Tämä periodi alkoi v. 1914. Sen aikana kolmas osa juutalaista kansaa surmataan {9k§89₁156, Ilm. 9:(13-)15(-21)}.

Toisen maailmansodan, toisen voin, aikana mm. Hitlerin ja Stalinin vainojen seurauksena noin 6 miljoonaa 18 miljoonasta tapettiin. Tällä tavalla Jumala antoi Juutalaisille kaikkialla maailmassa kaipauksen palata entiseen maahansa ja perustaa oma valtio {Jer. 16:14-16 (7a§67₁14 ja 8b§89₁156)}.

Kuitenkin vain Jumala tietää juutalaisen kansan oikeat kokonaismäärät ja koska tuo ennustus täyttyy.

¤ Kuudennen pasuunan tarkoitusta, Jumalan kunnioittamista, ei ollut vielä täytetty (Ilm. 9:20-21).

Vasta maanjäristyksen ja seitsemäntuhannen lisäuhrin jälkeen se toteutuu (7b§67₁14, Ilm. 11:11-14).

7P: Seuraavaksi odotetaan seitsemännen pasuunan tarkoitus, koko Israelin uskoon tuleminen.

Rukous heiltä, jotka tahtovat nähdä aikojemme tunnusmerkkejä (Mat. 16:2-4), Bert

7S7P: Laodikean seurakuntajakson lopussa puhalletaan seitsemänteen pasuunaan, millä Seitsemännen Sinetin Hiljaisuus päättyy ja Tempaus tapahtuu {4a§1317, 1Tes. 4:15b; 5d ja 6m§6(8)10, 7s, Ilm. (7:9-)8:1}.

Se on tärkeimmän lopunajantapahtuman alkamisaika (Ilm. 11:15-19), Ilm. 11:15b, <"Maailman kuninkuus on tullut meidän Herrallemme ja hänen Voidellulleen ja hän on hallitseva aina ja iankaikkisesti.">

67K: Samalla hetkellä viimeinen kulho vuodatetaan (Ilm. 16:17-21), Ilm. 16:17, <Ja seitsemäs {enkeli} vuodatti kulhonsa ilmaan, ja temppelistä valtaistuimelta lähti suuri ääni, joka sanoi: "Se on tapahtunut.">

'Se on tapahtunut' vahvistaa tämän suuren lopunajantapahtuman, niin kuin se oli mainittukin kuudennen kulhon symbolin alla (Ilm. 16:12-16), Ilm. 16:15, <"Katso, minä tulen kuin varas. Autuas se, joka valvoo ja pitää huolen vaatteistaan, ...">

7P6K: Maan päällä alkaa sen sijaan Jumalan kostopäivä, Suuremman ahdistuksen aika. Ensiksi nähdään kansojen suutuksissa oleminen (myös 6Kulho) ja sen jälkeen Jumalan Suuttumus (8e§89₁156, Ilm. 11:18).

1260 päivän jälkeen monet kansakunnat hyökkäävät Jerusalemia ja Israelia, Harmagedonin taistelussa (Sak. 14:1-2a, 7d§67₁14; Ilm. 16:(13-)16), 6k§6(8)10 ja 9k§89₁156.

6P7K: Sitten iskee Jerusalemissa kuudennen pasuunan maanjäristys, joka myös mainitaan seitsemännen kulhon symbolissa (vrt. 7e§67₁14, Ilm. 11:11---14), Ilm. 16:18-19, <Ja tuli salamoita, ja ääniä ja ukkosen-jylinää, ja tuli suuri maanjäristys, niin ankara ja suuri maanjäristys, ettei sellaista ole ollut siitä asti kun ihminen on ollut maan päällä. 19. Ja se suuri kaupunki meni kolmeen osaan, ja kansojen kaupungit sortuivat. Ja Suuri Babylon tuli muistetuksi Jumalan edessä, niin että Hän antoi sille Hänen suuttumuksensa vihan viinin maljan.>

Ei vain Jerusalem menee kolmeen osaan, kautta maailmaa kaupungit sortuvat.

7P3V: Sekasorto jokaisessa maassa on valtava. Mutta länsimaissa ilmeisesti kaikkien eniten. Silloin kymmenen diktaattorinvaltiota näkevät yhtäkkiä hyvän tilaisuuden hyökätä ja polttaa Suuri Ba-bylon porton systeemin (9k§89₁156, kommunismi), Ilm. 17:16, <Ja näkemäsi kymmenen sarvea ja peto vihaavat porttoa, ja riisuvat hänet paljaaksi ja alastomaksi, ja syövät hänen lihansa ja polttavat hänet tulessa.>

Kommunismi on ollut Jumalan ase. Vuodesta 1917 lähtien sitä on käytetty länsimaiden köyhdyttämiseen. Pikkuhiljaa tehtaamme, rahamme, suunnittelumme, vaikutusvaltamme jne. on siirretty kommunismin maihin ja näiden vaikutuspiiriin. Lopussa näemme viimeisen vaiheen, kolmannen voin/maailmansodan, Jumalan asettamansa seitsemännen trumpetin tuomion. Se on maapallon tulikaste (2Piet. 3:7).

¤ Seuraavaksi juutalainen kansa huomaa, että sen samanhenkiset valtiot on tuhottu. Nyt se on täysin yksin jäljellä. Vain yksi pelastusmahdollisuus on jäljellä. Yhtäkkiä se on valmis huutamaan yhdellä suulla Öljymäen HERRAN, Jeesuksen Kristuksen, avuksi (7b ja 7d§67₁14, Sak. 13:8---14:4a).

Silloin jokainen, jonka nimi on Jumalan kirjassa, on valmis hyväksymään Herran Jeesuksen Pelastajakseen ja Johtajakseen. Yhdessä päivässä kansa syntyy ylhäältä {Jes. 66:8 (7d§67₁14), Dan. 12:1 ja Joh. 3:3}.

¤ 45 päivän lopussa suuressa Valossa ja Voimassa Jeesus ilmestyy (7e§67₁14, Dan. 12:11-12/13).

Seitsemännen pasuunan tarkoitus toteutui ja Jumalan Liittoarkki näkyy Israelin koko kansalle (Ilm. 11:19).

¤ Suuremman ahdistuksen ajan alussa suurelle osalle kansasta Liittoarkki oli vielä peitossa (Ilm. 11:2).

Nyt heille kaikille on avattu Jumalan tie Pyhiin Paikkoihin (7a§67₁14, Hep. 9:8).

¤

7K: Jumalan viimeisen kulhon tuomio on vitsaus kaikille kansoille, joka päättyy kolmanteen maailmansotaan (Ilm. 16:19b).

Samalla näkyy, että Jumala alkaa suojata Israelin maan kansalaiset. Sokeutta, lihan mätäneminen, sekasorto, jne. kohdistavat muihin kansoihin, muttei Israelin kansaan (Sak. 12:4 ja 14:12-15).

¤ Meret, joet, saaret ja vuoret räjähtävät atomi- ja vetypommeilla ja katoavat, ja maapinnat ja ilmakehät muuttuvat täysin (Sak. 14:18; Ilm. 16:20 ja vrt. Ilm. 21:1b).

Höyryä ja savua estää auringon valon ja lämmön. Uusi jääkausi alkaa (vedenpaisumuk-sen jääkausien jälkeen). Alkaa sataa ~40 kiloa (talentin) painoisia rakeita (Ilm. 16:21).

~ ~ ~

C. Kristikunnan Loppu (Ilmestyskirja §18)

10a§18

" MIKSI, MITEN JA KUKA?"

Shalom,

^ Lopussa jokaista kansaa, joka on hyökännyt Jerusalemia ja Israelia vastaan ja vastustanut Hänen Suunnitelmaa, Jumala kivittää. Se on viimeisen Kulhon Vitsaus (9l§89₁156, 7K, Ilm. 16:20 ja 16:21).

Niin kuin Vanhan Testamentin mukaan avionrikkojat pitäisi kivittää (5Ms. 22:20-24; Joh. 8:3-11).

^ Sen jälkeen maapallon viimeisenä tuhantena vuotena Jumala käyttää vettä kurittamaan kaikkia pakanakansakuntia. Jos joku sen kansoista ei kunnioita HERRAA Sebaotia, sille ei tule sa-det-ta. Edes Egyptin kansa, joka saa suuren osan vedestään Niilistä, ei saa vettä {Sak. 14:(16-)18(-19) (7d§67₁14; 9l§89₁156)}.

Samaan aikaan Jumalan Temppelissä ei saa olla yksikään epäpyhä asia tai henkilö (Sak. 14:20-21).

Rukous heiltä, jotka tietävät, että ihminen päättää, mutta Jumala säätää (vrt. Sananl. 16:9), Bert

¤ Ilmestyskirjassa jokainen uskova on väkevällä äänellä varoitettu systeemistä, mikä olisi seurakuntien ajanjaksojen aikana hyvin kaunis ulkopuolelta mutta erittäin saastunut sisäpuolelta (Ilm. 18).

Kautta vuosien mutta erityisesti lopunajallemme Jumala on varoittanut, Ilm. 18:4-5, <"Lähtekää sieltä ulos, minun kansani, ettette tulisi osallisiksi hänen synteihinsä ja saisi osaksenne hänen vitsauksiaan, 5. sillä hänen syntinsä ovat ulottuneet taivaaseen asti, ja Jumala on muistanut hänen rikoksensa. ….">

¤ Seitsemännentoista luvun viimeinen jae paljastaa, että Rooma, paavien valtio, on se suuri kaupunki, jonka hengellinen nimi on Suuri Babylon (4a§1317, Ilm. 17:7, 9, 18).

Vuonna 476 jKr. kaikkien aikojen vahvin valtakunta, Rooman keisarikunta, haavoittui lopulta kuoliaaksi. Mutta osana Rooman kaupunkia, Vatikaanin kaupunkina, se heräsi henkiin paavien kirkkovaltiona (Ilm. 13:3a, 4a§1317 ja 6i§6(8)10) .

¤ Noin vuodesta 1500 kolonialismissa se on tunkeutunut koko maailmaan sopeutuen kaikenlaisiin paikallisen epäjumalanpalveluksen muotoihin. Näin tappavassa uskonnollisessa ja kaupallisessa voimassaan se on hallinnut jumalattarena ja käyttänyt kuninkaita ja kauppiaita nykyiseen aikaan asti. Se oli ollut alkuperäinen Rooman seurakunta, joka melkein alusta asti pahasti eksyi (9h§89₁156, 2S ja 1S).

Ensimmäiset piispat katsoivat olevansa Sanan yläpuolella. He kertoivat ihmisille, että he saattoivat antaa heidän synnit anteeksi. Tämä ei milloinkaan ollut totta. Ihmisen synnit ei saada yleisesti anteeksi ihmisten välityksellä, vaan vedenkasteella Jeesuksen

Kristuksen nimessä (vrt. Ap.t. 2:38).

¤ Näitä vääriä apostoleja ja Jumalan kansan yläpuolella olevia johtajia (nikolaiittoja) vastustettiin vielä ensimmäisessä Efesoksen seurakuntajakson herätyksessä, mutta yhä vähemmän sen jälkeen (Ilm. 2:2, 6).

Merkitseväksi Suuri Babylon on kutsuttu maan porttojen ja iljetysten äidiksi. Hän on nainen, joka uskottomuudessa on rikkonut aviolupauksensa Jumalalle. Hän lähti pois tehden huorin kuninkaiden ja lopussa paholaisen kanssa. Tyttäret, syntyneet heistä, ovat hänen kaltaisiaan (4b ja 4c§1317, Ilm. 17:5).

¤ Nämä, Protestantit, järjestäytyivät nopeasti samalla elottomalla tavalla kuin se kirkko, josta he olivat lähteneet. Seurakuntaan kuuluminen olisi tärkein teko. Sekä pian he päättävät, että kirjaimellisesti voidaan kytkeytyä paaviin ja hänen kirkkoon ja hänen merkkiin (6k§6(8)10/8d§89₁156, Ilm. 12:13).

Meidän seurakuntien lopunajassa jokaisen uskovan on lähtevä ulos väärin organisoiduista kirkoista ja seurakunnista. Tätä vBranham on kyllästymiseen asti saarnannut (vrt. 7d§67₁14, Ilm. 14:9-13).

¤

¤ Aikoinaan Jumala oli antanut Sodoman ja Gomorran kaupungit ja alueet varoitettavina esimerkkeinä, Juudas 7, <Samoin kuin Sodoma ja Gomorra ja niiden ympärillä olevat kaupungit, jotka samalla tavoin kuin nekin harjoittivat haureutta ja antautuivat {luonnon}vastaisiin lihan {himoihin}, ovat {varoittavana} esimerkkinä kärsiessään ikuisen tulen rangaistusta.>

Koko maapallosta katsottuna erityisesti meidän kristillisissä länsimaissa miehet ja naiset ovat muuttamassa sukupuolirooliaan, ja seksuaalisuus on tullut palvonnan kohteeksi. Sodomalaisia lakeja on ajettu läpi. Siksi Jumalan tuli ja suuttumus odottaa erityisesti heitä, kun tosiuskovat on otettu Taivaaseen (1Piet. 4:17).

¤ Sodoman ja Gomorron aikaan ihmiskunta ei ollut vielä keksinyt, kuinka voidaan poroksi polttaa kaikkea. Siten Jumala tuhosi niitä Omillaan, 1Ms. 19:24, <Ja HERRA antoi sataa Sodoman ja Gomorran päälle HERRAN luota taivaasta rikkiä ja tulta.>

Mutta meidän seurakuntien ajanjaksojen lopussa mm. atomi- ja vetypommeja on keksitty. Jumalan Suuruus nähdään siinä, että jo kaksituhatta vuotta sitten Hän ilmoitti, miksi ja miten ja kenen kautta Hän sallii käyttää niitä polttotuhoaseita.

¤ Ensiksi (entiset) kristilliset valtiot hyökkäävät yhdessä maailman muiden valtioiden kanssa Israelia ja Jerusalemia. Kuinka vain, jokaisen Kristityn olisi pitänyt tietää, että se on Jumalan Suunnitelmaa vastaan. Sen maan ja pääkaupungin Jumala lupasi Abrahamin ja Daavidin jälkeläisille (1Ms. 15:18-21 ja Mat. 5:35).

Siksi kohta kymmenen kommunistista diktaattorinvaltiota saavat polttaa niitä (9k ja 9l§89₁156, Ilm. 17:16).

¤ Sillä tavalla 'hävittäjä' tuhotaan, joka 'vahvisti' kaksituhatta vuotta sitten 'liiton' monien kanssa Jeesusta Kristusta ja seuraajiansa vastaan (3d§12, Dan. 9:26-27, ja Mat. 27:22). 'Hävittäjän säädetyn tuomion' jälkeen Israelin koko kansa tulee uskoon {9l§89₁156, Sak. 13:8---14:4a}.

~ ~ ~

C. Jumalan Valtakunta (Ilmestyskirja §19,20,21,22)

11a§19-22

Kristuksen Tuhatvuotinen Sapattivaltakunta

Shalom,

^ Mikä on Jumalan tuleva ratkaisu ilmasto-ongelmaan? Miksi Hän sallii Venäjän julmuutta?

Jumala toimii tarkasti Sanansa mukaan, eikä Häntä haittaa, että melkein jokainen ihminen tai uskova maan päällä nykyään on eri mieltä Hänen kanssaan. Hänen uusi täsmällinen Pelastussuunnitelma Tuhatvuotisen Rauhavaltakunnan ihmisille odottaa.

^ Fyysisiä sotia, nälänhätää, maanjäristyksiä, kaiken on täytynyt tapahtua (vrt. Mat. 24:6-7).

Sodat ovat (olleet) syvimmillään henkisiä sotia (Ef. 6:12).

Rukous heiltä joille on puettu ylleen Jumalan koko taisteluvarustus (Ef. 6:11), Bert

¤ Suuremman Ahdistuksen 42 kuukauden aikana seitsemän pään peto puhuu suuria sanoja ja herjauksia Jumalaa vastaan {Ilm. 13:5(-6), 4a ja 4b§1317, 7b§67₁14}.
Niiden alussa Yhdysvalloista tulee sen seitsemäs pää (vrt. 7b§67₁14, Ilm. 12:13).

¤ Samaan aikaan Yhdysvallat sekaantuu uskovien vainoamiseen. Nämä ovat nimenomaan messiaanisia uskovia, jotka pitävät Jumalan käskyt ja joilla on Jeesuksen todistus {7d§67₁14, Ilm. 12:17 (12b---17); 14:12 (9-13)}.

Kaksi heistä ovat todistajat, jotka saarnaavat ja profetoivat Jerusalemissa. Muut ovat 144000 Israeli-laista, jotka kohtaavat heidät ja tulevat heidän kautta Herran Jeesuksen seuraajiksi (7b§67₁14, Ilm. 11:1-6).

¤ Kaksi todistajaa saarnaa pedon merkkiä vastaan, joka on paavillinen maksukortti ja joka otetaan käyttöön Yhdysvaltain tuella kaikkialla maailmaa (8d§89₁156, pedon merkki).

Mm. siksi presidentti ei pidä heistä. Kuitenkin todistajat lyövät vitsauksilla jokaista, joka yrittää pysäyttää heitä. Se tekee kaikki kansat yhä vihaisemmiksi (Ilm. 11:5-6).

¤ Uskoon tultuaan 144000 lähtee ympäri maailmaa evankelioimaan ja varoittamaan pedon merkistä. Pedon merkki merkitsee ikuista kuolemaa jokaiselle, joka sen ottaa (!) (Ilm. 14:9-13), Ilm. 14:11, <"…. Ja heidän vaivansa savu nousee aina ja ikuisesti, eikä heillä ole lepoa päivällä eikä yöllä, niillä jotka kumartavat petoa ja sen kuvaa, eikä kenelläkään, joka ottaa sen nimen merkin. …."›

He ovat helppoja kohteita Saatanalle ja hänen voimilleen. Kuitenkin se ei vaivaa heitä (Ilm. 14:13).

¤

¤ Ensimmäisen Tulemisensa aikana Jeesus Kristus maksoi ihmiskunnan lunnaat (1Tim. 2:6).

Toisena kertana Hän tulee hakemaan Hänen Morsiamensa Seurakunnan yläilmoissa (1Tes. 4:13-17).

¤ Kolmantena kertana Hän tulee hallitsemaan maailmaa viimeisen/seitsemännen tuhannen (sapatti-)vuoden aikana yhdessä Morsiamensa kanssa (Ilm. 20:1-6).

Mutta ennen tätä melkein kaikki maan kansakunnat hyökkäävät Israelia ja Jerusalemia vastaan. Sitten sekä Israelin maa että koko maapallo järisevät ja Jerusalem halkeaa kolmeen osaan (9l§89₁156, Ilm. 16:18-19).

¤ Jerusalemin Temppelinvuoresta, missä kaksi islamilaista moskeijaa seisoivat, tulee suuri laakso. Se on ihme …. (7b ja 7d§67₁14, Sak. 14:3-5 ja 10-11).

Seuraavaksi kymmenen kuningasta tuhoavat Yhdysvallat ja sen liittolaiset muun muassa atomipommeilla. Nämä diktaattorit suorittavat portto Suuren Babylonin edustamille kansakunnille Jumalan tuomion. Se lopettaa 'suurten sanojen ja herjauksien puhumisen' esimerkiksi Taivasta Jerusalemia vastaan (Ilm. 11:2).

¤ Se on kolmas maailmansota, mitä muuttaa kaikkien Israelissa olevien Israelilaisten asenteen. Sitten koko kansana he ovat valmiita huutamaan avuksi Herraa Jeesusta (9l§89₁156, Sak. 13:8---14:4).

Vain Venäjällä ja yhdeksällä muulla diktatuurilla on julmuutta ryhtyä käyttämään aseita, jotka voivat mahdollisesti tuhota koko maapallon. Kuinka vain, tuho on seuraus lännen henkisestä rappeutumisesta (10a§18, Juudas 7).

¤ Samalla maapallon tulikaste ratkaisee ilmastokriisin. Savun ja höyryn varjon alla maapallon pinnan lämpötila laskee pysyvästi monta astetta ja uusi jääkausi alkaa. Tämän jälkeen raekivet pommittavat suurimman osan ihmisten keksinnöistä palasiksi (9l§89₁156, Ilm. 16:21).

Kuitenkin, ei vain Temppelinvuori ole kadonnut. Paljon korkeampi Temppelivuori, uusi Siionin Vuori, on noussut ylös, josta sen rinteellä Jerusalem on näkyvissä lähes 20 kilometrin etäisyydellä. Koko maasta on tullut juuri sopiva mm. temppelin rakentamisohjeille (Hes. 39-48, ja erityisesti 40:2, 43:1-12 ja 45:1-8).

¤ Länsivaltiot on poltettu poroksi. Itävaltiot ovat jotenkin edelleen olemassa (9l§89₁156, Ilm. 16:19b).

Näistä Raamattu puhuu erityisesti Googin ja Maagogin nimillä. Hesekiel oli profetoinut, että Israelissa Herra HERRA tekee heidän aseet ja ammukset käyttökelvottomaksi, tappaa heidän sotilaat ja polttaa heidän kaukaiset kodit. Sen jälkeen Israelilaiset tarvitsevat seitsemän kuukautta kuolleiden hautaamiseen (Hes. 39).

¤ Tuhatvuotisen Sapatinaikana Siionista ja Jerusalemista Herra Jeesus opettaa jäljellä oleville kansoille Jumalan Lain ja Sanan ja Rauhan (Jes. 2:1-4 / Miika 4:1-8; 9k§89₁156, Ilm. 20:4).

Kaikki olisi ollut vakava varoitus. Mutta tuhatvuotisen ajan lopussa Gogin ja Maagogin joukot hyökkäävät jälleen Israelin ja Jerusalemin kimppuun. Silloin Hesekielin toinen profetia Googille ja Maagogille täyttyy. Jumala Itse tuhoaa hyökkääjät täysin. Mikään ei jää jäljelle (Hes. 38; Ilm. 20:7-9).

Uusi Taivas ja Uusi Maa

Shalom,
^ Jokaisen Kristityn pitäisi rukoilla Juutalaisten ja Israelin puolesta. Se on Jumalan suunnitelman mukaista (Rm. 11:11-12).
Sillä tavalla sekä heidät että meidät siunataan isä Abrahamin siunauksella (1Ms. 12:3 ja Ap.t. 3:25).
Rukous juutalaisen kansan ja Israelin maan puolesta, Bert

¤ Kahdentoista heimon kansaa varten oli laadittu suuri suunnitelma. Se jo synnytti ihmiskunnan Vapahtajan, mikä on ollut koko maailmalle suuri (tunnus)merkki (3a§12, Ilm. 12:1, 2 ja 5).

Mutta Jumalan toinen tavoite, hänen henkilökohtaiseksi Morsiamekseen tuleminen, ei (vielä) onnistunut. Jumala jopa erosi kansastaan ja on etsinyt Uutta Morsianta kaikkialta maailmasta (3b§12, Mat. 22:1-14).

¤ Kun Israelin kansasta oli tullut kansakunta ja he olivat lähteneet Egyptin maasta, Leevin heimolle Jumala oli antanut tehtävän huolehtia Ilmestysmajasta ja kaikista Siihen kuuluvista asioista (4Ms. 1).

Samalla Jumala oli jakanut heimot viiteen osaan. Keskellä Leevin heimo. Itään päin Juudan, Isaskarin ja Sebulonin etulinjan heimot. Etelään päin Ruuben, Simeonin ja Gaadin heimot. Länteen päin Efraimin, Manassan ja Benjaminin heimot. Ja pohjoiseen päin Daanin, Asserin ja Naftalin heimot (4Ms. 2).

¤ Jokaisen heimon lukumäärä oli pitänyt laskea, mutta ei Leevin heimon. Toisille jaettiin osia maasta, mutta Leevin heimon perintöosa oli Herra, Israelin Jumala {Joos. 13:(1-)33}.

Siksi oli tarvittu kolmastoista heimo. Se oli saatu Joosefin poikien, Efraimin ja Manassan, kautta (1Ms. 48).

¤

¤ Kun Jumala puhuu Israelin kansasta, Hän puhuu heimokansasta tai tärkeämmin sanottuna 12 heimosta koostuvasta kansasta. Alusta alkaen, kun 12 poikaa oli syntynyt (3a§12, 1Ms. 37:9-10).

Ja 12 heimon järjestyksessä kaikki päättyy:

¤ Ensiksi Suuremman ahdistuksen aikana 12000 kahdestatoista heimosta tulee uskoon (7abcd§67₁14).

Samoin Israelin tuhatvuotisessa valtakunnassa ei enää puhuta (pelkästään) juutalaisesta kansasta, Juudan kansasta, 2-heimon valtakunnasta. Jumala yhdistää Juudan sauvan ja Joosefin/Efraimin sauvan, 10-heimon valtakunnan sauvan, yhdeksi sauvaksi, yhdeksi valtakunnaksi (3b§12, Hes. 37:15-28).

¤ Kuitenkin, on ongelma. Kahdestatoista heimosta, joista 144000 valitaan, alkuperäiset

Daanin ja Efraimin heimot puuttuvat. Leevi ja Joosef ovat korvanneet heidät (Ilm. 7:4-8).

Veli Branham sanoi Seitsemännen Sinetin saarnassa, että syynä oli se, että niiden heimojen keskellä oli ollut epäjumalanpalvelusta (63-0324e, 7Seal-saarna, #190-228).

¤ Kymmenenheimon kansakunnan alussa yhtäkään daanilaista tai efraimilaista ei ollut estänyt silloista kuningas Jerobeamia rakentamasta mm. kaksi epäjumalanuhraamisenpaikkaa näiden kahden heimon keskuudessa (1Kun. 12:25-13:30).

Meidän Pyhän Hengen aikakaudellamme sitä ei olisi koskaan annettu anteeksi, mutta tuolloin elettiin eläinuhrien aikana, jolloin Pyhän Hengen toimiminen ei ollut niin voimakasta (vrt. esim. Joh. 14:26).

¤ Se on ollut Jumalan väliaikainen tuomio Israelin kansalle annetun lain perusteella, 5Ms. 29:15-20 (16-21), <15. Sillä te tiedätte, …. 17. Älköön siis joukossanne olko miestä tai naista, sukua tai heimoa, jonka sydän on tänä päivänä kääntynyt pois Herrasta, meidän Jumalastamme, niin että hän ryhtyy palvelemaan noiden kansojen jumalia. …. 19. Herra ei tahdo antaa hänelle anteeksi, vaan Herran viha ja suuttumus syttyvät silloin sitä miestä vastaan, ja kaikki sen kirous, joka on kirjoitettu tähän kirjaan, lankeavat hänen päälleen, ja Herra pyyhkii pois hänen nimensä taivaan alta. 20. ….>

Mutta Suuremman ahdistuksen aikana sekä Israelin kansa että nukkuvat neitsyet puhdistetaan. Sen jälkeen Tuhatvuotisesta Sapatinvaltakunnasta Daanin ja Efraimin nimet löytyvät {Hes. 48 (11a§19-22)}.

¤

¤ Tuhatvuotisessa valtakunnassa Jumala hyväksyy jälleen Israelin kansan ja valtakunnan edustamaan Häntä nykyisen taivaan ja maan loppuun asti (Ap.t. 1:6-7).

Sen jälkeen koko ihmiskunta herätetään kuolleista ja tuomitaan tekojensa mukaan, Uusi taivas ja Uusi maa Uuden Jerusalemin kanssa ilmestyvät (Ilm. 20:1-21:2).

¤ Tämä Kaupunki laskeutuu kauniina pyramidina, jonka pituus, leveys ja korkeus on kaksitoistatuhatta stadionmittaa, noin 2300 km. Sen muuri on 144 kyynärää korkea, noin 70 m. Ja muurissa on kaksitoista porttia, jotka on nimetty Israelin kahdentoista heimon mukaan. Sekä muurissa on kaksitoista muurinperustusta, jotka on nimetty Karitsan kahdentoista apostolin mukaan {2a§45, Ilm. 21:12-14(-17)}.

Se on kaikkien ylhäältä syntyneiden uskovien Äiti (1c§1-3 / 3a§12, Gal. 4:26).

¤ Jeesus Kristus valitsi aikanaan kaksitoista apostolia. Heistä Juudas Iskariot luopui (Luuk. 6:12-16).

Seuraavaksi muut apostolit olivat yrittäneet valita sijaisen (Ap.t. 1:15-26).

Mutta myöhemmin Jumala valitsi oman apostolinsa pakanoille, Paavalin {Rm. 11:13; Gal. 1:1 (5a§6(8)10)}.

¤ Lopulta, kun kaikki on alistettu Poikaan, Karitsaan, Hänkin alistuu Jumalalle (1Kor. 15:28).

Sitten Uudessa Jerusalemissa (Karitsan Morsiamensa), Jumala asuu rakkaidensa luona (Ilm. 21:1–22:5).

~ ~ ~

C. Kokonaiskuva (Ilmestyskirja §1-22)

12a§1-22

Kahdentuhannen Vuoden Herätykset

Shalom,

^ Lopussa seuraa kokonaiskuvani kahdentuhannen vuoden kristillisten seurakuntien aikakaudesta, mitä Jumala ennusti jo kaksituhatta vuotta sitten Hänen Tapansa mukaan (vrt. 5a§6(8)10/9j§89₁156, Saarn. 3:14-15).

Rukous heiltä, jotka valmistautuvat tapaamaan heidän Sulhasensa (Ilm. 19:7-9),

Bert Hovestadt, Pursimiehenkatu 4A19, 15140 Lahti – P. 0442808142 – gijsberthovestadt@gmail.com

¤ Lukemalla, kuulemalla ja tottelemalla, mitä Ilmestyskirjassa on kirjoitettu, voit tulla siunatuksi (1a§1-3, Ilm. 1:3).

Avainsana on herätys. Jatkuvassa herätyksessä eläminen on ollut Jumalan elämänohje uskoville, Jumalan seitsemän seurakuntajakson suunnitelman mukaan (1b§1-3).

¤ Mutta meidän viimeisen seurakuntajakson, Laodikean, herätyksen aikana ei ole mitään syytä olla ylpeitä. Tämän herätyksen mielenkuopassa voidaan onneksi huomata Jumalan loistava lopunajan hätäsuunnitelma. Jokainen on kutsuttu tapaamaan Herran Jeesuksen Kristuksen henkilökohtaisesti täällä maan päällä. Se on uskomaton lupaus (1c§1-3, Ilm. 3:20).

Miten se on mahdollista? Siihen tarvittiin Jumalan profeetta. Hänen tulemisensa luvattiin meille uskoville seurakuntajaksojen lopulla (vrt. 1d§1-3).

¤

¤ Aktiiviuskovien piireissä on yleensä opetettu, että Ilmestyskirjan keskiosa, luvut 4-18, käsittelee Suuremman ahdistuksen ajan tapahtumia, jotka vasta sitten ymmärretään. Miksi? Miksi ne eivät avautuisi tosiuskoville? Miksi suurin osa tästä kirjasta avautuu vain niille, jotka eivät ole valmistautuneet olemaan valmiita Tempaukseen?

Myös on opetettu, että ne kymmenen kuningasta, joista Ilmestyskirja puhuu, olisivat EU. Mutta syvää Raamatun tutkimista ei enää tarvita nähdäkseen, että ne edustavat nykyisen kommunismin ja diktatuurin raakaa todellisuutta (vrt. 9k; 9l§89₁156 ja 10a§18, Ilm. 17:16).

¤ Lopulta on kaksi eri seurakuntaa. Uskovia, jotka elävät Jumalan antamien ennustettujen suunnitelmien mukaisesti. Ja uskovia, jotka eivät elä sopusoinnussa Jumalan koko Sanan kanssa, vaikka heillä voisi olla mahtavaa voitelua (5a ja 5b§6(8)10).

Pitäisi hyväksyä, että profeetalle oli luvattu ymmärtää sinettien salaisuudet ja kaikki. Hän tapaisi Herran Jeesuksen Kristuksen niin kuin Johannes Kastaja tapasi aikanaan {5c§6(8)10; 5d§6(8)10 (Joh. 1:33-34)}.

¤

¤ Taivaan pasuunoiden salaisuuksien ymmärtäminen kuuluisi juutalaiseen kansaan (8a§89₁156).

Pasuunoiden tuomiot ovat jo osittain valmistaneet Israelilaiset ja Juutalaiset olemaan oikeassa paikassa, Israelissa, missä he tulevat tapaamaan heidän (ja meidän) Messiaansa (8b§89₁156).

¤ Vaikka, pasuunoiden salaisuuksien ennenaikainen paljastaminen herättäisi meidät uskovia. Tuona päivänä 060621 kirjoitin, että se tarkoitti, että Tempauksen hetki on tullut erittäin lähellä (vrt. 8c§89₁156).

Olisi viimeinen hetki valmistautua lähtemään täältä, maan päällä jää vain surua (Ilm. 19).

¤

¤ Jo kymmenen vuoden ajan olen joutunut puhumaan viimeisestä Jeesuksen Tulemuksen vuodesta (1c§1-3).

Sain lisäinnoituksen, kun 070821 SEITSEMÄNNEN SINETIN Sisältö oli tullut vaikuttavasti esiin. Jeesus Kristus oli ilmestynyt hyvin konkreettisella tavalla (6m§6(8)10)!

¤ Hänen löytäminen on seurakuntajaksojen lopunajan ydinhaaste. Se saisi jokaisen uskovan liikkeelle ja tuleen. Siinä Hän on. Siellä olisi tapahtunut jotain.

Tuleva Tempaus, jolloin on Herran Jeesuksen Tulemus yläilmoissa, tapahtuisi Pääsiäisenä 2022. Joulukuussa 2021 olin tuntenut Pyhän Hengen pakottavan ilmoittamaan tämän monille (ks. 12b§1-22).

¤ Juutalainen ja Kristillinen Pääsiäinen oli samaan aikaan (seitsemän päivää, 15/16.4 – 22/23.4.2022, ja pe 15.4 – su 17.4.2022).

Neljätuhatta vuotta sitten Abrahamin oli pitänyt polttouhrata hänen esikoista poikaa, Iisak, Moorian vuorella. Silloin Jumala oli puuttunut asiaan viime hetkellä (1Ms. 22:2-11).

¤ Kaksituhatta vuotta myöhemmin Jeesus Kristus ristiinnaulittiin Pääsiäisenä samassa paikassa.

Tapahtuiko Herran Jeesuksen Tulemus tämän vuoden Pääsiäisenä? Toisaalta samalla viikolla tämän selityksen suomenkielinen versio oli tullut kokonaisuudessaan ja rajoituksetta näkyville Internetissä. Se saattaa olla mahdollinen selitys tilanteessani. Se oli Jumalan väliintulo viime hetkellä (katso myös 12c§1-22).

¤

¤ Lopunajan seurakunnalla olisi omat herätyksensä, kun sekä vehnä että rikkakasvit kypsyvät (5b§6(8)10 ja 8e§89₁156, Mat. 13:37-43).

Eli samaan aikaan olisi kaksi erilaista herätystä. Oikeat voidellut ja profeetat sekä väärät voidellut ja profeetat kokeilevat heidän omaa HERÄÄMISTÄ. Valitse/Valitkaa oikea ryhmä {Mat. 24:24 (5a,5b§6(8)10)}!

Suomi ja Lopunajan Herääminen

Shalom,
^ Eläisimme seurakuntajaksojen viimeisinä sekunteina.
Lopussa toiset meistä otetaan ja toiset jätetään. Toiset uskovat olivat valmiina, toiset eivät (Mat. 24:40-44).
Rukous heiltä, jotka tahtovat olla yksimielisiä (Filip. 2:1-2), sekä tahtovat olla, Jk. 1:21-22: <Pankaa siis pois kaikki saastaisuus ja kaikenlainen pahuus ja ottakaa sävyisästi vastaan sana, joka on teihin istutettu ja joka voi pelastaa teidän sielunne. 22. Mutta olkaa sanan tekijöitä eikä vain sen kuulijoita, pettäen itsenne.>

¤ Kymmenen vuoden ajan olen ollut Lahden Kääntöpiirin seurakunnan jäsen ja ollut mukana sen toiminnassa. Todistin 2021-12-15 rukouskokouksessa, jossa kaikki pastorit olivat läsnä ja yhteensä noin 15 ihmistä: Koen, että Pyhä Henki on vahvistanut minulle, että Pääsiäisenä olisi uskovien Tempaus, joista toivon olevani yksi.
Olen myös todistanut samasta asiasta aiemmin, tosin ei tietyllä päivämäärällä (1c§1-3).
¤
¤ 2022-01-01 Jumala Henki johti, että katsoin Tv7:llä Loimaan Uudenvuodenjuhlaa, josta oli ilmoitettu, että meidän Kääntöpiirin pastori Miko Puustelli olisi sen illan julistaja. Mutta Mikon tulo oli estetty, koska hänen perhe oli altistunut jouluna koronan virukseen. ¤ Se oli hyvin ihmeellistä hengellistä kokousta. Uskon, että Pyhä Henki Itse oli puhumassa Teemu ja Minna Tapion kautta. Tässä kyseisen kokouksen linkki,
https://www.facebook.com/watch/live/?ref=watch_permalink&v=984797328789181
Sekä yhteenvetoni siitä, mitä siellä sanottiin:
= ¤ Jumalan hengellisessä armeijassa jokaisella uskovalla on oma tehtävä. Sekä uskovien saumaton yhteistyö antaisi parhaan tuloksen. On LÄPIMURRON AIKA, jolloin Herra kutsuu jokaista meistä. Lähtökäsky tarvittiin, jotta me ja monet muut antaudumme parannuksen tekoihin ja puhdistukseen.
Jumala on julistanut sodan kaikkia pimeyden voimia vastaan täällä Suomessa. Jokaisen kohdalla osallistumisen ja puhdistumisen pitäisi tapahtua nyt, jotta olisit(te) valmis. Kohta Herra Jeesus tulee hakemaan Hänen Morsiamen Seurakunnan. Sen jälkeen Antikristus ottaa valtaansa koko maanpiiriä. =
¤
¤ Samanlaisen profeetallisen sanoman näin samana uudenvuodenpäivänä pariskunnan Jan ja Joyce Cedercreutzen kautta. Se oli toisto heidän 28.12.2021-ensilähetyksestä ja tuore 'Jumalan puhuu' lähetys uudelle vuodelle, otsikolla Leipä joka tyydyttää nälän, vesi joka sammuttaa janon,
https://www.tv7.fi/arkki/jumala-puhuu/elava-leipa_p79222/
Sekä yhteenvetoni Joycen sanoista:

= ¤ On valtava määrä nääntyneitä ihmisiä, jotka huutavat ruokaa. Valtava huuto nousee Jumalan puoleen. Eri puolella maailmaa. Auta! Apua! Auta Herra!

Mutta Jumala on kuullut sen ja JO VASTANNUT. Valitettavasti Hänen vastaus ei ole haluttu kuulla, kun keskellä pimeyttä Jumala lähetti Evankeliumin ilosanoman. =

¤ Tv-7:n kautta herätys olisi alkanut. Seuraavaksi herätyksen odottaminen alkaa uudelleen. Jokainen kerta palautetaan lähtöasemaan. Ei tarpeeksi suuri määrä ihmisiä olisi vielä tullut uskoon. On kuitenkin otettava huomioon, että luopumus Kristinuskosta on alkanut ja että se vaikuttaa uskoon tuleviin lukuihin. Herätystä Jumalan lopunajan profeetan ympärillä ei vain ollut huomattu eikä ole huomattu. Sama kuin menneisyydessä Jumalan profeetta Johannes Kastajan ympärillä (1d§1-3, 2Tes. 2:3b-4aa ja Mat. 17:10b).

Siis elämme hyvin lähellä Herramme Jeesuksen Tulemusta yläilmoissa. Israelin valtion perustamisesta on jo kulunut yksi sukupolvi. Joka päivä Tempaus voi olla (3b ja 3e§12, Lk. 21:32)!

¤

¤ Viimeinen seurakunnan herätys olisi yhtä erityinen kuin ensimmäinen (Ap.t. 2:17-22). Siihen ensimmäiset apostolit olivathan viitanneet {Jooel 2:28-32 (/3:1-5)}.

¤ Se oli nimenomaan herätys ennen Herran Päivää {Jooel 2:31b (/3:4b)}.

Samasta päivästä Malakian kirjassa oli puhuttu. Jumala oli luvannut lähettää profeetta Elian valmistamaan lopunajan messiaanisia ja kristillisiä uskovia ennen sitä päivää {6k§6(8)10, Mal. 4:(1-)6}.

¤ Sen lisäksi Jooelin profetia oli puhunut syys- ja kevätsateista, ensimmäisistä ja viimeisistä sateista. (Vertaa näitä sateita Israelin sateettomaan kesään, Jooel 2:23.)

Ensiksi oli ollut ensimmäisten syyssateiden opetukset, Herran Jeesuksen ja Hänen apostoliensa täydelliset opetukset Pyhän Hengen johdolla. Ja sen jälkeen kevätsateiden herätykset.

¤ Lopunajan tulee sisältää samanlaiset täydelliset opetukset. Jotenkin nämä opetukset pitäisi löytää uudelleen. Näin ollen tämä profeetta ja seitsemännen seurakuntajakson sanansaattaja ovat olleet yksi ja sama henkilö (5c§6(8)10, 8a§89₁156, Ilm. 10:7).

Sen jälkeen kevätsateiden herätykset olivat alkaneet, tähän päivään asti. Henkilö-kohtaisia herätyksiä ympäri maailmaa, paastoten, itkien ja valittaen Juudan ja Jerusalemin puolesta {Jooel 2:12-3:1 (/4:1)}.

"VIIMEINEN HERÄÄMINEN"

Kiitos kaikille, jotka jaksoivat lukea kaikkea, Bert

¤ Ilmestyskirjassa ja minun käsittelyssä herätys on ollut mielestäni sen ydinsana. Sekä samalla tavalla Pyhä Henki on johdattanut minut kirjoittamaan nämä viimeiset kokonaiskuvasivut.

Herätyksessä usko syntyy. Pyhä Henki olisi mukana. Olisi ihmeitä ja tunnusmerkkejä.

¤ Kun Ilmestyskirjan palapelin viimeiset palat ja osat laitetaan oikeaan paikkaan, näkyisi, onko se palapeli täysin tallessa, vai ei? Ja niin edelleen. Onko kaikki palat käytetty, vai ei? Tai onko palat vain satunnaisesti laitettu yhteen?

Jumalan palapelit eivät ole kaksiulotteisia. Ne ovat monimutkaisia. Sen sisällä olisi jopa Elämää, kuten se on tyypillistä Jumalan Sanalle (esim. Ap.t. 7:38).

¤ Palapelin kehyksen reunapalat, tai paremmin sanottuna palapelin iho, olisi tämä kimppu C12. Ulkopuolella olevat palaset puhuisivat valmiista metamorfoosista. Kun selitykseni on saanut selkeän terveen muodon, se olisi OSA HERÄÄMISTÄ SUOMESSA. Täälläkin kutsu LÄPIMURTAUTUMISEEN on kuulutettu (12b§1-22).

Raamattu puhuu VIIMEISESTÄ HERÄÄMISESTÄ, mm. kymmenen neitsyen vertauksella, joka tapahtuisi kaik-kialla maailmassa noin samaan aikaan. Missä uskovat odottavat Sulhasen Tuloa (12a§1-22, Mat. 25:1-13).

¤ Neitsyet edustavat kauniita, puhtaita, moitteettomia uskovia. Mutta kun he heräävät, on vain hyvin vähän aikaa jäljellä. Toisilla on tarpeeksi öljyä mukana ja toisilla ei. Sekä jokainen heistä seisoo yksin.

Mikä on tärkeintä? Pyhän Hengen Öljyn Valoa tarvitaan esimerkiksi oikeiden päätösten tekemiseen. Jokainen tarvitsee Pyhän Hengen Voimaa kuullakseen vastaukset Jumalalta. Muiden vastaukset eivät auta. On välttämätöntä olla yhtä Jumalan Sanan kanssa. Seurakuntien lopunajassa pitäisi tietää, kuka olisi (ollut) Jumalan Elia-profeetta. Se on ikuisen-elämän-tärkeä kysymys! Näin Jumala on etukäteen säätänyt näyttämön (1d§1-3, Mal. 4:1-6).

¤

¤ Sinetit, pasuunat, voi-huudot ja kulhot ovat, mitä ne ovat. Kaiken ymmärtäminen oikealla tavalla on haastavaa. Mutta aikaa ei ole paljoa jäljellä.

Eikä minulle tilanne on helpompaa. Minun on pitänyt kirjoittaa Tempauksen / Herran Jeesuksen Tulemuksen päivämäärästä ja kaikenlaisia uskomuksia vastaan olevista asioista. Siten jokaisen usko testataan, ja Jumala etsii lopunaikana ihmisiä, joilla on uskoa (vrt. Lk. 18:8).

¤ Jokaisen joutuu lähtemään hänen turvallisesta ympäristöstään ja etsimään Herra Jeesus jostain muualta {Ilm. 3:20, 5b§6(8)10, 6m§6(8)10; Mal. 4:(1-)6, 6k§6(8)10}.

Toisaalta tavallinen ohikulkija voisi ymmärtää lopunajan kuvatut tapahtumat Ilmestyskirjan ennusteiden avulla. Se kertoo, miltä maailma näyttää nyt, ja mitä kohta alkaa tapahtua (0c_TiivSel, TUNNISTA ….).

¤

¤ Tempaus on ainoa Toivo kun ahdistus ja epätoivo lisääntyvät {Lk. 21:25(-33), 7a§ 67₁14}.

Pakanain ajat olivat täyttyneet, vuodesta 1967 lähtien (Lk. 21:24b, 3e§12 ja 9k§89₁156).

¤ Jumalan Sana on sekä kaiken alku että kaiken loppu. Jeesus oli ollut Jumalan kanssa ja ollut Jumalan Sana alusta asti (Joh. 1:1-2).

Kaikki on luotu Hänen kauttaan ja Häneen (Joh. 1:3; Kol. 1:16).

¤ Täällä Hän on ollut Elämämme ja Valomme (Joh. 1:4).

Ja meidän täytyy tulla osaksi Häntä, Jumalan Sanaa, Jumalan Evankeliumia, voidaksemme nauttia tästä Valosta ja Elämästä (Kol. 1:13-23).

¤ Jumalan Sanaan kaikki päättyy. Se ei koskaan katoa (Mat. 24:35).

Samalla tavalla kirjoitukseni Jumalan Sanasta piti tulla osaksi tätä Sanaa ja saada Jumalan Vahvistus.

¤

¤ Kirjoittamisen Ilmestyskirjasta oli haastava. Ei saa mitään lisätä tai ottaa pois (vrt. Ilm. 22:18-19).

Sen aloitin uskovien ryhmästä. Ja vähitellen on tullut lisää ryhmiä. Sillä tavalla se voisi olla siunattu saman Kirjan mukaan (Ilm. 1:3).

¤ Joulukuussa 2021 oli pakko sanoa, että Tempaus tapahtuisi Pääsiäisenä 2022. Minun piti ilmoittaa tuo päivämäärä monille ja monessa paikassa (ks. 12b§1-22, Kääntöpiiri). Tuolloin minulla ei ollut aavistustakaan, että tuo päivämäärä voisi liittyä tämän selityksen suomenkieliseen versioon. Kuitenkin Pääsiäisenä kaikki sivut olivat tulleet ilmaiseksi luettavaksi kaikkialla maailmassa Internetin kautta.

¤ Ja sama tapahtui englanninkielisen version kanssa. Myös toisesta päivämäärästä, 2022-08-07, minun oli täytynyt kirjoittaa, kun sivu seitsemännen sinetin selityksestä oli tullut erittäin merkittävällä tavalla esiin (6m§6(8)10, sivun alkuperäinen päivämäärä 2021-08-07).

Tempauksen tapahtuman sijaan englanninkielisestä versiosta oli juuri ennen tuota päivämäärää tullut hyvä luettava ja laajalti saatavilla oleva teksti. Ja loppuvahvistuksen ja loppusinetin Jumala antoi 2022.12.13, kun löysin viimeisen pääotsikon (0_TekijänOikeus).

~ ~ ~ ~ ~

13_Sanahakemisto (TanaKh:in/VanhanTestamentin lyhenteet)

T: 1. Mooseksen kirja = 1Ms.

T: 2. Mooseksen kirja = 2Ms.

T: 3. Mooseksen kirja = 3Ms.

T: 4. Mooseksen kirja = 4Ms.

T: 5. Mooseksen kirja = 5Ms.
- - - - - - - -
N: Joosuan kirja = Joos.

N: Tuomarien kirja
- - - -
K: Ruutin kirja
- - - - - -
N: 1. Samuelin kirja
N: 2. Samuelin kirja

N: 1. Kuninkaiden kirja = 1Kun.
N: 2. Kuninkaiden kirja = 2Kun.
- - - - - - - -
K: 1. Aikakirja
K: 2. Aikakirja
m
K: Esran kirja = Esra

K: Nehemian kirja = Neh.
- -
K: Esterin kirja
- -
K: Jobin kirja = Job

K: Psalmien kirja = Ps.

K: Sananlaskujen kirja = Sananl.
- -

K: Saarnaajan kirja = Saarn.

K: Laulujen laulu
- - - - - - - -
N: Jesajan kirja = Jes.

N: Jeremian kirja = Jer.
- - - -
K: Valitusvirret
- - - - - -
N: Hesekielin kirja = Hes.
- - - - - -
K: Danielin kirja = Dan.
- - - - - -
N: Hoosean kirja = Hoos.

N: Jooelin kirja = Jooel

N: Aamoksen kirja = Aamos

N: Obadjan kirja

N: Joonan kirja = Joona

N: Miikan kirja = Miika

N: Nahumin kirja

N: Habakukin kirja = Hab.

N: Sefanjan kirja

N: Haggain kirja

N: Sakarjan kirja = Sak.

N: Malakian kirja = Mal.

13_Sanahakemisto (UudenTestamentin lyhenteet)

Matteus = Mat.

Markus = Mrk.

Luukas = Lk.

Johannes = Joh.
- -
Apostolien teot = Ap.t.
- - - -
Roomalaisille = Rm.

1. Korinttalaisille = 1Kor.
2. Korinttalaisille = 2Kor.

Galatalaisille = Gal.

Efesolaisille = Ef.

Filippiläisille = Filip.

Kolossalaisille = Kol.

1. Tessalonikalaisille = 1Tes.

2. Tessalonikalaisille = 2Tes.

1. Timoteukselle = 1Tim.
2. Timoteukselle = 2Tim.

Titukselle = Titus

Filemonille
- -
Heprealaisille = Hep.
- - - -
Jaakobin kirje = Jk.
- -
1. Pietarin kirje = 1Piet.
2. Pietarin kirje = 2Piet.
- -
1. Johanneksen kirje = 1Joh.
2. Johanneksen kirje
3. Johanneksen kirje = 3Joh.
- -
Juudaksen kirje = Juudas
- - - -
Ilmestyskirja = Ilm.

13a_Käytetyt Raamatun Jakeet / §-Sivu

§-Sivu	V.Test.Jakeet	U.Test.Jakeet	§-Sivu	V.Test.Jakeet	U.Test.Jakeet
0_Otsikko		2Tim.4:8	5d§6(8)10	1Ms.1:1	Ilm.1:1a/b
0_Esipuhe		**Ilm.3:20**	5d§6(8)10		Ilm.1-3
0_Esipuhe		**Ilm.3:22**	5d§6(8)10		Ilm.4-5
0_Esipuhe		Mat.24:24	5d§6(8)10		Ilm.6
0_Esipuhe		Mat.25:(1-13)	5d§6(8)10		Ilm.7:1-9-17
0_Esipuhe		Mat.25:6, 9	5d§6(8)10		Ilm.4:8
0_Rukous		Rm.1:7	5d§6(8)10		Mat.24:36-44
0_Rukous		Rm.1:(1-17)	5d§6(8)10		1Tes.4:15d
0_Rukous		1Kor.13:13	5d§6(8)10		1Kor.15:51-52
0_Rukous		Ef.2:10	5d§6(8)10		Ilm.11:15-19
0_Tekijän	Mal.4:1-6	Gal.5:22	5d§6(8)10		Ilm.8:2-9:21
0_Tekijän		Filip.4:4-7	5d§6(8)10		Ilm.1:9-20
0_Tekijän		Mat.6:33	5d§6(8)10		Ilm.10:1-6a
0_Tekijän		Joh.3:16	5d§6(8)10		Ilm.1:7
0_Tekijän		Filip.2:(5-)10-11	5d§6(8)10		Ilm.3:21
0_Tekijän		Rm.10:9-11	5d§6(8)10		Ilm.4:3
0_Tekijän		Ilm.3:17-18	5d§6(8)10		Ilm.1:15-16
0_Tekijän		2Piet.1:20	5d§6(8)10		Ilm.5
0_Tekijän		Joh.20:19-21	5d§6(8)10		Ilm.5:9-10
0_Tekijän		Joh.1:1-20:21	5d§6(8)10		Ilm.10:6b, 7
0_Tekijän		Ef.2:4-9	5d§6(8)10		Joh.1:33-34
0b_TiivIlm		**Ilm.18:4**	5d§6(8)10		Ilm.10:8-11
0b_TiivIlm	Dan.12:1	Ilm.1:1, 19	5d§6(8)10		Ilm.13:8
0b_TiivIlm		Joh.1:12	5e§6(8)10		Mat.11:25
0b_TiivIlm		Ap.t.2:38-....	5f§6(8)10		**Ilm.6:1**
0b_TiivIlm		Mat.24:21	5f§6(8)10		Hep.11:8-10
0b_TiivIlm		Ilm.7:14	5f§6(8)10		Joh.14:6
0b_TiivIlm		Ilm.20:4	5f§6(8)10		Ilm.3:20
0c_TiivSel		**1Tes.4:15b**	5f§6(8)10		Ilm.8:1
0c_TiivSel	Joona 3	Ilm.13:8b	5g§6(8)10		Rm.12:3
0c_TiivSel	Jes.55:6	Ilm.22:17	5g§6(8)10		Joh.14:12
0c_TiivSel	Mal.4:1-6	Mat.12:39-42	5g§6(8)10		Ilm.10:1-2
0c_TiivSel		Lk.18:8	5g§6(8)10		Mat.24:3
0c_TiivSel		Ilm.4-19	5g§6(8)10		Mat.24:27, 30

0c_TiivSel		Ilm.4:1	5g§6(8)10		Mat.24:27(-28)
0c_TiivSel		Mat.24:3, 27	5g§6(8)10		Mat.24:30
0c_TiivSel		Mat.24:37, 39	6h§6(8)10		**Mat.24:2, 3**
0c_TiivSel		1Kor.15:23	6h§6(8)10		**Ilm.6:1-2**
0c_TiivSel		1Kor.16:17	6h§6(8)10		**Mat.24:4-5**
0c_TiivSel		2Kor.7:6, 7	6h§6(8)10		**1Joh.2:18-19**
0c_TiivSel		2Kor.10:10	6h§6(8)10		Jk.5:7-8
0c_TiivSel		Filip.1:26	6h§6(8)10		Mat.24:1-2
0c_TiivSel		Filip.2:12	6h§6(8)10		Mat.24:4-14
0c_TiivSel		1Tes.2:19	6h§6(8)10		Mat.24:15-21-28
0c_TiivSel		1Tes.3:13	6h§6(8)10		Ilm.5
0c_TiivSel		1Tes.4:15	6h§6(8)10		Ilm.10:1-3-7
0c_TiivSel		1Tes.5:23	6h§6(8)10		Joh.12:27-29
0c_TiivSel		2Tes.2:1, 8, 9	6h§6(8)10		Ilm.4:7
0c_TiivSel		Jk.5:7, 8	6i§6(8)10		**Ilm.6:3-4**
0c_TiivSel		2Piet.1:16	6i§6(8)10		**Mat.24:6**
0c_TiivSel		2Piet.3:4, 12	6i§6(8)10		**Ilm.2:18-19**
0c_TiivSel		1Joh.2:28	6i§6(8)10	Jes.55:9	Ef.2:2, 6
0c_TiivSel		Mat.24	6i§6(8)10	Mal.4:5-6	Ilm.17:2
0c_TiivSel		Ilm.3:20	6i§6(8)10		Ilm.2:15
0c_TiivSel		Lk.1:17	6i§6(8)10		Ilm.13:3a
1a§123	**Jes.61:1-2a**	**Ilm.1:7a**	6i§6(8)10		Mat.23:9
1a§123		**Ilm.22:20**	6i§6(8)10		Ilm.16:13
1a§123		**Ilm.1:3**	6i§6(8)10		Ilm.19:20
1a§123		**Ilm.19:10b**	6i§6(8)10		Ilm.20:10
1a§123		**Lk.7:22b-23**	6i§6(8)10		Ilm.4:7
1a§123		**Ilm.1:20**	6j§6(8)10		**Ilm.6:5-6**
1a§123	5Ms.34:10	Ef.4:1-2	6j§6(8)10		**Ap.t.2:15-17a**
1a§123		Ilm.1:1, 2	6j§6(8)10		**Mat.24:7-8**
1a§123		Lk.6:13	6j§6(8)10	Sak.4:1-6	2Kor.2:3
1a§123		Ef.5:23-27	6j§6(8)10		Ilm.19:7-9
1a§123		Ap.t.4:12	6j§6(8)10		Mat.4:8-10
1a§123		Ilm.1:7-8	6j§6(8)10		Rm.5:20
1a§123		Rm.4:6-8	6j§6(8)10		Ilm.11:13, 19
1a§123		Joh.1:1-5, 9-14	6j§6(8)10		Ilm.16:18-19
1a§123		Ilm.22:18-19	6j§6(8)10		Ilm.4:7
1a§123		Rm.3:4	6j§6(8)10		Joh.1:1-3
1a§123		Lk.24:44	6k§6(8)10		**Ilm.6:7-8**
1a§123		Lk.4:16-30, 24	6k§6(8)10		**1Joh.4:1-3**

1a§123		Lk.7:1-23	6k§6(8)10		**Ilm.16:13-16**
1a§123		Lk.4:18-19	6k§6(8)10	Mal.4:(1-)6	Mat.24:8
1a§123		Ilm.1:10a	6k§6(8)10	5Ms.29:15-20	Ilm.17:14b
1a§123		Ilm.1:10b-20	6k§6(8)10	Dan.9:27	Ilm.2:2
1a§123		Ilm.1:4-11	6k§6(8)10		Mat.24:24
1a§123		Ilm.2	6k§6(8)10		2Tes.2:9-12
1a§123		Ilm.3	6k§6(8)10		Ilm.13:11, 12
1a§123		Joh.1:4-5	6k§6(8)10		Ilm.17:21
1a§123		Ilm.2:7, 11 jne.	6k§6(8)10		Ilm.13:14-15
1b§123		**Ilm.2:7a**	6k§6(8)10		Ilm.3:14-22
1b§123		**Ilm.2:4**	6k§6(8)10		Ilm.4:7
1b§123		**Ilm.2:1**	6k§6(8)10		Ilm.3:20
1b§123		**Ilm.1:20**	6k§6(8)10		1Tes.4:13-5:2
1b§123		**Rm.1:17**	6k§6(8)10		Ilm.12:13
1b§123		Gal.6:2	6k§6(8)10		Joh.13:27a
1b§123		Joh.19:27	6k§6(8)10		Ilm.13:12
1b§123		Ilm.2:1-7	6l§6(8)10		**Ilm.6:9-11**
1b§123		Ilm.2:1, 8 jne.	6l§6(8)10		**Mat.24:9-13**
1b§123		Ilm.2:4-5	6l§6(8)10	Sak.13:6-9	Mat.13:(1-)23
1b§123		Ilm.1:20	6l§6(8)10		1Joh.2:18-19
1b§123		Ap.t.19	6l§6(8)10		Ilm.2:9
1b§123		Ilm.3:1-6	6l§6(8)10		Ilm.4:7
1b§123		Ilm.3:7-13	6l§6(8)10		Ilm.2:13
1b§123		Hep.12:10b-14	6l§6(8)10		Ilm.2:18-29
1b§123		Ilm.3:14-22	6l§6(8)10		Rm.11:25-29
1b§123		Ilm.3:20	6l§6(8)10		Mat.26:31
1c§123		**Ilm.3:17a**	6m§6(8)10		**Ilm.10:5-7**
1c§123		**Ilm.3:20**	6m§6(8)10		Ilm.3:20
1c§123		**Ilm.3:21-22**	6m§6(8)10		1Joh.3:16
1c§123		**Ilm.3:18-19**	6m§6(8)10		Ilm.10:1-3-4
1c§123		**Mat.24:27-28**	6m§6(8)10		Mat.24:36
1c§123	Joona 3:1-4	2Kor.12:10	6m§6(8)10		Ilm.8:1
1c§123	3Ms.25:23	Hep.10:25, 37	6m§6(8)10		Ilm.13:8
1c§123		Ilm.3:15	6m§6(8)10		Ilm.3:20
1c§123		Mat.24:36-44	7a§67-14		**Mat.24:14**
1c§123		Joh.1:1-3, 14	7a§67-14		**Ilm.6:12-17**
1c§123		Ilm.3:14-22	7a§67-14		**Ilm.11:5-6**
1c§123		1Kor.12	7a§67-14		**Ilm.11:1-3**
1c§123		Ilm.19:8	7a§67-14	Jer.16:14-16	Ef.2:22

1c§123		Gal.4:26	7a§67-14	Jer.30	Mat.24:1-14
1c§123		1Kor.15:(50-53)	7a§67-14	Jer.31	Mat.24:15-21
1c§123		1Kor.15:51-52	7a§67-14	1Ms.32:25-33	Mat.24:21-28
1c§123		Mat.24:1-4-14	7a§67-14	2Ms.26:31-34	Mat.24:21
1c§123		Mat.24:15-21	7a§67-14	2Ms.30:1-6	Mat.24:(27-)28
1c§123		Mat.24:(21-28)	7a§67-14	2Ms.40:29-33	Mat.24:29-31
1c§123		Ilm.3:20	7a§67-14	Ps.96:8	Lk.21:28
1d§123	**Mal.3:1a**	**Mat.11:20**	7a§67-14	Hes.44:19	Lk.21:(25-33)
1d§123	**Mal.4:1-6**	**Lk.1:17**	7a§67-14	Mal.3:3-4	Mat.24:32-44
1d§123		**2Tes.2:3b-4aa**	7a§67-14		Lk.21:29-33
1d§123		**Mat.17:10b**	7a§67-14		Ilm.14:14-16
1d§123	Saarn.3:14-15	Ilm.2:1	7a§67-14		2Tes.2:3b-4
1d§123		1Kor.9:27	7a§67-14		Hep.9:8
1d§123		Mat.3:1-12	7b§67-14	**Sak.4:1-4**	**Ilm.11:4, 7**
1d§123		Mat.16:21-	7b§67-14	**Sak.4:11-14**	**Ilm.11:11-14**
1d§123		Mat.17:-13	7b§67-14	1Ms.4:26	Ilm.1:20
1d§123		Ilm.3:19, 20a, b	7b§67-14	Sak.3-4	Ilm.11:1-3/6
2a§45		**Joh.21:23**	7b§67-14	Sak.4:6	Ilm.12:1
2a§45		**Ilm.4:1, 4**	7b§67-14	Dan.12:1(-3)	Ilm.14:1-5
2a§45		**Ilm.2:10b-11**	7b§67-14	Sak.14:3-5	Ilm.7:4-8
2a§45		**Ilm.4:10-11**	7b§67-14	Sak.14:10-11	Joh.13:27a
2a§45		**Ilm.11:19**	7b§67-14		Ilm.12:13
2a§45		**Mat.19:28**	7b§67-14		Ilm.13:5-6, 12
2a§45		**Ilm.21:12-14**	7b§67-14		Ilm.11:1-10
2a§45		**Ilm.21:7**	7b§67-14		Ilm.16:(13-)16
2a§45	1Ms.9:8-17	Mat.7:21	7b§67-14		Ilm.11:8-10
2a§45	Mal.3:1b	Ilm.4:2-3	7b§67-14		Ap.t.1:11-12
2a§45	Jes.62:3	Ilm.1-3	7c§67-14		**Ilm.7:1-3**
2a§45	1Ms.37:9-10	Ilm.1:10	7c§67-14		**Ilm.8:13**
2a§45		1Kor.15:50-53	7c§67-14		**Ilm.14:6-7, 8**
2a§45		1Tes.4:13-5:2	7c§67-14	Aamos 3:1-15	Ef.2:10
2a§45		Ilm.4:3b	7c§67-14		Mat.16:3
2a§45		Ilm.5:8-10	7c§67-14		Mat.20:9
2a§45		Filip.4:1	7c§67-14		Ilm.7:4-8
2a§45		Ilm.20:4, 11-15	7c§67-14		Ilm.13:8b
2a§45		Ilm.4:5a	7c§67-14		Rm.8:19-22
2a§45		Ilm.11:15-19	7c§67-14		Ilm.9:12a
2b§45	**Sak.3:8-9**	**Ilm.22:17**	7c§67-14		Ilm.11:14
2b§45	**Sak.4:6, 10**	**Ilm.4:5b**	7c§67-14		Ilm.8:2

2b§45		**Ilm.1:4-6**	7c§67-14		Ilm.3:1, 4
2b§45		**1Kor.1:3**	7c§67-14		Ap.t.2:38
2b§45		**Ilm.5:6**	7c§67-14		Ilm.3:7-13
2b§45		**Joh.14:11**	7c§67-14		Ilm.17:5, 7
2b§45	Mal.3:1b	Ap.t.2:38	7d§67-14	**Jes.66:8**	**Ilm.14:9-13**
2b§45		1Kor.12:8-11	7d§67-14	**Sak.13:9c**	
2b§45		Lk.3:21-4:1	7d§67-14	**Sak.14:1-2a**	
2b§45		Ap.t.1-2	7d§67-14	**Sak.14:2b-4a**	
2b§45		Joh.1:29, 36	7d§67-14	Jes.66:8	1Kor.16:23
2b§45		Lk.24:49	7d§67-14	Sak.13:6, 7, 8	Ilm.12:12b---17
2b§45		Joh.14:16-26	7d§67-14	Sak.13:(6-9)	Ilm.20:11-15
2b§45		Joh.15:26	7d§67-14	Sak.13:9a	Ilm.14:4c
2b§45		Hep.13:8	7d§67-14	Sak.14:3-5	Mat.26:31
2b§45		Joh.14:28	7d§67-14	Sak.14:10-11	Mat.3:11b-12
2b§45		Ilm.21:22	7d§67-14	Sak.12:1-3, 2	Ilm.19:11-21
2b§45		Ilm.5:5	7d§67-14	Sak.14:1-2a	Ilm.20:4-6
2b§45		Hep.13:20	7d§67-14	3Ms.16:28-34	1Piet.2:9-10
2b§45		Ilm.1:12-20	7d§67-14	Sak.14:16-19	Ilm.12:5
2b§45		Ilm.2:5	7e§67-14	**Sak.14:6-7**	**Ilm.11:13-14**
2c§45		**Ilm.5:5**	7e§67-14		**Ilm.6:12b-17**
2c§45		**Joh.1:29b**	7e§67-14		**Ilm.3:3b, 10**
2c§45		**Ilm.5:9b**	7e§67-14		**Ilm.9:15**
2c§45		**Lk.22:19-20**	7e§67-14		**Ilm.14:7a,15b**
2c§45		**Ilm.1:5-6**	7e§67-14		**Ilm.17:12**
2c§45		**Kol.1:15-18**	7e§67-14		**Ilm.18:16-17a**
2c§45		**1Kor.15:22-24**	7e§67-14		**Ilm.18:10, 19**
2c§45		**1Piet.2:20b-21**	7e§67-14	Dan.12:11--13	Ilm.22:14
2c§45		**Ilm.22:5b**	7e§67-14	1Ms.37:9-10	2Piet.3:8
2c§45	1Ms.3:22	Rm.8:17	7e§67-14	Sak.12:1-3	Ilm.8:1
2c§45	Dan.2:44-45	Joh.4:24	7e§67-14	Sak.14:1-2b	Ilm.7:1-8, jne.
2c§45		Ilm.5:1-4, 6a	7e§67-14	Sak.12:4-14-	Ilm.6:12a(-17)
2c§45		Joh.1:15-37	7e§67-14	Sak.13:-1-5	Ilm.8:5
2c§45		Mat.26:64	7e§67-14	Sak.14:2c-5	Ilm.8:(1-6)
2c§45		Ilm.5:7-9	7e§67-14	Sak.14:12-15	Mat.27:51-53
2c§45		Rm.5:15-19	7e§67-14	Sak.14:8-11	Ilm.3:20
2c§45		Joh.6:53, 66	7e§67-14		Ilm.11:3
2c§45		Ap.t.8:26-39	7e§67-14		Ilm.11:11-14
2c§45		Filip.2:5-11	7e§67-14		Ilm.8:13, jne.
2c§45		Ilm.5:11-14	7e§67-14		Mat.28:2

2c§45		Ilm.4:11	7e§67-14		Mat.24:30
2c§45		Ilm.12:5	7e§67-14		Mat.24:3
2c§45		Ilm.19:11-16	7e§67-14		Ilm.1:7
2c§45		Rm.8:4, 9-19	7e§67-14		Ilm.6:14-17
2c§45		Ilm.20:4-6	7e§67-14		Ilm.19:11-21
3a§12	**Hes.28:13a**	**1Tim.2:13-14**	8a§89-16		**Ilm.10:7**
3a§12	**1Ms.3:15**	**Mat.1:23**	8a§89-16	Sak.14:2b-4a	2Kor.3:3
3a§12	1Ms.37:9-10	Ilm.12:1, 2, 5	8a§89-16		1Kor.14:8-9
3a§12	5Ms.7:6-8	Hep.8:5	8a§89-16		Ilm.11:15-19
3a§12	Hes.28:11-19	Joh.3:3	8a§89-16		Ilm.8:5
3a§12	1Ms.3:1-6	Gal.4:24, 26	8a§89-16		Ilm.9:13-21-
3a§12	1Ms.3:17	Hep.10:16	8a§89-16		Ilm.10:-1-4
3a§12	1Ms.3:1-5	1Kor.12:13	8a§89-16		Ilm.10:1-3-7
3a§12	1Ms.3:14	Ilm.12:3	8a§89-16		Ilm.8:2-9:21
3a§12	1Ms.4:1	Ilm.17:10a	8a§89-16		Ilm.11:15-19
3a§12	1Ms.2:17	Ilm.12:4b	8a§89-16		Ilm.6
3a§12	Jes.7:14	Mat.2:16	8a§89-16		Ilm.8:1
3a§12		Ilm.12:7-9, 9	8a§89-16		Ilm.6:12-17
3a§12		1Kor.11:7-8	8a§89-16		Ilm.8:1
3a§12		Mat.4:1-11	8a§89-16		Ilm.8:2-9:21
3a§12		Rm.5:12	8a§89-16		Ilm.11:11-14
3a§12		Gal.3:13	8a§89-16		Ilm.11:14a
3a§12		Titus 2:11-14	8a§89-16		Ilm.11:14b-19
3a§12		Ilm.12:9a, 10b	8b§89-16	Jes.66:1-2	Hep.8:(1-)5
3a§12		Mat.1:18-23	8b§89-16	3Ms.25	Ilm.13:8b
3a§12		Hep.2:14b	8b§89-16	Jer.16:14-16	Hep.9:11-15
3a§12		Joh.12:31	8b§89-16		Joh.14:17
3a§12		Ilm.12:7-10, 11	8b§89-16		Ilm.1:20
3a§12		1Piet.5:8-9	8b§89-16		Mat.5:14-16
3b§12	**1Ms.3:21**	**Lk.21:32**	8b§89-16		Ilm.4:5b
3b§12		**1Piet.2:9-10**	8b§89-16		Ilm.2:5
3b§12		**Rm.11:25b-27**	8c§89-16	Jes.61:2a	Ilm.8:5
3b§12		**1Joh.3:12**	8c§89-16	Dan.3:1-7	Ilm.15:2-4, 7-8
3b§12	1Kun.11:29-39	Mat.24:32-44	8c§89-16	Hes.9:1-6	Ef.1:4(-14)
3b§12	Hoos.1:1-9	Lk.21:29-31	8c§89-16	2Ms.21:1-6	Ilm.4:6
3b§12	Sak.13:6-9	Ilm.12:1	8c§89-16		Ef.5:21-26
3b§12	Hes.37:15-28	Mat.22:1-14	8c§89-16		Ilm.8:2-9:21
3b§12	1Ms.4:2b, 3-5	Mat.21:33-46	8c§89-16		Ilm.11:15-19
3b§12	1Ms.4:6-16	Mat.27:23	8c§89-16		Ilm.7:9-17

3b§12	1Ms.3:15a	Joh.1:41	8c§89-16		Ilm.18:4
3b§12	1Ms.22:(18)	Lk.17:21	8c§89-16		Ilm.3:20
3b§12	1Ms.2:17	Ilm.20:5	8c§89-16		Ilm.14:11
3b§12	1Ms.3:7	Ilm.7:4-8	8c§89-16		Ilm.14:(9-13)
3b§12		Ilm.14:4, (1-5)	8c§89-16		Mrk.12:38-40
3b§12		Mat.26:31	8c§89-16		1Kor.3:11-15
3b§12		Ilm.21:12-13	8c§89-16		Ilm.13
3b§12		Hep.11:4	8c§89-16		Ilm.17
3b§12		Ap.t.13:48	8c§89-16		Hep.8:5
3b§12		Gal.3:(16)	8c§89-16		Ilm.13:2b
3b§12		Ilm.13:(8b)	8c§89-16		Ilm.20:4
3b§12		1Tim.2:5-6	8c§89-16		Gal.2:19-20
3b§12		Hep.9:11-15	8c§89-16		Ef.4:30
3b§12		Hep.10:(10-)16	8c§89-16		Hep.10:26-31
3c§12		**Ilm.22:10-11**	8c§89-16		Ilm.13:7-10
3c§12		**Joh.13:27a**	8c§89-16		Ilm.11:4
3c§12		**Mat.27:25**	8d§89-16		**Ilm.14:9-13**
3c§12		**Ilm.12:12b-13**	8d§89-16	5Ms.29:15-20	Mat.16:2-4
3c§12		**Ilm.12:14**	8d§89-16		Ap.t.4:19
3c§12		**Ilm.12:15-16**	8d§89-16		Ilm.13:16/17-18
3c§12		**Ilm.17:15**	8d§89-16		Ilm.13:3a
3c§12	Jes.66:1-2	Ef.5:23-24a	8d§89-16		Ilm.13:16-18
3c§12	1Ms.2:17	Ilm.21:12-14	8d§89-16		Ilm.12:13
3c§12	Job 1:6-12	Ap.t.7:50	8d§89-16		Ilm.13:14-15
3c§12	Sak.13:6-9	Ef.2:10	8d§89-16		2Tes.2:(3b-)4, 7
3c§12	1Ms.15:18-21	Ilm.2:7, 11 jne.	8e§89-16	**Jes.61:2a**	**Ilm.11:18**
3c§12	Hes.47:13-23	Ilm.1:3	8e§89-16		**Ilm.16:19b**
3c§12		Mat.4:1-11	8e§89-16		**1Tes.1:10**
3c§12		Joh.13:1-27	8e§89-16		**Ilm.14:9-13**
3c§12		Mat.27:15-26	8e§89-16		**Mat.13:37-43**
3c§12		Ap.t.1:8	8e§89-16		**Ilm.14:20**
3c§12		Ilm.19:8-9	8e§89-16		**Ilm.6:15-17**
3c§12		1Tes.4:13-5:2	8e§89-16		**Ilm.19:15**
3c§12		Ilm.4:10-11	8e§89-16	Saarn.3:11	Lk.4:19
3c§12		Ilm.21:12-14	8e§89-16	Dan.12:1-3	1Kor.15:51-52
3c§12		Ef.5:(23-)27	8e§89-16	Mal.4:1-6	Ilm.11:15-19
3c§12		Ilm.12:10-12a	8e§89-16		Ilm.16:17-21
3c§12		Mat.26:31	8e§89-16		Ilm.20:11-15
3c§12		Hep.11:8-10	8e§89-16		Ilm.14:9-13

3c§12		Ilm.14:1-5	8e§89-16		Mat.24:3
3c§12		Ilm.21:9-10	8e§89-16		1Tes.4:15-17
3c§12		Ilm.21:(1-22:5)	8e§89-16		Ilm.14:15b
3d§12	**Dan.9:24-27**		8e§89-16		Ilm.14:(14-16)
3d§12	Dan.1:1-4, 8	Joh.2:19-21	8e§89-16		Ilm.14:17-20
3d§12	Dan.1-8	Ilm.11:2-3	8e§89-16		Ilm.19:11-21
3d§12	Dan.9:1-20	Mat.27:22	8e§89-16		1Kor.12:13
3d§12	Dan.9:20-27		8e§89-16		Hep.6:6
3d§12	Esra 1:1-4		9f§89-16	**Ps.1:3**	**Ilm.8:7**
3d§12	Esra 3:10		9f§89-16		**Ilm.3:5**
3d§12	Esra 4:24		9f§89-16		**Ilm.16:2**
3d§12	Esra 6:15		9f§89-16	2Ms.12:13	Lk.12:47
3d§12	Esra 7:11-26		9f§89-16		Ilm.2:4
3d§12	Esra 7:(1-28)		9f§89-16		1Joh.4:20-21
3d§12	Neh.2:1-8		9f§89-16		1Joh.2:18-19
3d§12	Neh.6:15; 7:1		9f§89-16		Ilm.2:5
3d§12	2Ms.29:38-46		9f§89-16		Ilm.12:15-16
3d§12	Dan.8:13-14		9f§89-16		Ilm.13:8b
3d§12	Dan.8:13-26		9f§89-16		Lk.10:20
3d§12	Dan.11:31		9f§89-16		Ilm.8:5
3d§12	Dan.12:11		9f§89-16		Ilm.15:7-8
3d§12	Dan.9:27		9f§89-16		Ap.t.13:48
3e§12	**Hab.2:14**	**Mat.24:15-21**	9g§89-16	**Ps.69:29**	**Ilm.2:9-10**
3e§12	**Dan.12:11-13**	**Lk.21:20-24a**	9g§89-16		**Ilm.8:8-9**
3e§12		**Mrk.13:14-19**	9g§89-16		**Ap.t.1:20a**
3e§12	Dan.12:4	2Piet.1:20-21	9g§89-16		**Ilm.16:3**
3e§12	Dan.9:24	1Joh.2:2	9g§89-16	Ps.69:26	1Kor.12:13
3e§12	Miika 7:18-20	Ilm.20:1-2	9g§89-16	Ps.69:23-29	Hep.10:25
3e§12	Jes.66:8	Mat.24:32-35	9g§89-16		1Joh.2:18-19
3e§12	Dan.12:8-10	Lk.21:29-33	9g§89-16		Ap.t.2:38-40
3e§12	Dan.12:1(-3)	Lk.21:24b, 32	9g§89-16		Ilm.2:9-11
3e§12	Dan.12:6-7	Mat.24:36-51-	9g§89-16		Ilm.17:15 (2*)
3e§12	Dan.12:(4-7)	Mat.25:1-13	9g§89-16		1Tim.5:6
3e§12	Dan.8:10-14	Ilm.12:7-12a	9h§89-16		**Ilm.8:10-11**
3e§12	Dan.11:30-34	Ilm.12:14	9h§89-16		**Hep.12:15**
3e§12	Dan.9:27	Ilm.11:1-8	9h§89-16		**Ilm.16:4-7**
3e§12	Dan.12:11	Ilm.11:11-14	9h§89-16	Dan.12:4	Ap.t.18:2
3e§12	Hes.40-48	Ilm.11:(9-14)	9h§89-16		Joh.4:10, 14
3e§12		Mat.24:1-3a	9h§89-16		Ilm.22:17

3e§12		Ilm.11:11-14	9h§89-16		Ilm.12:15-16
3f§12		**1Joh.4:20**	9h§89-16		Hep.4:12
3f§12		**Ilm.12:6**	9h§89-16		Ilm.2:12
3f§12		**Ilm.12:13**	9h§89-16		Ef.4:30
3f§12		**Ilm.12:17**	9h§89-16		Ilm.17:15
3f§12	Dan.12:(11-13)	Ef.2:22	9h§89-16		Ilm.20:15
3f§12	Dan.12:12	Mat.28:18-20	9h§89-16		Ilm.2:13ab
3f§12		Joh.5:17	9i§89-16		**Ilm.8:12**
3f§12		Ilm.19-20	9i§89-16		**Ilm.12:4b**
3f§12		Ilm.21-22	9i§89-16		**Mat.27:25**
3f§12		Lk.12:48	9i§89-16		**Ilm.12:4a**
3f§12		Ilm.12:4a, 4b, 5	9i§89-16		**Ilm.16:8-9**
3f§12		Rm.11:25b-26	9i§89-16	Ps.103:11	Ilm.12:9a
3f§12		Rm.11:23	9i§89-16	1Ms.37:9-10	Mat.2:13-23
3f§12		Ilm.12:14	9i§89-16	1Ms.15:5	Lk.4:1-13
3f§12		Mat.28:18-20	9i§89-16	Dan.12:3b	Joh.13:27a
3f§12		Ilm.12:7-10, 11	9i§89-16	Sak.13:9a	Mat.27:15-26
3f§12		Hep.10:7-10	9i§89-16		Joh.8:24
3f§12		Lk.10:17-20	9i§89-16		Ilm.1:20
3f§12		Ilm.12:10-12a	9j§89-16		**Ilm.9:1-6**
3f§12		Ilm.12:12b-13	9j§89-16		**Ilm.9:12a**
3f§12		Ilm.12:14	9j§89-16		**Ilm.16:10-11**
3f§12		Ilm.12:15-17	9j§89-16	Saarn.3:14-15	Ilm.13:8b
3f§12		Ap.t.21:20-24	9j§89-16	1Ms.37:9-10	1Piet.4:17
3f§12		Ilm.7:1-8	9j§89-16		Ef.1:13-14
3f§12		Ilm.7:9-17	9j§89-16		Ilm.7:1-4-8
4a§1317		**Ilm.13:5**	9k§89-16		**Ilm.9:13-15**
4a§1317		**Ilm.12:18**	9k§89-16		**Ilm.16:12**
4a§1317		**Ilm.13:1, 2b**	9k§89-16		**Lk.21:24b**
4a§1317		**Ilm.17:15b**	9k§89-16		**Ilm.17:13-14**
4a§1317		**Ilm.17:9b-10**	9k§89-16	Joos.1:4	Ap.t.1:6-7
4a§1317		**Ilm.13:3a**	9k§89-16	Sak.12:1-3	Ilm.7:1-3
4a§1317		**Ilm.17:2**	9k§89-16	Dan.2:42-45	Ilm.9:(13-21)
4a§1317		**Ilm.17:8**	9k§89-16	Dan.2:(19-45)	Ilm.3:7-13, 8
4a§1317	Dan.2:19-45	Ilm.12:(7---)13	9k§89-16	Dan.11:40	Ilm.16:(12-16)
4a§1317	1Ms.41-50	1Tes.5:2	9k§89-16		Ilm.16:13-16
4a§1317	1Ms.10:8-12	1Tes.4:15b	9k§89-16		Ap.t.1:6-7
4a§1317	1Ms.11:1-9	1Tes.4:17	9k§89-16		Ilm.20:4
4a§1317		Ilm.12:(15-)17	9k§89-16		Ilm.19:(1-21-)

4a§1317		Ilm.20:4	9k§89-16		Ilm.20:(1-6)
4a§1317		Ilm.12:10---17	9k§89-16		Mat.16:2-4
4a§1317		Hep.8:5	9k§89-16		Ilm.17:12
4a§1317		Ilm.12:3	9k§89-16		Ilm.17:16
4a§1317		Ilm.12:9	9k§89-16		Ilm.11:(1-)7, 5
4a§1317		Ilm.17:3	9l§89-16		**Ilm.11:15b**
4a§1317		Ef.5:23-33	9l§89-16		**Ilm.16:15, 17**
4a§1317		Ilm.17:5	9l§89-16		**Ilm.16:18-19**
4a§1317		Ilm.17:(1-)7	9l§89-16		**Ilm.17:16**
4a§1317		Ilm.17:7, 9, 18	9l§89-16	Jer.16:14-16	Ilm.9:(13-21)
4a§1317		Ilm.13:7	9l§89-16	Sak.14:1-2a	Ilm.9:15, 20-21
4a§1317		Mat.4:8-10	9l§89-16	Sak.13:8-14:4a	Ilm.11:11-14
4b§1317		**Ilm.13:3-5-6**	9l§89-16	Jes.66:8	Mat.16:2-4
4b§1317		**Ilm.17:5**	9l§89-16	Dan.12:1	1Tes.4:15b
4b§1317		**Ilm.17:10b**	9l§89-16	Dan.12:11-12	Ilm.7:(9-)8:1
4b§1317		**Ilm.13:11**	9l§89-16	Dan.12:11-13	Ilm.11:(15-19)
4b§1317		**2Tes.2:3b-4**	9l§89-16	Sak.12:4	Ilm.16:(17-21)
4b§1317		Ilm.19:5	9l§89-16	Sak.14:12-15	Ilm.16:(12-16)
4b§1317		Ilm.17:2, 15b	9l§89-16	Sak.14:18	Ilm.11:18
4b§1317		Ilm.12:15-16	9l§89-16		Ilm.16:(13-)16
4b§1317		Mat.7:24	9l§89-16		Ilm.11:11---14
4b§1317		Ef.2:21-22	9l§89-16		2Piet.3:7
4b§1317		1Tes.4:14-17	9l§89-16		Joh.3:3
4b§1317		2Tes.2:7	9l§89-16		Ilm.11:2, 19
4c§1317		**Ilm.13:12, 13**	9l§89-16		Hep.9:8
4c§1317		**Ilm.13:14-15**	9l§89-16		Ilm.16:19b, 20
4c§1317		Ilm.3:5, 18	9l§89-16		Ilm.21:1b
4c§1317		Ilm.4:4	9l§89-16		Ilm.16:21
4c§1317		Ilm.7:14	10a§18	**1Ms.19:24**	**Ilm.18:4-5**
4c§1317		Ilm.16:15	10a§18		**Juudas 7**
4c§1317		Ilm.19:14	10a§18	5Ms.22:20-24	Ilm.16:20, 21
4c§1317		Ilm.12:13	10a§18	Sak.14:18	Joh.8:3-11
4c§1317		Ilm.13:3a	10a§18	Sak.14:(16-19)	Ilm.18
4c§1317		Ilm.17:5, 1-7	10a§18	Sak.14:20-21	Ilm.17:7, 9, 18
4c§1317		2Tes.2:4, 7	10a§18	Sananl.16:9	Ilm.13:3a
4c§1317		2Tes.2:(3b-4)	10a§18	1Ms.15:18-21	Ap.t.2:38
4c§1317		2Tes.2:4	10a§18	Dan.9:26-27	Ilm.2:2, 6
4d§1317		**Ilm.13:16-18**	10a§18	Sak.13:8-14:4a	Ilm.17:5
4d§1317	1Ms.3:15	Ilm.18:4-5	10a§18		Ilm.12:13

4d§1317		Ilm.14:11	10a§18		Ilm.14:9-13
4d§1317		Ilm.13:18	10a§18		1Piet.4:17
4d§1317		Mat.4:8-10	10a§18		Mat.5:35
4d§1317		Ilm.1:18	10a§18		Ilm.17:16
4e§1317	2Ms.20:1-5	Ef.3:14	10a§18		Mat.27:22
4e§1317		Gal.2:7-9	11a§19-22		**Ilm.14:11**
4e§1317		Ilm.13:3a	11a§19-22	Sak.14:3-5	Mat.24:6-7
4e§1317		Ilm.17:(1-)7	11a§19-22	Sak.14:10-11	Ef.6:11, 12
4e§1317		Ilm.17:9, 18	11a§19-22	Sak.13:8-14:4	Ilm.13:5(-6)
4e§1317		1Tim.2:5	11a§19-22	Hes.39-48	Ilm.12:13
4e§1317		Joh.16:7	11a§19-22	Hes.40:2	Ilm.12:(12b-)17
4e§1317		Mat.23:9	11a§19-22	Hes.43:1-12	Ilm.14:12
4e§1317		Ilm.21:8	11a§19-22	Hes.45:1-8	Ilm.14:(9-13)
4e§1317		Ilm.22:15	11a§19-22	Hes.39	Ilm.11:1-6
4e§1317		Ilm.13:17-18	11a§19-22	Jes.2:1-4	Ilm.11:5-6
4e§1317		Ilm.13:(16)	11a§19-22	Miika 4:1-8	Ilm.14:(9-13)
4e§1317		Lk.24:44-48	11a§19-22	Hes.38	Ilm.14:13
4e§1317		Ap.t.1:8	11a§19-22		1Tim.2:6
4e§1317		Ap.t.2:38	11a§19-22		1Tes.4:13-17
4e§1317		1Kor.15:9-10	11a§19-22		Ilm.20:1-6
4e§1317		2Piet.3:15-16	11a§19-22		Ilm.16:18-19
4e§1317		Ilm.16:13	11a§19-22		Ilm.11:2
4e§1317		Ilm.19:20	11a§19-22		Juudas 7
4e§1317		Ilm.20:10	11a§19-22		Ilm.16:21
4e§1317		Gal.1:8	11a§19-22		Ilm.16:19b
4e§1317		Ilm.22:18-19	11a§19-22		Ilm.20:4
4e§1317		Joh.16:13	11a§19-22		Ilm.20:7-9
4e§1317		Kol.1:13-19	11b§19-22	**5Ms.29:15-20**	
4e§1317		Ilm.17:5	11b§19-22	1Ms.12:3	Rm.11:11-12
5a§6(8)10		**2Piet.1:19-21**	11b§19-22	4Ms.1	Ap.t.3:25
5a§6(8)10		**Gal.1:1**	11b§19-22	4Ms.2	Ilm.12:1, 2, 5
5a§6(8)10		**Ap.t.2:38-39**	11b§19-22	Joos.13:(1-)33	Mat.22:1-14
5a§6(8)10		**Mat.24:24**	11b§19-22	1Ms.48	Ilm.7:4-8
5a§6(8)10	Saarn.3:14-15	Ilm.6	11b§19-22	1Ms.37:9-10	Joh.14:26
5a§6(8)10		Ilm.8:1	11b§19-22	Hes.37:15-28	Ap.t.1:6-7
5a§6(8)10		Ilm.10:3-4	11b§19-22	1Kun.12:25-33-	Ilm.20:1-21:2
5a§6(8)10		Ilm.1:1-2	11b§19-22	1Kun.13:-1-30	Ilm.21:12-14
5a§6(8)10		Ilm.22:18-19	11b§19-22	Hes.48	Ilm.21:12-17
5a§6(8)10		Mat.5:17-20	11b§19-22		Gal.4:26

5a§6(8)10		Ilm.1:9	
5a§6(8)10		Hep.13:8	
5a§6(8)10		Ilm.1:20	
5a§6(8)10		1Kor.15:10	
5a§6(8)10		1Kor.4:15-16	
5a§6(8)10		Ap.t.1-28	
5a§6(8)10		1Joh.2:18-19	
5a§6(8)10		Ilm.3:14-22	
5a§6(8)10		3Joh.1:10	
5a§6(8)10		Ilm.3:21-22	
5b§6(8)10		**Ilm.3:20, 22**	
5b§6(8)10		**Ilm.14:15b**	
5b§6(8)10	Mal.4:6	Filip.2:12	
5b§6(8)10		Ilm.2:5	
5b§6(8)10		Ilm.3:17	
5b§6(8)10		Ilm.3:20	
5b§6(8)10		Ilm.14:14-20	
5b§6(8)10		Mat.13:24-30	
5b§6(8)10		Mat.13:37-43	
5b§6(8)10		Mat.24:24	
5b§6(8)10		Mat.7:15-23	
5b§6(8)10		Ilm.22:18-19	
5b§6(8)10		Gal.4:22-31	
5c§6(8)10	**Aamos 3:1-15**	**Ilm.10:7**	
5c§6(8)10		**1Kor.14:8-9**	
5c§6(8)10	4Ms.10:1-10	Mat.24:45---51	
5c§6(8)10	Mal.4:1-6	Ilm.10:1-2	
5c§6(8)10	2Kun.2:9-12	Ilm.8:2	
5c§6(8)10	1Kun.18:16-46	Ilm.3:14	
5c§6(8)10		Ilm.1:20	
5c§6(8)10		Ilm.19:9	
5c§6(8)10		Mat.3:1	
5c§6(8)10		Mat.17:9-13	
5c§6(8)10		Ilm.11:(5-)6	
5d§6(8)10		**Ilm.8:1**	
5d§6(8)10		**Ilm.10:1-2**	
5d§6(8)10		**Ilm.10:9b**	

11b§19-22			Lk.6:12-16
11b§19-22			Ap.t.1:15-26
11b§19-22			Rm.11:13
11b§19-22			Gal.1:1
11b§19-22			1Kor.15:28
11b§19-22			Ilm.21:1-22:5
12a§1-22	Saarn.3:14-15		Ilm.19:7-9
12a§1-22	1Ms.22:2-11		Ilm.1:3
12a§1-22			Ilm.3:20
12a§1-22			Ilm.4-18
12a§1-22			Ilm.17:16
12a§1-22			Joh.1:33-34
12a§1-22			Ilm.19
12a§1-22			Mat.13:37b-43
12a§1-22			Mat.24:24
12b§1-22			**Jk.1:21-22**
12b§1-22	Jooel 2:28-32		Mat.24:40-44
12b§1-22	Jooel 2:31b		Filip.2:1-2
12b§1-22	Mal.4:(1-)6		2Tes.2:3b-4aa
12b§1-22	Jooel 2:23		Mat.17:10b
12b§1-22	Jooel 2:12-3:1		Lk.21:32
12b§1-22			Ap.t.2:17-22
12b§1-22			Ilm.10:7
12c§1-22	Mal.4:1-6		Ap.t.7:38
12c§1-22	Mal.4:(1-)6		Mat.25:1-13
12c§1-22			Lk.18:8
12c§1-22			Ilm.3:20
12c§1-22			Lk.21:25(-33)
12c§1-22			Lk.21:24b
12c§1-22			Joh.1:1-2
12c§1-22			Kol.1:16
12c§1-22			Joh.1:3, 4
12c§1-22			Kol.1:13-23
12c§1-22			Mat.24:35
12c§1-22			Ilm.22:18-19
12c§1-22			Ilm.1:3

13b_Käytetyt Raamatun Jakeet, Lajitelty

	VT-jakeet		UT-jakeet		UT-jakeet, jatko
3b§12	1Kun.11:29-39	5a§6(8)10	1Joh.2:18-19	8c§89-16	Ilm.18:4
11b§19-22	1Kun.12:25-33-	6h§6(8)10	**1Joh.2:18-19**	4d§1317	Ilm.18:4-5
11b§19-22	1Kun.13:-1-30	6l§6(8)10	1Joh.2:18-19	10a§18	**Ilm.18:4-5**
5c§6(8)10	1Kun.18:16-46	9f§89-16	1Joh.2:18-19	12a§1-22	Ilm.19
5d§6(8)10	1Ms.1:1	9g§89-16	1Joh.2:18-19	3f§12	Ilm.19-20
4a§1317	1Ms.10:8-12	3e§12	1Joh.2:2	9k§89-16	Ilm.19:(1-21-)
4a§1317	1Ms.11:1-9	0c_TiivSel	1Joh.2:28	1a§123	**Ilm.19:10b**
11b§19-22	1Ms.12:3	3b§12	**1Joh.3:12**	2c§45	Ilm.19:11-16
3c§12	1Ms.15:18-21	6m§6(8)10	1Joh.3:16	7d§67-14	Ilm.19:11-21
10a§18	1Ms.15:18-21	6k§6(8)10	**1Joh.4:1-3**	7e§67-14	Ilm.19:11-21
9i§89-16	1Ms.15:5	3f§12	**1Joh.4:20**	8e§89-16	Ilm.19:11-21
10a§18	**1Ms.19:24**	9f§89-16	1Joh.4:20-21	4c§1317	Ilm.19:14
3a§12	1Ms.2:17	2b§45	**1Kor.1:3**	8e§89-16	**Ilm.19:15**
3b§12	1Ms.2:17	3a§12	1Kor.11:7-8	4e§1317	Ilm.19:20
3c§12	1Ms.2:17	1c§123	1Kor.12	6i§6(8)10	Ilm.19:20
3b§12	1Ms.22:(18)	3a§12	1Kor.12:13	4b§1317	Ilm.19:5
12a§1-22	1Ms.22:2-11	8e§89-16	1Kor.12:13	6j§6(8)10	Ilm.19:7-9
3a§12	1Ms.3:1-5	9g§89-16	1Kor.12:13	12a§1-22	Ilm.19:7-9
3a§12	1Ms.3:1-6	2b§45	1Kor.12:8-11	1c§123	Ilm.19:8
3a§12	1Ms.3:14	0_Rukous	1Kor.13:13	3c§12	Ilm.19:8-9
3a§12	**1Ms.3:15**	5c§6(8)10	**1Kor.14:8-9**	5c§6(8)10	Ilm.19:9
4d§1317	1Ms.3:15	8a§89-16	1Kor.14:8-9	1a§123	Ilm.2
3b§12	1Ms.3:15a	1c§123	1Kor.15:(50-53)	1b§123	**Ilm.2:1**
3a§12	1Ms.3:17	5a§6(8)10	1Kor.15:10	1d§123	Ilm.2:1
3b§12	**1Ms.3:21**	2c§45	**1Kor.15:22-24**	1b§123	Ilm.2:1-7
2c§45	1Ms.3:22	0c_TiivSel	1Kor.15:23	1b§123	Ilm.2:1, 8 jne.
3b§12	1Ms.3:7	11b§19-22	1Kor.15:28	2a§45	**Ilm.2:10b-11**
7a§67-14	1Ms.32:25-33	2a§45	1Kor.15:50-53	9h§89-16	Ilm.2:12
2§45	1Ms.37:9-10	1c§123	1Kor.15:51-52	6l§6(8)10	Ilm.2:13
3a§12	1Ms.37:9-10	5d§6(8)10	1Kor.15:51-52	9h§89-16	Ilm.2:13ab
7e§67-14	1Ms.37:9-10	8e§89-16	1Kor.15:51-52	6i§6(8)10	Ilm.2:15
9i§89-16	1Ms.37:9-10	4e§1317	1Kor.15:9-10	6i§6(8)10	**Ilm.2:18-19**
9j§89-16	1Ms.37:9-10	0c_TiivSel	1Kor.16:17	6l§6(8)10	Ilm.2:18-29
11b§19-22	1Ms.37:9-10	7d§67-14	1Kor.16:23	6k§6(8)10	Ilm.2:2

2b§45	Sak.4:6, 10	6m§6(8)10	Ilm.10:5-7	12b§1-22	Jk.1:21-22
10a§18	Sananl.16:9	5d§6(8)10	Ilm.10:6b, 7	6h§6(8)10	Jk.5:7-8
		5c§6(8)10	Ilm.10:7	0c_TiivSel	Jk.5:7, 8
		8a§89-16	Ilm.10:7	12c§1-22	Joh.1:1-2
		12b§1-22	Ilm.10:7	0_Tekijän	Joh.1:1-20:21
		5d§6(8)10	Ilm.10:8-11	6j§6(8)10	Joh.1:1-3
		5d§6(8)10	Ilm.10:9b	1c§123	Joh.1:1-3, 14
		9k§89-16	Ilm.11:(1-)7, 5	1a§123	Joh.1:1-5, 9-14
		9l§89-16	Ilm.11:(15-19)	0b_TiivIlm	Joh.1:12
		5c§6(8)10	Ilm.11:(5-)6	2c§45	Joh.1:15-37
		3e§12	Ilm.11:(9-14)	2b§45	Joh.1:29, 36
		7b§67-14	Ilm.11:1-10	2c§45	Joh.1:29b
		7a§67-14	Ilm.11:1-3	12c§1-22	Joh.1:3, 4
		7b§67-14	Ilm.11:1-3/6	5d§6(8)10	Joh.1:33-34
		11a§19-22	Ilm.11:1-6	12a§1-22	Joh.1:33-34
		3e§12	Ilm.11:1-8	1a§123	Joh.1:4-5
		9l§89-16	Ilm.11:11---14	3b§12	Joh.1:41
		3e§12	Ilm.11:11-14	6h§6(8)10	Joh.12:27-29
		3e§12	Ilm.11:11-14	3a§12	Joh.12:31
		7b§67-14	Ilm.11:11-14	3c§12	Joh.13:1-27
		7e§67-14	Ilm.11:11-14	3c§12	Joh.13:27a
		8a§89-16	Ilm.11:11-14	6k§6(8)10	Joh.13:27a
		9l§89-16	Ilm.11:11-14	7b§67-14	Joh.13:27a
		7e§67-14	Ilm.11:13-14	9i§89-16	Joh.13:27a
		6j§6(8)10	Ilm.11:13, 19	2b§45	Joh.14:11
		7c§67-14	Ilm.11:14	5g§6(8)10	Joh.14:12
		8a§89-16	Ilm.11:14a	2b§45	Joh.14:16-26
		8a§89-16	Ilm.11:14b-19	8b§89-16	Joh.14:17
		2a§45	Ilm.11:15-19	11b§19-22	Joh.14:26
		5d§6(8)10	Ilm.11:15-19	2b§45	Joh.14:28
		8a§89-16	Ilm.11:15-19	5f§6(8)10	Joh.14:6
		8a§89-16	Ilm.11:15-19	2b§45	Joh.15:26
		8c§89-16	Ilm.11:15-19	4e§1317	Joh.16:13
		8e§89-16	Ilm.11:15-19	4e§1317	Joh.16:7
		9l§89-16	Ilm.11:15b	1b§123	Joh.19:27
		8e§89-16	Ilm.11:18	3d§12	Joh.2:19-21
		9l§89-16	Ilm.11:18	0_Tekijän	Joh.20:19-21
		2a§45	Ilm.11:19	2a§45	Joh.21:23
		11a§19-22	Ilm.11:2	0_Tekijän	Joh.3:16

3d§12	Ilm.11:2-3	3a§12	Joh.3:3
9l§89-16	Ilm.11:2, 19	9l§89-16	Joh.3:3
7e§67-14	Ilm.11:3	9h§89-16	Joh.4:10, 14
8c§89-16	Ilm.11:4	2c§45	Joh.4:24
7b§67-14	**Ilm.11:4, 7**	3f§12	Joh.5:17
7a§67-14	**Ilm.11:5-6**	2c§45	Joh.6:53, 66
11a§19-22	Ilm.11:5-6	9i§89-16	Joh.8:24
7b§67-14	Ilm.11:8-10	10a§18	Joh.8:3-11
11a§19-22	Ilm.12:(12b-)17	10a§18	**Juudas 7**
4a§1317	Ilm.12:(15-)17	11a§19-22	Juudas 7
4a§1317	Ilm.12:(7---)13	4e§1317	Kol.1:13-19
3b§12	Ilm.12:1	12c§1-22	Kol.1:13-23
7b§67-14	Ilm.12:1	2c§45	**Kol.1:15-18**
3a§12	Ilm.12:1, 2, 5	12c§1-22	Kol.1:16
11b§19-22	Ilm.12:1, 2, 5	0c_TiivSel	Lk.1:17
4a§1317	Ilm.12:10---17	1d§123	**Lk.1:17**
3c§12	Ilm.12:10-12a	3f§12	Lk.10:17-20
3f§12	Ilm.12:10-12a	9f§89-16	Lk.10:20
7d§67-14	Ilm.12:12b---17	9f§89-16	Lk.12:47
3c§12	**Ilm.12:12b-13**	3f§12	Lk.12:48
3f§12	Ilm.12:12b-13	3b§12	Lk.17:21
3f§12	**Ilm.12:13**	0c_TiivSel	Lk.18:8
4c§1317	Ilm.12:13	12c§1-22	Lk.18:8
6k§6(8)10	Ilm.12:13	7a§67-14	Lk.21:(25-33)
7b§67-14	Ilm.12:13	3e§12	**Lk.21:20-24a**
8d§89-16	Ilm.12:13	9k§89-16	**Lk.21:24b**
10a§18	Ilm.12:13	12c§1-22	Lk.21:24b
11a§19-22	Ilm.12:13	3e§12	Lk.21:24b, 32
3c§12	**Ilm.12:14**	12c§1-22	Lk.21:25(-33)
3e§12	Ilm.12:14	7a§67-14	Lk.21:28
3f§12	Ilm.12:14	3b§12	Lk.21:29-31
3f§12	Ilm.12:14	3e§12	Lk.21:29-33
3c§12	**Ilm.12:15-16**	7a§67-14	Lk.21:29-33
4b§1317	Ilm.12:15-16	3b§12	**Lk.21:32**
9f§89-16	Ilm.12:15-16	12b§1-22	Lk.21:32
9h§89-16	Ilm.12:15-16	2c§45	**Lk.22:19-20**
3f§12	Ilm.12:15-17	1a§123	Lk.24:44
3f§12	**Ilm.12:17**	4e§1317	Lk.24:44-48
4a§1317	**Ilm.12:18**	2b§45	Lk.24:49

3a§12	Ilm.12:3	2b§45	Lk.3:21-4:1
4a§1317	Ilm.12:3	9i§89-16	Lk.4:1-13
9i§89-16	**Ilm.12:4a**	1a§123	Lk.4:16-30, 24
3f§12	Ilm.12:4a, 4b, 5	1a§123	Lk.4:18-19
3a§12	Ilm.12:4b	8e§89-16	Lk.4:19
9i§89-16	**Ilm.12:4b**	11b§19-22	Lk.6:12-16
2c§45	Ilm.12:5	1a§123	Lk.6:13
7d§67-14	Ilm.12:5	1a§123	Lk.7:1-23
3f§12	**Ilm.12:6**	1a§123	**Lk.7:22b-23**
3a§12	Ilm.12:7-10, 11	3a§12	Mat.1:18-23
3f§12	Ilm.12:7-10, 11	3a§12	**Mat.1:23**
3e§12	Ilm.12:7-12a	1d§123	**Mat.11:20**
3a§12	Ilm.12:7-9, 9	5e§6(8)10	Mat.11:25
4a§1317	Ilm.12:9	0c_TiivSel	Mat.12:39-42
9i§89-16	Ilm.12:9a	6l§6(8)10	Mat.13:(1-)23
3a§12	Ilm.12:9a, 10b	5b§6(8)10	Mat.13:24-30
8c§89-16	Ilm.13	5b§6(8)10	Mat.13:37-43
4e§1317	Ilm.13:(16)	8e§89-16	**Mat.13:37-43**
3b§12	Ilm.13:(8b)	12a§1-22	Mat.13:37b-43
4a§1317	**Ilm.13:1, 2b**	8d§89-16	Mat.16:2-4
4b§1317	**Ilm.13:11**	9k§89-16	Mat.16:2-4
6k§6(8)10	Ilm.13:11, 12	9l§89-16	Mat.16:2-4
6k§6(8)10	Ilm.13:12	1d§123	Mat.16:21-
4c§1317	**Ilm.13:12, 13**	7c§67-14	Mat.16:3
4c§1317	**Ilm.13:14-15**	1d§123	Mat.17:-13
6k§6(8)10	Ilm.13:14-15	1d§123	**Mat.17:10b**
8d§89-16	Ilm.13:14-15	12b§1-22	Mat.17:10b
4d§1317	**Ilm.13:16-18**	5c§6(8)10	Mat.17:9-13
8d§89-16	Ilm.13:16-18	2a§45	**Mat.19:28**
8d§89-16	Ilm.13:16/17-18	9i§89-16	Mat.2:13-23
4e§1317	Ilm.13:17-18	3a§12	Mat.2:16
4d§1317	Ilm.13:18	7c§67-14	Mat.20:9
8c§89-16	Ilm.13:2b	3b§12	Mat.21:33-46
4b§1317	**Ilm.13:3-5-6**	3b§12	Mat.22:1-14
4a§1317	**Ilm.13:3a**	11b§19-22	Mat.22:1-14
4c§1317	Ilm.13:3a	4e§1317	Mat.23:9
4e§1317	Ilm.13:3a	6i§6(8)10	Mat.23:9
6i§6(8)10	Ilm.13:3a	0c_TiivSel	Mat.24
8d§89-16	Ilm.13:3a	1c§123	Mat.24:(21-28)

10a§18	Ilm.13:3a	7a§67-14	Mat.24:(27-)28
4a§1317	**Ilm.13:5**	7a§67-14	Mat.24:1-14
7b§67-14	Ilm.13:5-6, 12	6h§6(8)10	Mat.24:1-2
11a§19-22	Ilm.13:5(-6)	3e§12	Mat.24:1-3a
4a§1317	Ilm.13:7	1c§123	Mat.24:1-4-14
8c§89-16	Ilm.13:7-10	7a§67-14	**Mat.24:14**
5d§6(8)10	Ilm.13:8	1c§123	Mat.24:15-21
6m§6(8)10	Ilm.13:8	3e§12	**Mat.24:15-21**
0c_TiivSel	Ilm.13:8b	7a§67-14	Mat.24:15-21
7c§67-14	Ilm.13:8b	6h§6(8)10	Mat.24:15-21-28
8b§89-16	Ilm.13:8b	6h§6(8)10	**Mat.24:2, 3**
9f§89-16	Ilm.13:8b	0b_TiivIlm	Mat.24:21
9j§89-16	Ilm.13:8b	7a§67-14	Mat.24:21
8e§89-16	Ilm.14:(14-16)	7a§67-14	Mat.24:21-28
8c§89-16	Ilm.14:(9-13)	0_Esipuhe	Mat.24:24
11a§19-22	Ilm.14:(9-13)	5a§6(8)10	**Mat.24:24**
11a§19-22	Ilm.14:(9-13)	5b§6(8)10	Mat.24:24
3c§12	Ilm.14:1-5	6k§6(8)10	Mat.24:24
7b§67-14	Ilm.14:1-5	12a§1-22	Mat.24:24
4d§1317	Ilm.14:11	1c§123	**Mat.24:27-28**
8c§89-16	Ilm.14:11	5g§6(8)10	Mat.24:27, 30
11a§19-22	**Ilm.14:11**	5g§6(8)10	Mat.24:27(-28)
11a§19-22	Ilm.14:12	7a§67-14	Mat.24:29-31
11a§19-22	Ilm.14:13	5g§6(8)10	Mat.24:3
7a§67-14	Ilm.14:14-16	7e§67-14	Mat.24:3
5b§6(8)10	Ilm.14:14-20	8e§89-16	Mat.24:3
5b§6(8)10	**Ilm.14:15b**	0c_TiivSel	Mat.24:3, 27
8e§89-16	Ilm.14:15b	5g§6(8)10	Mat.24:30
8e§89-16	Ilm.14:17-20	7e§67-14	Mat.24:30
8e§89-16	**Ilm.14:20**	3e§12	Mat.24:32-35
3b§12	Ilm.14:4, (1-5)	3b§12	Mat.24:32-44
7d§67-14	Ilm.14:4c	7a§67-14	Mat.24:32-44
7c§67-14	**Ilm.14:6-7, 8**	12c§1-22	Mat.24:35
7e§67-14	**Ilm.14:7a,15b**	6m§6(8)10	Mat.24:36
7d§67-14	**Ilm.14:9-13**	1c§123	Mat.24:36-44
8d§89-16	**Ilm.14:9-13**	5d§6(8)10	Mat.24:36-44
8e§89-16	**Ilm.14:9-13**	3e§12	Mat.24:36-51-
8e§89-16	Ilm.14:9-13	0c_TiivSel	Mat.24:37, 39
10a§18	Ilm.14:9-13	6h§6(8)10	Mat.24:4-14

9h§89-16	Ilm.17:15	0_Tekijän	Mat.6:33
9g§89-16	Ilm.17:15 (2*)	5b§6(8)10	Mat.7:15-23
4a§1317	**Ilm.17:15b**	2a§45	Mat.7:21
9k§89-16	Ilm.17:16	4b§1317	Mat.7:24
9l§89-16	**Ilm.17:16**	8c§89-16	Mrk.12:38-40
10a§18	Ilm.17:16	3e§12	**Mrk.13:14-19**
12a§1-22	Ilm.17:16	0_Rukous	Rm.1:(1-17)
4a§1317	**Ilm.17:2**	1b§123	**Rm.1:17**
6i§6(8)10	Ilm.17:2	0_Rukous	Rm.1:7
4b§1317	Ilm.17:2, 15b	0_Tekijän	Rm.10:9-11
6k§6(8)10	Ilm.17:21	11b§19-22	Rm.11:11-12
4a§1317	Ilm.17:3	11b§19-22	Rm.11:13
4a§1317	Ilm.17:5	3f§12	Rm.11:23
4b§1317	**Ilm.17:5**	6l§6(8)10	Rm.11:25-29
4e§1317	Ilm.17:5	3f§12	Rm.11:25b-26
10a§18	Ilm.17:5	3b§12	**Rm.11:25b-27**
4c§1317	Ilm.17:5, 1-7	5g§6(8)10	Rm.12:3
7c§67-14	Ilm.17:5, 7	1a§123	Rm.3:4
4a§1317	Ilm.17:7, 9, 18	1a§123	Rm.4:6-8
10a§18	Ilm.17:7, 9, 18	3a§12	Rm.5:12
4a§1317	**Ilm.17:8**	2c§45	Rm.5:15-19
4e§1317	Ilm.17:9, 18	6j§6(8)10	Rm.5:20
4a§1317	**Ilm.17:9b-10**	2c§45	Rm.8:17
10a§18	Ilm.18	7c§67-14	Rm.8:19-22
7e§67-14	**Ilm.18:10, 19**	2c§45	Rm.8:4, 9-19
7e§67-14	**Ilm.18:16-17a**	3a§12	Titus 2:11-14
0b_TiivIlm	**Ilm.18:4**		

~ ~ ~

14_Muistiinpanoja

....

....

....

....

....

....

....

....

....

....

....

....

....

....

....

....

....